Winfried Bachmann

DAS NEUE LERNEN

Eine systematische Einführung in das Konzept des Neurolinguistischen Programmierens (NLP)

Junfermann Verlag · Paderborn
1999

2. Auflage 1991
3. Auflage 1993
4. Auflage 1999

Satz: adrupa Paderborn

CIP-Titelaufnahme der Deutschen Bibliothek

Bachmann, Winfried:
Das neue Lernen: eine systematische Einführung in das Konzept des Neurolinguistischen Programmierens (NLP)/Winfried Bachmann. – Paderborn: Junfermann, 1991
(Reihe Pragmatismus & Tradition; Bd. 12)
ISBN 3-87387-040-1

ISBN 3-87387-040-1

Inhaltsübersicht

Inhaltsverzeichnis

1 Einleitung und Untersuchungsrahmen

1.1 Der Versuch einer definitorischen Annäherung

NLP (Neurolinguistisches Programmieren) steht als Kürzel für einen Komplex moderner, ganzheitlich orientierter Kommunikations- und Verhaltenstechniken, denen eine außerordentlich große Effektivität nachgesagt wird. Nimmt man jeden Buchstaben als Teil eines Gesamtprogramms, so könnte man NLP mit folgenden Umschreibungen charakterisieren:

N = Alle geistigen und seelischen Vorgänge haben einen sensorischen Bezugsrahmen, wobei es unerheblich ist, ob es sich um Umweltreize oder gedankliche Vorstellungen handelt, mit denen sich Menschen auseinandersetzen. Der hier propagierte enge Zusammenhang von inneren und äußeren Vorgängen zeigt sich vor allem auch in der These, daß den externen sinnlichen Repräsentationen, nämlich dem visuellen, dem auditiven, dem kinästhetischen (Gefühl, Stimmung), dem olfaktorischen (Geruch) und dem gustatorischen (Geschmack) Sinn jeweils gleichartige interne sinnliche Repräsentationen entsprechen, d.h. ein inneres Auge, ein inneres Ohr usw.. Im NLP zielen viele Methoden darauf ab, diese engen Verbindungen von inneren und äußeren Verhaltensäußerungen zu entschlüsseln und dem Anwender zugänglich zu machen.

L = Die verbalen und nonverbalen Repräsentationen der sinnlichen Eindrücke bilden die Grundlage für die Entwicklung von Sprache und Handlungsstrategien; in gleicher Weise stellen sie auch die Erfahrungsbasis für eine erfolgreiche Kommunikation mit anderen Menschen; es sei in diesem Zusammenhang darauf hingewiesen, daß am Beginn der NLP-Entwicklung ein „Meta-Modell der Sprache" stand, d.h. eine linguistische Analyse und Aufbereitung der typischen Sprachmuster von Menschen, um herauszufinden, in welcher Art und Weise diese gewöhnlich ihre Umwelt sinnlich wahrzunehmen pflegen und welche Konsequenzen sich daraus für deren Weltmodell und deren Verhaltensmöglichkeiten ergeben.

P = Mit dem Ausdruck „Programmierung", in neueren Ansätzen wird treffender von „Denken und Handeln" gesprochen,[1] wird einerseits

1 vgl. BEYER/MARWITZ 1989; 1990.

die Tatsache hervorgehoben, daß die mit Hilfe des NLP entschlüsselten Techniken auf relativ stabile Verhaltensdispositionen zurückgeführt werden können; andererseits steht oben genannter Ausdruck für die umfangreichen internen Organisations- und Verarbeitungsprozesse, die zur Erreichung eines jeweils gesteckten Zieles notwendig sind. Dabei entwickelt jeder Mensch eine für ihn typische Strategie, „wie er seine Erfahrungen aufnimmt, sammelt und verdichtet. (Diese Art und Weise) kann ähnlich sein wie bei vielen anderen, ist aber in ihrer ganz konkreten Ausgestaltung einzigartig".[2]

Die hier vorgenommene Charakterisierung des NLP könnte den Eindruck erwecken, daß mit den verwendeten Methoden „der gläserne Mensch" langsam Gestalt gewönne, indem ein NLP-Kundiger in den bisher verborgenen Gedankengängen seines Gegenübers wie in einem offenen Buch zu lesen vermöge und das dort Erfahrene für seine eigenen Zwecke manipulativ verwenden könne. Dieser Eindruck, welcher im übrigen von manchen deutschsprachigen NLP-Übersetzern – gewollt oder ungewollt – selbst gefördert worden ist, entspricht jedoch nicht den hier vorliegenden grundsätzlichen Gegebenheiten.

Dieses Mißverstehen kann z. B. schon dadurch widerlegt werden, daß in vielen NLP-Übungen dem Prozeßgeschehen, d.h. der Art und Weise, wie Handlungen ablaufen, größere Bedeutung beigemessen wird als dem, womit sich inhaltlich im Rahmen von Handlungen Menschen beschäftigen. Letzteres bleibt in der Regel im Einflußbereich des Einzelnen und damit auch dem NLP-kundigen Gesprächspartner verborgen.

Damit sei jedoch nicht verschwiegen, daß man bei Anwendung des NLP-Konzeptes sicherlich wertvolle, zusätzliche Erkenntnisse und Informationen aus den verbalen und nonverbalen Äußerungen des Gesprächspartners entnehmen kann und diese auch einsetzen kann, um einen „guten Draht" zum Gegenüber zu erhalten und damit die Erreichung der eigenen (Gesprächs-)ziele zu unterstützen.

Die Existenz derartiger Beeinflussungsmöglichkeiten war jedoch schon zu allen Zeiten bekannt und stellt daher keine grundsätzliche

2 BLICKHAN 1987, S. 44.

Neuheit dar; das Verhaltenstraining als häufig angewendete Strategie zur Vorbereitung auf und Bewältigung von (beruflichen) Anforderungsituationen gibt es ebenfalls auch in vielen anderen, vergleichbaren Kommunikationsansätzen und dürfte daher auch keine Neuentwicklung des NLP sein. Als neuartig kann hingegen die Art und Weise der Zusammenstellung der einzelnen Trainingsinhalte und Vermittlungsformen (bei einem Cocktail würde man von der Mischung sprechen) bezeichnet werden, d.h. die NLP-typische zukunfts- bzw. zielorientierte Sichtweise (Leitgedanke: „vom Ziel her denken und handeln") und vielleicht als Folge davon das erstaunlich hohe Maß an Effektivität bei der Anwendung der NLP-Muster.

NLP ist, das sei ausdrücklich betont, sicherlich nicht der „Stein der Weisen", aber es stellt einen Fortschritt dar im Hinblick auf eine bessere und effektivere Verständigung untereinander; da es sich für alle Handlungssituationen eignet, in denen es auf einen guten Kontakt ankommt, kann dem NLP eine nahezu universelle Geltung zugesprochen werden, indem sowohl pädagogische als auch therapeutische, sowohl berufliche als auch private Handlungssituationen erfaßt und individuell bearbeitet werden können.

Vor diesem Hintergrund sei auf den immer wieder vorschnell geäußerten Vorwurf der Manipulation eingegangen, welcher oft im Zusammenhang mit der Vermittlung und Anwendung des NLP genannt wird[3]. Zur Relativierung – und damit auch zur sachgerechten Einordnung dieses Vorwurfs – sei auf Paul WATZLAWICK verwiesen, welcher in pointierter und differenzierter Weise das gesamte Problem auf den Punkt gebracht hat:

„Alles Heilende kann mißbraucht werden, ebenso, wie umgekehrt ein Gift auch heilen kann. Gerade heutzutage aber wird grundsätzlich fast jede Form von Beeinflussung, vor allem die sogenannte Manipulation, als unethisch angegriffen und verdammt. Dies bezieht sich nicht nur auf den leider jederzeit möglichen Mißbrauch der Manipulation, sondern vor allem auf die Manipulation als solche. Dahinter steht die blind geglaubte Utopie, menschliches Zusammenleben sei entweder völlig ohne gegenseitige Beeinflussung möglich, oder wenigstens im scheinbar so idealen Sinne etwa

3 vgl. BIRKENBIHL u.a. 1987, S. 61.

des absurden ‚Gestalt-Gebets' von Fritz PERLS: 'You do your thing, and I do my thing ...'"[4].

WATZLAWICK zieht aus seinen Überlegungen den Schluß, daß es in der heutigen Informationsgesellschaft nahezu unmöglich sei, sich der auf breiter Front erstreckenden Beeinflussungs-Offensive zu entziehen; in letzter Konsequenz ist ein Ausweichen schon allein deshalb nicht möglich, weil man nicht nicht beeinflussen kann. Die Frage, wie man Beeinflussung und Manipulation vermeiden könne, führt demnach unweigerlich ins Absurde und nicht zu einer situationsangemessenen und praktikablen Lösung des Problems.

Als kleinster gemeinsamer Nenner bleibt nach WATZLAWICKs Ansicht „nur die uns somit nie erlassene Entscheidung darüber (übrig), wie dieses Grundgesetz menschlicher Kommunikation verantwortlich und in der humansten, ethischsten und wirkungsvollsten Weise anzuwenden ist"[5].

Deshalb geht es für jeden einzelnen Menschen nicht so sehr darum, sich entweder darauf zu versteifen, jegliche manipulativen Formen anzuprangern und als bösartig zu verwerfen oder – als mögliche Gegenposition – sich in die Hilflosigkeit des Ausgeliefertseins zu flüchten und nur die eigene Ohnmacht zu beklagen. Es liegt vielmehr im Ermessensspielraum jedes Menschen, sich mutig auf diese „gefährliche Spielwiese" zu begeben und darauf „sein eigenes Spiel" zu versuchen. Zur Verwirklichung dieses Vorhabens sind jedoch Kenntnisse über bestehende Zusammenhänge, über die geltenden Regeln, über die anderen Mitspieler etc. erforderlich.

Das NLP will in dieser Hinsicht seinen Beitrag zur Persönlichkeitsentwicklung leisten, denn die individuellen Fähigkeiten der Wahrnehmung, ferner die Flexibilität im Denken und Handeln oder auch ein am jeweiligen Handlungsziel ausgerichtetes Verhalten etc. stellen wichtige Grundvoraussetzungen dar, um im oben genannten „Spiel" mitspielen und bestehen zu können.

Die ganzheitliche Ausrichtung, ein weiteres Wesensmerkmal des NLP-Konzepts, zeigt sich darin, daß „mit allen Persönlichkeitssignalen gleichzeitig (gearbeitet wird), seien es Körpersignale, Sprachmuster, Blickmuster. (Das NLP verhilft dazu, den gewohn-

---

4 WATZLAWICK1978, S. 14.
5 WATZLAWICK 1978, S. 15.

ten) Bezugsrahmen der Interpretation und Kritik zu verlassen, damit die Dinge, um die es geht, in einem anderen Licht erscheinen können".[6]

Die neu hinzugewonnene Sicht der Dinge, etwa eine neue Perspektive, fungiert dabei nicht generell als austauschbarer Ersatz für frühere Verhaltensweisen, sondern wird vielmehr als zusätzliche Alternative, als konstruktive Ergänzung angesehen, um in zukünftigen Situationen besser bestehen zu können. BEYER/MARWITZ formulieren als Ziel ihrer Trainingsarbeit mit NLP: „Gefördert wird das unendliche Potential an Möglichkeiten, das jedem Menschen eigen ist, es werden vorhandene Fähigkeiten ausgebaut, unerwünscht belastende werden geändert und neue hinzugefügt, so daß die Handlungskompetenz erweitert wird. So kann zum Beispiel jeder lernen, die in einer begrenzten Lebenssituation erworbene Selbstsicherheit auf ganz andere neue Kontexte zu übertragen"[7].

Diese knappe Umschreibung mag viele Leser kaum befriedigen, weil mit so wenigen Worten kaum das „Neue" und „Revolutionäre" beschrieben werden kann, welches das NLP aus dem Kanon gängiger Kommunikationsmodelle heraushebt. Das Neue ist auch deshalb erst auf den zweiten Blick deutlich zu erkennen, weil im NLP viele bekannte Elemente aus anderen Kommunikationsmodellen auftauchen, hier allerdings mit einem neuen Begriff und oft auch mit einem anderen Verständnis belegt. Ob das NLP-Konzept letztlich wie von vielen Kritikern behauptet nur „alter Wein in neuen Schläuchen" darstellt oder wirklich einen effektiven Fortschritt bedeutet, soll im Rahmen dieser Untersuchung geklärt werden.

1.2 Ziele und Schwerpunkte der Untersuchung

Der Verfasser hat das NLP zunächst im Rahmen verschiedener Seminare erlernt; die im NLP verborgenen Möglichkeiten eröffneten ihm dabei neue Wege und Ansatzpunkte des Denkens und Handelns. Insbesondere erschloß sich ihm aufgrund der neugewonnenen Perspektiven ein innerer Zusammenhang zu seinem ur-

6 BEYER/MARWITZ 1989, S. 18 f..
7 BEYER/MARWITZ 1989, S. 18.

sprünglichen Forschungsfeld, d.h. zur Handlungstheorie und Handlungspsychologie.

Diese anfangs nur vage erahnte Verbindung hat sich im Laufe der Zeit zu der festen Überzeugung erhärtet, daß hier die großartige Gelegenheit besteht, im Zuge einer wechselseitigen Bezugnahme eine konzeptionelle Weiterentwicklung in beiden Feldern einzuleiten[8].

Zuvor sei jedoch das NLP-Modell als pädagogisch-didaktisches Konzept in seinen Grundzügen beschrieben. Dabei sei berücksichtigt, daß das NLP noch eine verhältnismäßig kurze, aber sehr stürmische Entwicklungsgeschichte aufweist und von daher manche der gemachten Schlußfolgerungen noch eine gewisse Interpretationsweite beanspruchen dürften. Dennoch zeichnet sich in immer stärkerem Maße ab, daß eine Systematisierung des NLP-Modells trotz gegenwärtiger Schwierigkeiten dringend notwendig ist[9].

Die Kapitel 5 bis 7 bilden insoweit das Herzstück der Arbeit, weil hier erstmals eine geschlossene begriffliche, inhaltliche und methodisch-didaktische Beschreibung des NLP-Konzepts als Kommunikationsmodell für den pädagogisch-didaktischen Raum vorgenommen wird. Zur Ergänzung und Abrundung der konzeptionellen Analyse dienen die in Kapitel 4 vorgenommene Beschreibung der Grundannahmen und die in Kapitel 8 erfolgende Kritik bzw. empirische Überprüfung des NLP-Modells.

Zusammenfassend lassen sich die wichtigsten Ziele der hier vorliegenden Untersuchung in drei Bezugsebenen eingliedern:

A. Persönliche Ziele des Verfassers

1. Von der Handlungstheorie über die Analyse des NLP-Konzepts zur praktischen Anwendung der Erkenntnisse gelangen;
2. eine auf sich selbst bezogene kritische Reflexion der eigenen Auseinandersetzung mit dem NLP-Modell vornehmen.

---

8 vgl. dazu vor allem die Übertragung auf den pädagogisch-didaktischen Bereich in Kapitel 9 und 10.

9 Die Einstiegsschwierigkeiten werden vor allem in Kapitel 3 diskutiert, wenn einerseits die Problematik, andererseits aber auch die Notwendigkeit einer „Identifizierung" des NLP-Konzepts erörtert wird.

B. Wissenschaftliche Forschungsziele

3. Das NLP-Modell theoretisch durchdringen und pädagogisch legitimieren auf der Grundlage eines handlungsorientierten Pädagogik- und Didaktikverständnisses;
4. einen Forschungstransfer von der Theorie zur praktisch-konzeptionellen Anwendung im pädagogisch-didaktischen Raum und im Kommunikationstraining bewirken.

C. Praxisbezogene Ziele

5. Eine allgemeinverständliche Einführung und Darstellung des NLP-Konzepts entwickeln und damit verbunden neue Anwendungsfelder und -möglichkeiten für das NLP-Modell eröffnen;
6. beim Leser eigene Erfahrungen mit dem NLP initiieren und dessen Phantasie und Kreativität für die Umsetzung des Modells in den eigenen beruflichen (und privaten) Tätigkeitsbereich anregen;
7. die Neugierde auf weitere NLP-Entdeckungen, z. B. durch den Besuch eigener Seminare, wecken.

1.3 Einige Überlegungen zum methodischen Vorgehen

Der Einstieg in die hier zu betrachtende Materie bereitete zunächst einige Probleme, deren Kenntnis zum besseren Verständnis der nachfolgenden Überlegungen beitragen dürfte. So stand dem Verfasser zu Anbeginn die besondere Natur des NLP wie ein unbehauener Fels vor Augen, der – so stellte sich schnell heraus – nicht mit den gängigen und vertrauten wissenschaftlichen Erkenntnismethoden bearbeitet werden konnte und durfte.

So verlangen z. B. schon die Übertragbarkeit des Konzepts aus dem therapeutischen in den pädagogischen Raum sowie die oft in Transkriptform vorliegenden literarischen Fassungen von NLP-Seminaren[10] und deren Übersetzung in eine „normale" Textform einen gewissen assoziativ-intuitiven Interpretationsspielraum.

10 z. B. von BANDLER/GRINDER 1981; BANDLER 1987; STAHL 1989.

Zudem sollte auch eine angemessene sprachliche Form gefunden werden, da das subjektive „Erleben" und „Erfahren" im NLP als zentrale Zugangsweise einen sehr breiten Raum einnimmt und zu Recht für sich beansprucht. Insofern sollen die aus den Transkripten herausgearbeiteten pädagogisch relevanten Textstellen – wenn möglich – als wörtliche Zitate übernommen werden, um auf diese Weise die inhaltliche Authentizität in den einzelnen Seminaren, zumindest in Grundzügen, „nacherlebbar" zu erhalten.

Die partielle Abkehr von wissenschaftlichen Denkkategorien, vor allem von im engeren Sinne naturwissenschaftlich fundierten, operationalistischen Erkenntnismethoden läßt sich zudem durch das hier zugrunde gelegte handlungsorientierte Paradigma rechtfertigen, indem ein ganzheitlich erlebtes und erfahrenes Phänomen auch notwendigerweise einer „ganzheitlichen Sprache" bedarf. Insofern sind Beispiele, Bilder, Assoziationen und interpretative Übertragungen als der Sache angemessen zu betrachten.

Darüber hinaus erfolgt hierdurch auch eine Weiterentwicklung des handlungsorientierten Paradigmas, wenn in der kritischen Auseinandersetzung mit dem NLP dessen Möglichkeiten zur Überwindung bestehender handlungstheoretischer Grenzen herausgearbeitet werden. Diese Suche nach neuen, inneren „Stimmigkeiten" bei der Integration von NLP und Handlungstheorie kann hier auch als Versuch betrachtet werden, auf einer höheren Ebene einen Meta-Zusammenhang, eine neue Ganzheit, zu entdecken und zu entwikkeln. Die hierzu erforderliche Kreativität ist jedoch nicht nur beim Verfasser bei der Formulierung neuer Zusammenhänge notwendige Voraussetzung, sondern auch beim Leser, wenn von diesem die Bereitschaft gefordert wird, sich auf neue Wege einzulassen und diese auf ihre innere Schlüssigkeit hin zu überprüfen.

2 Die Entwicklung und Verbreitung des NLP im therapeutischen und pädagogischen Raum

2.1 Das wissenschaftliche Umfeld: Personen als „Vorbilder"

Das NLP wurde in den 70er Jahren von amerikanischen Wissenschaftlern entwickelt, allen voran von Richard BANDLER und John GRINDER, die aus einer intensiven Beobachtung und Analyse der Behandlungsmethoden besonders erfolgreicher Psychotherapeuten allgemeine Grundsätze des menschlichen Verhaltens und der Kommunikation abgeleitet haben. Ursprünglich hatten die Autoren mit ihrem Modell zwar nur den therapeutischen Raum im Blick, jedoch schon nach kurzer Zeit erkannten sie, daß ihre Entdeckungen auch ohne weiteres in anderen Handlungsfeldern von Nutzen sein könnten[1].

Als therapeutische „Vorbilder", die von ihnen einer systematischen Analyse unterzogen worden sind, fungieren dabei

- die Familientherapeutin Virginia SATIR,
- der Hypnotherapeut Milton H. ERICKSON und
- der Gestalttherapeut Fritz PERLS.

„Eines der systematischen Dinge, die ERICKSON, SATIR u. a. tun, ist es, unbewußt mitzubekommen, wie die Person denkt, mit der sie sprechen und diese Informationen auf unzählige verschiedene Arten zu nutzen".[2]

Es darf daher nicht verwundern, daß die „Beobachter" BANDLER und GRINDER viele Bausteine des NLP aus den Konzepten ihrer „Vorbilder" entlehnt haben, d. h. es ging ihnen letztlich nicht nur um eine metatheoretisch-reflektierende Beobachtung der von ihnen ausgewählten „therapeutischen Zauberer", sondern auch um eine pragmatische Analyse, Entlehnung und Aufbereitung derjenigen Konzeptbausteine, die sich ihrer Meinung nach als besonders effektiv herausgestellt haben. STICKLING[3] hat eine grobe Zuord-

1 vgl. DILTS u. a. 1985, S. 12.
2 BANDLER/GRINDER 1981, S. 27.
3 vgl. STICKLING 1990.

nung wichtiger Elemente vorgenommen, die auf diese Weise Eingang ins NLP-Konzept gefunden haben:

Zu Virginia SATIR hatten die Autoren offensichtlich einen sehr engen beruflichen wie privaten Kontakt; als Mitbegründerin des Mental Research Institutes (MRI) in Palo Alto, Kalifornien, und als langjährige Leiterin der Ausbildungsprojekte des MRI war es vor allem SATIR, die BANDLER und GRINDER einen geeigneten geistigen Hintergrund für ihre Untersuchungen verschaffte. Darüber hinaus ließ sich Virginia SATIR ebenfalls bei ihrer therapeutischen Arbeit beobachten; aus ihrem familientherapeutischen Konzept wurden u. a. entlehnt:

- Die SATIR-Kategorien der Kommunikation,
- Teile des Reframing-Konzepts und
- die Kongruenz-Inkongruenz-Kategorien[4].

Der überragende Einfluß von Milton ERICKSON ergibt sich nicht zuletzt daher, daß BANDLER und GRINDER nahezu zeitgleich mit der Erstellung ihrer Grundwerke „The Structure of Magic I and II"[5] etwa um das Jahr 1975 herum auch eine Veröffentlichung mit dem Titel „Patterns of the Hypnotic Techniques of Milton H. ERICKSON" herausgaben. Daher lag es auf der Hand, auch von ERICKSON einige Bausteine zu entnehmen:

- Die Hynosetechniken und Tranceinduktionen,
- die Symptomorientierung,
- das Unbewußte als wesentliche positive Kraft,
- therapeutische Metaphern und
- Rapport, Pacing und Leading.

Die Gestalttherapie nimmt im Rahmen der NLP-Entwicklung insofern eine Schlüsselstellung ein, weil durch ihren ganzheitlichen Ansatz und ihre umfassende Interpretation von Phänomenen, Situationen und Personen ein übergeordneter Handlungs- und Analyserahmen vorgegeben wird, der sich im NLP-Modell als durchgängige Größe wiederfinden läßt. Darüber hinaus sind innerhalb

4 zu den einzelnen Elementen – vgl. GRINDER/BANDLER 1982, S. 56 ff.; BANDLER/GRINDER 1985, S. 15; SATIR 1973, S. 99.

5 deutsch: „Metasprache und Psychotherapie. Die Struktur der Magie I" und „Kommunikation und Veränderung. Die Struktur der Magie II".

des Rahmens viele gestalttherapeutische Elemente in das NLP-Modell übernommen worden. Als Beispiele dafür können die Techniken der „Darstellung" oder der „gelenkten Phantasie" genannt werden[6]. Gestalttherapeutische Elemente, die vor allem auf Fritz PERLS zurückgeführt werden können, sind u. a.

- der Subjektivismus und Holismus,
- der Gedanke der Ökologie,
- die Kongruenz-Inkongruenz-Polaritäten im verbalen und nonverbalen Ausdruck einer Person[7],
- der Grundmechanismus der Selbstregulation im Handeln.

Als weiteres forschungsleitendes „Vorbild" im engeren Sinne ist sicherlich auch Gregory BATESON zu nennen, welcher zu dieser Zeit als philosophischer „Übervater" für viele Arbeiten verantwortlich zeichnete, die sich nicht in die damals vorherrschenden traditionellen, einzeldisziplinären Grenzen einfügen ließen. BATESON selbst hat sich mit Biologie, Anthropologie, Soziologie, Linguistik, Geschichte, Psychologie, Kybernetik und Kunst befaßt und die dort gesammelten Daten, Erkenntnisse und Erfahrungen in einzigartiger Weise miteinander verknüpft[8].

Insofern schafft solch ein umfassend-ganzheitlicher Geist sicherlich ein belebendes, innovatives Klima, in welchem auch neue und ungewöhnliche Ansichten akzeptiert werden und nicht Gefahr laufen, von vornherein als indiskutabel verworfen zu werden.

Als Mitglied des inneren Kreises der Palo-Alto-Gruppe und wissenschaftlicher Kollege John GRINDERs hat Gregory BATESON aufmerksam die Arbeiten von BANDLER und GRINDER verfolgt und schließlich auch zu ihrem Buch „Metasprache und Psychotherapie. Die Struktur der Magie I" die Einführung geschrieben. Aus dem Dunstkreis der Palo-Alto-Gruppe, zu denen als bekannte Forscherpersönlichkeit im Bereich der Psychotherapie und Kommunikationswissenschaften auch Paul WATZLAWICK gehört, können ergänzend zu den oben erwähnten Elementen ferner noch genannt werden:

---

6 vgl. BANDLER/GRINDER 1984, S. 188 ff..
7 vgl. REVENSTORF 1985, S. 256.
8 vgl. STIERLIN in BATESON 1988, S. 8; vgl. NACHMANOVITCH 1983, S. 57 ff..

- Das Verständnis und die Interventionstechniken des NLP als Form der Kurzzeit-Therapie[9],
- die logischen Kategorien von Lernen und Kommunikation,
- das Erkennen von „Beziehungsfallen“ (sog. „Double binds“) im jeweiligen Weltmodell eines Menschen,
- ferner die Trennung in Inhalts- und Beziehungsaspekt der Kommunikation und
- die Trennung in digitale (Sprache) und analoge Kommunikation[10].

Die Resonanz auf ihre Arbeiten war insgesamt positiv; besonders die untersuchten Vorbilder nahmen regen Anteil an der Fortentwicklung des Modells und erkannten an, daß NLP eine innovative Neuentwicklung darstellt. So äußert sich z. B. Virginia SATIR in einem Interview zu dem damaligen Forschungsklima: „... ich war aufgeregt darüber, was sie (BANDLER und GRINDER, d.V.) dabei herausfanden. Ich konnte sehen, was es war, denn vieles, was ich tue, war intuitiv, und ich hatte es bis dahin noch nicht in die Sprache der linken Hemisphäre übersetzt. ... Sie erkannten, daß immer die gleichen Elemente beteiligt waren. Sie haben erfolgreich die Struktur dieser Veränderungen aus unseren Vorgehensweisen herauskristallisiert“[11].

STICKLING[12] weist abschließend auf zweierlei hin: Es wurden auf der einen Seite zwar konkrete Bausteine aus den einzelnen Modellen übernommen, diese reichen jedoch auf der anderen Seite bei weitem nicht aus, um das NLP-Modell vollständig zu rekonstruieren. Demnach bleibt als Restgröße ein eigenständiger Teil übrig, vor allem die Kombination und spezifische Aufbereitung der Einzelbausteine, die das NLP-Konzept als innovative und kreative Neuentwicklung ausweisen.

Über das beschriebene personelle Umfeld der Palo-Alto-Gruppe und des Mental Research Institutes hinausgehend, ist von Richard

---

9 vgl. dazu auch den deutschen Titel von BANDLER/GRINDER 1981: „Neue Wege der Kurzzeit-Therapie“.

10 vgl. BATESON 1988, S. 362 ff.; vgl. auch DILTS u. a. 1985, S. 174 ff.; BANDLER/GRINDER 1984, S. 194 ff.; BATESON 1988, S. 276 ff.; GRINDER/BANDLER 1982, S. 42 ff..

11 JÜRGENS/STAHL 1982, S. 209 f..

12 vgl. STICKLING 1990, S. 20.

BANDLERs und John GRINDERs eigener wissenschaftlicher Vergangenheit lediglich bekannt, daß BANDLER von Haus aus ein noch junger Mathematiker und Informatiker war, hingegen GRINDER sich zu Zeiten ihres Kennenlernens bereits als Professor für Linguistik an der Universität von Santa Cruz, Kalifornien, einen Namen gemacht hat[13].

2.2 Das wissenschaftliche Umfeld: Theorien und Schulen als „Leitlinien"

BANDLER und GRINDER haben im Rahmen der NLP-Entwicklung häufig und gerne Bezug genommen auf wissenschaftstheoretische Grundlagen und auf psychotherapeutische Schulen; so berufen sie sich in ihren Ausführungen über die schon erwähnten Vertreter hinausgehend auf weitere Theorien und Ansätze, z. B. von

- MILLER, GALANTER und PRIBRAM (Handlungstheorie),
- CHOMSKY und KORZYBSKI (Linguistik),
- VAIHINGER (Erkenntnisphilosophie).

Daher erscheint es legitim, wenn auf der Suche nach dem theoretischen Hintergrund des NLP auch eine vergleichende Interpretation der Grundaussagen des NLP mit einschlägigen Theorien und Schulen vorgenommen wird. Den Versuch, auf diesem Wege das (wissenschafts-)theoretische Fundament des NLP offenzulegen, haben verschiedene Autoren unternommen[14].

Insgesamt sind aber alle Zuordnungsversuche auf Schwierigkeiten gestoßen und letztlich daran gescheitert, daß BANDLER und GRINDER einerseits sicherlich konkrete Bezugsrahmen und Übertragungen vorgenommen haben, andererseits aber immer wieder über die adaptierten „reinen Lehren" hinausgegangen sind, ja sogar z.T. entgegen der dort vertretenen Lehrmeinungen gehandelt haben, und sich somit wiederum zwischen verschiedene Stühle gesetzt haben. Diesen zwiespältigen Eindruck, eine stete Quelle der

13 vgl. BANDLER 1987, S. 25; JÜRGENS/STAHL 1982, S. 209 f..
14 vgl. BLIEMEISTER 1987, 1988; BÖKE u. a. 1987; JOJART/REVENSTORF, 1986.

Kritik am NLP, gibt auch REVENSTORF mit dem zusammenfassenden Urteil seiner Analyse wieder. So schreibt er:

„Insgesamt imponiert die Phantasie und Vielseitigkeit der therapeutischen Interventionsmöglichkeiten ebenso wie der Anspruch auf Validität der Verfahren, die beide bisher ohne jede systematische Forschung dastehen. Dabei sind sowohl die theoretischen Ausführungen wie die praktischen Anleitungen konkret genug formuliert, um einer empirischen Überprüfung zugänglich zu sein"[15].

Das Ausweichen vor einer festen und eindeutigen Verortung des NLP-Modells mag verschiedene Gründe haben. So erheben die Autoren für ihren Ansatz nicht einen Theorie-Status, sondern lediglich einen Modell-Status; den Unterschied erläutert John GRINDER mit folgenden Worten: „Ein Modell ist einfach eine Beschreibung, wie etwas funktioniert, ohne Festlegung darauf, warum es so sein mag. Eine Theorie hat die Aufgabe, eine Rechtfertigung dafür zu liefern, warum verschiedene Modelle anscheinend mit der Realität übereinstimmen"[16].

Mit dieser Differenzierung zwischen Modell und Theorie wollen die Autoren von vornherein das „Gewicht" ihrer Aussagen im Vergleich mit den adaptierten und etablierten Lehrmeinungen relativieren. Zugleich betrachten und behandeln sie die von ihnen aufgegriffenen Theorien eher als Denkansätze zur Entwicklung eigener Ideen und weniger in ihrer „reinen Lehrform", d. h. sie nehmen sich das Recht heraus, diese nach ihrem eigenen Gutdünken zuzuschneiden.

Dirk REVENSTORF hat dies implizit bei der Behandlung der Ansätze von MILLER et al. und von CHOMSKY erkannt. Seine Kritik, daß diese wissenschaftlich akkreditierten Autoren eher die Funktion von Feigenblättern besitzen, welches von den „Mängeln" des NLP ablenken sollen, ist unter diesen Vorzeichen betrachtet, nicht ganz von der Hand zu weisen[17].

Die „Zuschnitte" der von BANDLER und GRINDER verwendeten Ansätze begründen diese mit der von ihnen verfolgten Intention, daß sie hier nicht dem wissenschaftlichen „Wahrheitskriteri-

---

15 REVENSTORF 1985, S. 268.
16 GRINDER in DILTS u. a. 1985, S. 18.
17 vgl. REVENSTORF 1985, S. 254.

um" nachzustreben trachten, sondern statt dessen die Ersatzkriterien der „Nützlichkeit" und „Funktionalität" in den Vordergrund ihrer Ausführungen heben:

„Wir sind Modellbauer und bitten Sie, diese Arbeit als ein Modell zu beurteilen, unabhängig davon, ob es wahr oder falsch, richtig oder unrichtig, ästhetisch oder unästhetisch ist. Sie sollten herausfinden, ob es funktioniert oder nicht, ob es etwas nützt oder unnütz ist"[18].

Ungeachtet jener, eine Einordnung vordergründig unterbindender Haltung der NLP-Entwickler kann eine wissenschaftstheoretische Positionierung des NLP-Konzepts vorgenommen werden. So markieren erstens die schon vorgenannten Konstruktionsbedingungen der Funktionalität und Nützlichkeit eine stark pragmatische Grundausrichtung, zweitens wird das NLP wiederholt als Wissenschaft des subjektiven Erlebens bezeichnet und grenzt sich somit durch die explizite Hervorhebung der Subjektivität als weitere Konstruktionsbedingung von den sogenannten „objektiven" Wissenschaftsrichtungen ab.

STICKLING ist der Frage nachgegangen, ob das NLP-Modell unter diesen Gesichtspunkten nicht als radikal konstruktivistischer Ansatz bezeichnet werden könnte[19]. Für diese Annahme sprächen hierbei die beiden Ansätzen gemeinsame Ablehnung eines absoluten Wahrheits- und Wirklichkeitsbegriffs, ferner die Umsetzung auf Basis der oben genannten Konstruktionsbedingungen und die enge Anlehnung des NLP an VAIHINGERs „Philosophie des Als Ob"[20], der als einer der wichtigsten Wegbereiter des radikalen Konstruktivismus gilt, sowie die ebenfalls im radikalen Konstruktivismus wiederzufindenden gestaltpsychologischen Grundlagen. Schließlich sei hier auch auf die im Modellaufbau des NLP sichtbare Wesensverwandtschaft zu WATZLAWICKs Wissenschaftsverständnis verwiesen; letzterer gilt als einer der Hauptvertreter dieses Ansatzes.

Gegen eine Zuordnung des NLP-Modells zum radikalen Konstruktivismus könnte die bei den Autoren anzutreffende geringe Bereitschaft sprechen, sich gleichfalls bestimmten Grundanforderungen des wissenschaftlichen Arbeitens, z. B. der Forderung einer

18 GRINDER in DILTS u. a. 1985, S. 18.
19 vgl. dazu die Darstellung und Diskussion des Paradigmas in STICKLING 1990, S. 32 f..
20 vgl. BANDLER/GRINDER 1984, S. 25 ff..

intersubjektiven Überprüfbarkeit, zu unterwerfen. Hier stellen BANDLER und GRINDER zwar wiederholt Behauptungen auf, die Untermauerung ihrer Behauptungen durch dementsprechende Untersuchungen ist jedoch zum gegenwärtigen Zeitpunkt noch als sehr dürftig zu bezeichnen.

Ein möglicher Grund für die geringe Neigung, sich derartigen Positionierungen zu unterwerfen, kann jedoch auch an dem ambivalenten Verhältnis liegen, welches die eher praxisorientierte und pragmatisch ausgerichtete Psychotherapie – hier als Ganzheit betrachtet – gegenüber den eher erkenntnistheoretischen Interessen der Wissenschaften einnimmt. Die Psychotherapie ist ja immerhin das ursprüngliche Entwicklungsfeld des NLP und dürfte von daher einen starken Einfluß auf die Modellkonstruktion ausgeübt haben. GENDLIN schreibt zum Problemkomplex „Wissenschaftlichkeit und Psychotherapie" folgendes:

„Die Psychotherapie wurde als Kunst, als Mysterium, nicht als Wissenschaft verstanden. Einige Gruppen behaupten, exakte wissenschaftliche Techniken entwickelt zu haben, doch das ist nur Propaganda. Der allwissende und vollkommen seiner selbst sichere Therapeut existiert nur in Filmen. ... Deshalb würde kein seriöser Psychotherapeut in Anspruch nehmen, genau in Worte fassen zu können, weshalb eine Therapie funktioniert"[21].

Eine Einordnung in psychotherapeutische Schulen könnte nach STICKLING aufgrund der Personen (Modellbauer und ihre geistigen Väter und Mütter) und der Inhalte des NLP-Konzepts erfolgen. Folgt man einer gängigen Einteilung der psychotherapeutischen Verfahren in die drei Kategorien

- psychoanalytische (tiefenpsychologische),
- humanistische Verfahren und
- verhaltensorientierte Therapien,

so scheiden die psychoanalytischen Schulen aufgrund ihrer ursachenbezogenen Analyseverfahren von vornherein als Basis für das NLP-Modell aus.

Hingegen sprächen für eine Einordnung zu humanistischen Verfahren vor allem, daß die untersuchten Vorbilder PERLS, SATIR

21 GENDLIN in STICKLING 1990, S. 34.

und ERICKSON dieser psychologischen Richtung angehören und die NLP-Autoren zudem viele Elemente von ihnen übernommen haben, ferner die Zielorientierung als wichtiges Wesenselement humanistischer Ansätze und verschiedene, dieser psychotherapeutischen Richtung entsprechende Grundannahmen (z. B. die Wahrung der Integrität und Würde des Menschen) tauchen ebenfalls im NLP-Konzept auf; demgegenüber sind dem NLP-Anwender aber auch einige (direktive) Interventionsmaßnahmen erlaubt, die eindeutig das humanistische Leitbild als Bezugsrahmen sprengen.

Aus diesem Grunde scheint eine Zuordnung des NLP zu verhaltensorientierten Therapierichtungen, hier im speziellen zu den neueren kognitiven Ausprägungen, eher sinnvoll. Als übergreifendes Prinzip dieser therapeutischen Richtung kann „die Art und Weise (angesehen werden), wie Informationen über die Umwelt und die eigene Person bewertet und organisiert werden, die Art und Weise der Informationsverarbeitung, um Probleme zu bewältigen oder zu lösen, sowie die Art und Weise der Prognose und Bewertung zukünftiger Ereignisse“[22].

Die immer wieder von den Autoren BANDLER und GRINDER hervorgehobene Abgrenzung vom hier gleichfalls beheimateten behavioristischen Verständnis kann nach STICKLING nicht unbedingt diese Zuordnung aufheben, weil zum einen der durch den Behaviorismus markierte Handlungsrahmen vollständig enthalten ist und darüber hinaus durch das NLP eine Erweiterung um das hypothetische Konstrukt der Kognition vorgenommen wird, indem hierdurch „ein Vokabular für das Innere der black box (vorgeschlagen wird)“[23].

Für diese Lösung spricht sich auch REVENSTORF aus, der „das NLP (letztlich) als einen Versuch (bezeichnet), einen übergreifenden Ansatz der kognitiven Verhaltenstherapie zu entwickeln“. Und etwas später: „Sie (BANDLER und GRINDER, d.V.) gehen davon aus, daß der Mensch mehrere Repräsentationssysteme hat, die den Sinneskanälen ... entsprechen, um Inhalte und Erlebnisse abzuspeichern und zu suchen. ... Der jeweilige kognitive Zustand läßt sich angeblich an verschiedenen Indikatoren (Verbalisierungen, Augen-

22 FOREYT/GOODRICK 1987, S. 529; vgl. auch REVENSTORF 1985, S. 238.
23 DILTS u. a. 1985, S. 16.

bewegungen, Körperhaltungen) ablesen. Therapeutische Interventionen können nun darin bestehen, den kognitiven Kanal des Klienten zu erkennen und zur Kommunikation zu benutzen sowie auch den Klienten anzuleiten, seine Repräsentationsmöglichkeiten zu erweitern"[24].

2.3 Die Lernbiologie als Begründungszusammenhang für ganzheitliches Denken und Handeln

Manchen Leser mag überraschen, an dieser Stelle die „Lernbiologie" als theoretischen Hintergrund für das NLP-Konzept vorzufinden. Diese Verbindung ist zum gegenwärtigen Zeitpunkt noch relativ locker und nur punktuell vorhanden, wird sich aber in Zukunft fester knüpfen lassen und sicherlich auch geknüpft werden. Daher sieht sich der Verfasser genötigt, hier einen knappen Entwurf des lernbiologischen Begründungszusammenhangs vorzulegen.

Betrachtet man die Entwicklung der Gehirnforschung der letzten 20 Jahre, so entdeckt man immer stärkere Züge hin zu einer neuen interdisziplinären Wissenschaft, einer sog. „Neurowissenschaft", die sich methodisch sowohl aus den naturwissenschaftlichen Disziplinen (z. B. Physik, Chemie, Biologie) als auch aus den geisteswissenschaftlichen Richtungen (z. B. Psychologie, Sprachwissenschaft, Philosophie) nährt. Und beide Richtungen haben damit angefangen, sich gegenseitig zu ergänzen:

„Den Kern der neurowissenschaftlichen Revolution bildet die Erkenntnis, daß in dieser Welt das Spiel mit Naturgesetzen, Kräften und Materiebausteinen prinzipiell zu neuen, nicht vorhersagbaren Ordnungszuständen führt: Aus Elementarteilchen konnten Atome, aus diesen Moleküle, aus diesen lebende Zellen entstehen. Jeder Sprung von einer niedrigeren auf eine höhere ‚hierarchische Ebene' war eine Revolution in der Entwicklung des Universums"[25].

Auf der Suche nach angemessenen Theorien, die die hier in nur wenigen Jahren entstandene Flut an Detailwissen zu kanalisieren

24 REVENSTORF zitiert in STICKLING 1990, S. 16.
25 HAAF 1987, S. 32.

vermögen, sind vor allem ganzheitliche Ansätze herangezogen worden, um eine ansprechende, qualitative Gesamt-Problemlösungsmethodik zu entwickeln. Frederic VESTER, einer der prominentesten Vertreter ganzheitlich-lernbiologischer Ansätze, schreibt:

„Neben dem simplen Ursache-Wirkungs-Denken der Vergangenheit, das sich an getrennten Einzelproblemen orientiert, brauchen wir die Hinwendung zu einem stärkeren Denken in Mustern und dynamischen Strukturen, zu einem Verständnis komplexer Systeme und ihres Verhaltens. Ein Denken, nach dem wir auch handeln können"[26].

Das „Lernen von der Natur", hier durch die Erforschung des „Denkzeugs" Gehirn dokumentiert, sowie das Plädoyer für ein sogenanntes „neues Denken", eine Suche nach modernen, effizienteren Denkstrukturen, bilden ein sehr weites und offenes wissenschaftliches Spannungsfeld; in diesem ist unter anderen auch das NLP-Konzept, welches sich als „Wissenschaft des subjektiven Erlebens" versteht, einzuordnen. Von daher sind auch Erkenntnisse aus den vorgenannten Wissenschaftsdisziplinen für ein besseres Verständnis des NLP hilfreich. Im folgenden soll auf drei Aspekte kurz eingegangen werden[27]:

- Die Erforschung des „Denkzeugs" Gehirn: Womit „können" wir denken?
- Das Multimind-Konzept als neues Gehirnmodell.
- Die Entwicklung effizienter Denkstrukturen: Was ist überhaupt „neues Denken"? Wie „sollen" wir denn denken?

---

26 VESTER 1983, S. 12.

27 In der einschlägigen hirnbiologischen Literatur wird zur Analyse und Beschreibung des Gehirns jeweils eine horizontale und vertikale Organisation der Gehirnstruktur vorgenommen – vgl. EDELMANN 1988, S. 32. Im Rahmen dieser Abhandlung wurde auf die aus NLP-Sicht gleichfalls interessante Diskussion der vertikalen Organisation des Gehirns, die sich mit den Fragen der Informationsspeicherung (in Ultrakurzzeit-, Kurzzeit-, Langzeitgedächtnis) beschäftigt, verzichtet, weil die Darstellung in der Fachpresse – vgl. VESTER 1986; RICKEN 1990 – im wesentlichen mit dem NLP-Gedankengut – vgl. Kapitel 6.2 – übereinstimmt. Eine explizite Darstellung empfiehlt sich hier vor allem bei Aspekten, die nicht von vornherein auf breite Zustimmung stoßen und einer gewissen Erklärung bedürfen.

2.3.1 *Die Erforschung des „Denkzeugs" Gehirn*

Die Entdeckung der funktionellen Gliederung der Großhirnrinde zählt zu den bedeutenden Entdeckungen, welche der modernen Gehirnforschung den Weg gewiesen haben. Bedeutenden Anteil daran haben die Forschungsarbeiten des amerikanischen Neurophysiologen Roger W. SPERRY, der bei Untersuchungen mit Epileptikern schließlich eine Trennung des Hirnbalkens (Corpus Callosum) deshalb vornahm, weil sich die epileptischen Anfälle immer in einer Hirnhälfte entwickelten und dann ihren Weg über das Corpus Callosum in die andere Hirnhälfte nahmen[28].

Besonderes Gewicht erhielt dabei seine Beobachtung, daß in der Leistungsfähigkeit der beiden Hirnhälften bei seinen Patienten erstaunliche Unterschiede auftraten; aus diesen Leistungsdifferenzen leitete SPERRY Aussagen über die spezifischen Funktionen jeder der beiden Hemisphären ab und zog damit weitreichende Rückschlüsse auch im Blick auf menschliches Bewußtsein.

Vor seiner Entdeckung waren schon symmetrisch und asymmetrisch angeordnete Regionen auf der Großhirnrinde bekannt gewesen, denen bestimmte sensorische und motorische Funktionsareale zugeordnet werden konnten:

- Die symmetrisch angeordneten Felder verteilen sich auf jede Hirnhälfte und sind kreuzweise (kontralateral) den entsprechenden Körperregionen der linken und rechten Seite zugeordnet, d. h. das linke Gesichtsfeld hat seine Entsprechung in der rechten Sehrinde, das rechte Gesichtsfeld in der linken Sehrinde. In gleicher Weise sind z. B. auch die Gliedmaßen des Körpers kontralateral im Gehirn abgebildet.
- Als Beispiel für eine asymmetrische Anordnung im Gehirn kann das „aktive Sprachzentrum" angeführt werden, welches sich bei 90 – 95 % aller Menschen ausschließlich im linken Teil des Gehirns befindet; andere Befunde belegen, daß Schriftbilder ebenfalls der linken Hemisphäre, dagegen Figuren, Symbole und Formen der rechten Hemisphäre zugeordnet werden können[29].

28 vgl. ECCLES/ZEIER 1980, S. 158.
29 vgl. VESTER 1986, S. 23.

Linke Hemisphäre	Rechte Hemisphäre
die „Wort"-Bibliothek	**die „Bild" Bibliothek**
verarbeitet Informationen nacheinander	verarbeitet Informationen gleichzeitig
hält eine feste Reihenfolge (Sequenz) ein: auf A folgt B, dann C	erfaßt (simultan) ein komplexes Bild
registriert einzelne Informationen: einen Flügel	erfaßt das Ganze: einen Vogel
zergliedert die Welt in überschaubare Ausschnitte und Teile (analytisch), wichtig sind dabei die Unterschiede zwischen den Teilen oder Ausschnitten	fügt die einzelnen Aspekte zu einer Ganzheit zusammen, wichtig sind hier die Verbindungen
hält sich an das strenge Ursache-Wirkungs-Prinzip, denkt linear	läßt Ähnlichkeiten und Entsprechungen (Analogien) zu, denkt bildhaft
konzentriert sich auf quantitativ nachweisbare Fakten: 2+2	reagiert auf qualitative, situativ-bedeutsame Aspekte: Emotionen
entwickelt Ideen nach vorliegenden Regeln: hält sich an vorgegebene, festliegende Strukturen, ist dabei stark auf die schon gespeicherten und organisierten Informationen angewiesen	entwickelt Ideen nach offenen, assoziativ-sprunghaften Gesichtspunkten: hält sich an qualitative, nicht quantizierbare Strukturen, welche sich um stark gefühlsbesetzte Bilder herum gruppieren
hat eine ausgebaute Syntax: verknüpft Wörter nach grammatischen Regeln	verfügt nur über eine begrenzte Syntax: reagiert auf den Bildgehalt von Wörtern, ruft Sätze als geschlossene Einheiten ab, z. B. den Wortlaut eines Lieds, eines Gedichts oder Abzählreims
erinnert sich an komplexe Bewegungsfolgen	erinnert sich an komplexe Bilder
verfügt über Sprache, verwendet Wörter primär als Zeichen	ist stumm, benutzt Bilder, keine Worte; ist empfänglich für den Klang von Wörtern

Abbildung 1: Die „Arbeitsteilung" im Gehirn: Charakterisierung der beiden Hirnhemisphären nach ihren jeweils dominierenden Funktionen.

Die neuere Hirnforschung hat im folgenden aus der Verknüpfung dieser Erkenntnisse vor allem Konsequenzen für spezielle Arten des menschlichen Denkens und Handelns gezogen. In einer tabellarischen Zusammenfassung ordnete man die in Abbildung 1 aufgelisteten Funktionsspezialisierungen den beiden Hirnhemisphären zu.

Leider wurden die Ergebnisse von SPERRY und anderen Forschern gerade in den letzten Jahren in stark simplifizierender Weise interpretiert. Dabei beruhen die sich darauf berufenden „Geschichten" zum größten Teil auf der von der Hirnforschung gestützten popularisierten Anschauung, daß z. B. die rechte Hemisphäre der Ort sei, an dem die kreativen und synthetisierenden Impulse entstehen. Ein derartiges dichotomes Links-Rechts-Denken wird allerdings den Untersuchungsergebnissen von SPERRY, die sich nur in sehr begrenztem Rahmen verallgemeinern lassen, nicht gerecht[30].

Viele Autoren warnen daher vor solchen Vereinfachungen. Ihrer Ansicht nach sind die charakteristischen Funktionsbeschreibungen der beiden Hirnhälften und deren Zuordnungen, wie z. B. die „Sprachlosigkeit" der rechten Hemisphäre oder die „Blindheit" der linken Hemisphäre, eindeutig falsch und daher zu vermeiden: „Die Hemisphärenspezialisierung bedeutet ... keine Arbeitsteilung (im engeren Sinne), sondern eine potenzierende Erweiterung des Beurteilungsspektrums der Großhirnrinde"[31].

SPERRY hat deshalb eine angemessenere Hypothese aufgestellt, wonach die beiden Hemisphären sich in komplementärer Weise ergänzen. Die Leistungsfähigkeit des menschlichen Denkens ist danach von zwei wesentlichen Faktoren bestimmt[32]:

---

30 vgl. die lesenswerte Hinführung zu den Split-Brain-Experimenten von SPERRY in – SCHWARTZ 1988, S. 61 ff.; als Beispiel für eine sehr weite Interpretation des Hemisphärenmodells sei das Buch von Vera BIRKENBIHL – vgl. 1988, S. 20 ff. – genannt, in welchem mit Aussagen wie „digital und analog, rational und kreativ, linke und rechte Persönlichkeit, Herr Links und Frau Rechts, linkes und rechtes Management" dieses dualistische Denkmodell aufgegriffen wird. – Die „Nützlichkeit" dieses Denkmodells sei dabei keineswegs in Frage gestellt, hier soll lediglich darauf hingewiesen werden, daß die wissenschaftliche Geltungsweite der Hemisphärentheorie als umstritten gelten muß (vgl. dazu GAZZANIGA 1989, S. 63 ff.).

31 OESER/SEITELBERGER 1988, S. 87.

32 vgl. ECCLES 1975, S. 266 f..

1. Jede Hemisphäre kann unabhängig von der anderen mit Hilfe ihrer eigenen spezifischen Fähigkeiten an der Weiterentwicklung und Formung des neuralen Inputs mitwirken.
2. Durch das Corpus Callosum, welches ein leistungsfähiges Kommunikationssystem zwischen linker und rechter Hemisphäre darstellt, werden die komplementären Leistungen im Gehirn kombiniert und integriert.

Die in der einschlägigen Literatur geäußerte Kritik an der Hemisphärentheorie ist sicher nicht von der Hand zu weisen[33]. Es ist aus wissenschaftlicher Sicht problematisch, die beiden Hirnhälften mit ihren „Stärken und Schwächen" gegeneinander ausspielen zu wollen, weil wir – wie LEVY zu Recht betont – als „gesunde Menschen ... weder ein halbes noch zwei Gehirne (besitzen), sondern ein einzigartig differenziertes Gehirn, in dem jede Hälfte mit ihren besonderen Fähigkeiten arbeitet"[34].

Andererseits ist jedoch offensichtlich, daß eine nicht zu verkennende gestalterische Kraft in der „Idee zweier Hirnhemisphären" verborgen liegt, die – z. B. im Blick auf traditionelle Lehr-Lernprozesse – wohl einen ausgleichenden und damit einen nützlichen pädagogisch-didaktischen Effekt besitzen kann. Durch die „Hemisphären-Idee" werden lernpädagogisch wertvolle Erkenntnisse wieder in das allgemeine pädagogische Bewußtsein gehoben und verhelfen auf diesem Wege zu einer Korrektur einseitiger, vorrangig linear-kognitiv orientierter Lernprozesse. Die „Idee" beschreibt einen neuen Weg, einen neuen Zugang zu anderen Möglichkeiten und Formen des Lernens, die lange Zeit in Vergessenheit geraten sind. Darin, so scheint es, liegt die pragmatisch-pädagogische Be-

33 vgl. exemplarisch die mit den Worten „Das Gehirn hat keine bessere Hälfte" titulierten Ausführungen von LEVY 1986, S. 32 ff.. GAZZANIGA zieht aus der Diskussion folgende Konsequenzen: „Nicht alle Gehirne sind auf die gleiche Art organisiert. Spezielle Begabungen ... können sowohl in der rechten wie auch in der linken Hemisphäre angesiedelt sein. Letztlich ist nicht so wichtig, wo die einzelnen Fähigkeiten zu finden sind, sondern daß bestimmte Gehirnsysteme bestimmte Aufgaben erfüllen. Wir kommen damit der Vorstellung näher, daß das Gehirn modular organisiert ist, denn dieser Schluß ist mit allen vorliegenden Untersuchungsergebnissen zu vereinbaren. Ob die einzelnen Module sich in allen Fällen an der gleichen Stelle befinden, ist von zweitrangiger Bedeutung" – 1989, S. 75.

34 LEVY 1986, S. 37.

deutung dieser (vermeintlichen) Fehlinterpretation wissenschaftlicher Fakten verborgen.

Im Kontext des NLP-Konzepts taucht die Hemisphären-Idee unter anderem bei der methodischen Interpretation als ganzheitliches Konzept in Verbindung mit Mind Mapping, Superlearning und Mentalem Training auf[35]. Ferner entspricht die hier herausgestellte pragmatische Dimension dieser Idee insofern dem NLP-Konzept als damit gleichfalls permanent nach neuen (anderen) Wegen und Möglichkeiten gesucht wird, das „Denkzeug" Gehirn effektiver zu nutzen.

Letztlich ist aber jedes Denkmodell spekulativ, da beim Gehirn – so ausgeprägt wie bei keinem anderen Forschungsgegenstand – Objekt und Subjekt zu einer Einheit verschmolzen sind; denn kein Mensch kann letztlich schlüssige Argumente dafür liefern, ob in diesem Forschungsfeld nicht etwa prinzipielle Grenzen der Erkenntnis es letztendlich unmöglich machen, daß ein Menschenhirn ein Menschenhirn „versteht".

2.3.2 *Das Multimind-Konzept als neues modulares Gehirnmodell*

Angesichts der populären Interpretationen der hirnbiologischen Forschungsergebnisse ergibt sich für die in der Grundlagenforschung tätigen Wissenschaftler das Problem, wie sie ihre Ergebnisse in einer gut verständlichen Form verpacken können, ohne eine angemessene Differenziertheit in der Darstellung aufgeben zu müssen. Insbesondere sind auch deshalb neue Wege zu beschreiten, um nicht wieder in die schon ausgetretenen Denkschablonen, hier sei auch an das Hemisphärenmodell gedacht, gesteckt zu werden. Denn sowohl Wissenschaftler als auch populäre Anwender moderner Theorien verhalten sich hier „mitunter ähnlich wie jener Mann im Cartoon, der seinen irgendwo verlorenen Schlüssel nur im Schein der Straßenlampe sucht: Im Lichte einer Theorie läßt sich's eben leichter forschen"[36]. Die Gefahr ist offensichtlich: Zu leicht

35 vgl. dazu Kapitel 7.3.
36 HAAF 1987, S. 38.

werden durch einleuchtende Denkschablonen andere Sichtweisen überstrahlt, durch vorschnelle, laute Benennungen andere, leisere Stimmen übertönt und damit die Chance für einen umfassenden Fortschritt vertan.

Michael GAZZANIGA und Robert ORNSTEIN, zwei anerkannte Hirnforscher, haben unabhängig voneinander eine modulare Interpretation des Gehirns[37] vorgenommen und damit interessante, den grundlegenden Erkenntnissen angemessenere Formen geschaffen. Die Abhandlung von GAZZANIGA kann dabei als ergänzende theoretische Basis für das pragmatische Modell von ORNSTEIN angesehen werden. Eine Kurzfassung des seit seiner Veröffentlichung – gerade auch in NLP-Kreisen – lebhaft diskutierten „Multimind-Konzepts" kann in drei Schritten erfolgen:

- Als Ausgangsüberlegung steht bei ORNSTEIN der Gedanke, sich nicht mehr – wie in der traditionellen Hirnforschung üblich – auf die Suche nach dem „einen Geist" zu begeben, und sich damit unvermeidlich in unzählige Widersprüche und Inkonsistenzen zu verwickeln, sondern bei einem Menschen von vornherein eine Konföderation von verschiedenen „kleinen Geisten" (sog. „Multiminds") zuzulassen und damit für die Widersprüche und Inkonsistenzen einen größeren Rahmen zu schaffen[38]. Die Multidimensionalität des menschlichen Geistes versucht er in einem Modell zu erfassen, welches aus sechs verschiedenen Ebenen und vier grundlegenden Strategien besteht.

- Die sechs hierarchischen Ebenen, die quasi als strukturelle Komponenten innerhalb einer Person zu komplexen Einheiten („kleine Geiste") zusammengefügt werden können, sind im einzelnen[39]:

37 „Module sind neuronale Netzwerke kleineren bis mittleren Umfangs, also unterhalb der Hirnhälftenteilung stehend, mit spezifischen psychophysiologischen Leistungen. Das Gehirn wird danach als ein Funktionsorgan für die „Konföderation unabhängiger mentaler Systeme" angesehen" – BENESCH in GAZZANIGA 1989, S. 11.

38 ORNSTEIN schreibt: „Der Glaube, daß eine Person einen Geist hat, gut oder schlecht, ist eine Illusion. Es gibt keinen einzelnen Geist, sondern viele; wir sind eine Koalition, nicht eine einzelne Person. Die Einheit, die wir erfahren ... ist eine Illusion" – 1989, S. 37.

39 vgl. ORNSTEIN 1989, S. 87 ff..

- Als erste (unterste) Ebene *grundlegende neurale Prozesse,* welche die ankommenden Informationen in eine gehirngerechte Form umwandeln,
- auf der zweiten Ebene unmittelbare, *nicht steuerbare Reaktionen und Reflexe,*
- auf der dritten Ebene sog. *bereichsspezifische „datenverarbeitende Module"* (diese Module sind im Gehirn höchstwahrscheinlich systemspezifisch, d. h. sinnesbereichsspezifisch konstruiert und geschaltet und liefern den nachfolgenden höheren Ebenen die Basis-Informationen für ein flexibles Handeln),
- auf der vierten und fünften Ebene sog. *„Talente" und die „kleinen Geiste",* d. h. kleine Ansammlungen von Modulen (für ORNSTEIN reicht die Palette an Talenten – im Sinne von mentalen Fähigkeiten – von einfachen Fähigkeiten der Hunger- oder Durstempfindung oder des Geruchserinnerungsvermögens bis hin zu komplexen Fähigkeiten der Selbstwahrnehmung und des Denkens);
- auf der sechsten Ebene erfolgt – als wesentliche Neuerung gegenüber traditionellen Konzepten – die *situationsspezifische Aktivierung und Kombinierung der Talente im Bewußtsein*[40]. Die Aktivierung der gerade benötigten „Talente bzw. kleinen Geiste" läuft dabei immer nach bestimmten Grundstrategien ab.

- Obwohl Menschen auf unzählige unterschiedliche Art und Weise tätig sein können, greifen sie doch immer wieder auf bestimmte Vorgehensweisen zurück, die von ORNSTEIN als sog. **Grundsätze bzw. Grundstrategien** bezeichnet werden. Das sog. „Mental Operating System" (abgekürzt: MOS) bedient sich dabei vier wesentlicher Strategien des Geistes. Informationen werden danach bevorzugt aufgenommen, wenn

  - ihre Entstehung / Aktualität nur kurze Zeit zurückliegt, d. h. unmittelbar, gerade neu, ganz frisch wahrgenommen werden,
  - sie vom Organismus als sensationell oder als sehr lebendig eingestuft werden,

40 „... wir haben nicht gleichzeitig zu allen unseren Talenten Zutritt. Unser Bewußtsein kann sich nur auf einige wenige Punkte zur gleichen Zeit konzentrieren. Wir besitzen eine nahezu unvorstellbar große Anzahl von ‚kleinen Geisten', ‚Talenten', Talentteilen, Modulen. ... Um verschiedene Situationen in unserem Leben bewältigen zu können, rollen wir je nach Bedarf einen oder mehrere dieser ‚kleinen Geiste' in unser Bewußtsein, und wenn sie ihren Job getan haben, rollen wir sie wieder hinaus" – ORNSTEIN 1989, S. 88 f..

– ein Vergleich der eintreffenden Information mit gerade im Augenblick aktivierten Talenten sich anbietet, und wenn
– die jeweilige Information als ereignisspezifisch oder personenspezifisch bedeutungsvoll eingestuft wird.

Mit seinem Konzept versucht Robert ORNSTEIN weniger eine schlüssige Zusammenfassung der gegenwärtig vorhandenen hirnbiologischen Erkenntnisse; sein Anliegen besteht vielmehr darin, einen offenen Diskussionsbeitrag zu liefern und die in den letzten Jahren in diesem Kontext benutzten Denkschablonen erneut auf ihre Gültigkeit hin zu hinterfragen, um nicht schon zu Beginn der neuen Disziplin „Neurowissenschaften" alten Ballast mitzuschleppen und dadurch in eine theoretische Sackgasse zu geraten: „Ich glaube nicht," so lautet eine Stellungnahme ORNSTEINs, „daß dieses Buch zu irgendeinem Schluß kommt, aber ich hoffe, daß es einige Türen öffnet, und daß Sie, lieber Leser, über einige Probleme anders nachdenken werden als bisher und sie vielleicht auch anders anpacken"[41].

Unter diesem Blickwinkel bietet das „Multimind-Konzept" eine reizvolle Bezugsbasis für das NLP an: Denn die Hirnwissenschaft ist, so intensiv wie kaum eine andere Wissenschaft „mit der schwierigen, Denkgewohnheiten aufbrechenden Prüfung (beschäftigt), ob nicht manche Theorien, die wir schon fast für Fakten halten, in Wahrheit nicht ganz unangemessene Konstrukte sind"[42].

Die Überleitung zur letzten Strömung, die sich auch aus lernbiologischen Erkenntnissen nährt, bietet sich nunmehr an. Denn lernbiologische Erkenntnisse weisen nicht nur „nach innen" in den Organismus hinein, wenn es um die Erforschung des Gehirns geht, sondern beziehen auch Stellung, wenn es um die Mensch-Mensch- und Mensch-Umwelt-Beziehung geht und in diesem Zusammenhang Aussagen über zeitgemäße und effiziente Denkstrukturen zu treffen sind.

2.3.3 Die Entwicklung effizienter Denkstrukturen

Die Natur fungiert auch hier als „Lehrmeisterin", wenn aus ihren Organisationsstrukturen und Überlebensregeln „das neue Den-

41 ORNSTEIN 1989, S. 28.
42 MECHSNER 1987, S. 132.

ken", im Sinne eines ganzheitlichen Denkansatzes mit Begriffen wie Rückkoppelung, Vernetztheit, Komplexität und Kompliziertheit, Flexibilität, Instabilität, Ökologie und Mehrdimensionalität, thematisiert wird. Der Wechselbezug von Systemtheorie und Ökologie zeigt sich darin, daß einerseits die Ökologie als Wissenschaft auf die von der Systemtheorie entwickelten Vorstellungen, Grundbegriffe und Denknormen zurückgreift, andererseits mit der Biokybernetik (z. B. Frederic VESTER) die ursprünglich nur technisch ausgelegte Systemtheorie in einen größeren Zusammenhang gehoben hat; nunmehr wurden und werden auch gesellschaftliche und biologische Zusammenhänge als Systeme behandelt[43].

Dabei ist mit dem populären Ausdruck „neues Denken" im Grunde genommen ein Anachronismus formuliert worden, denn Menschen haben schon immer „gedacht" und tun dies nach wie vor ohne Unterlaß, zu jeder Zeit, an jedem Ort; sie können auch nicht einfach damit aufhören, denn „denken" gehört zum Leben dazu, Leben geht nicht ohne „denken" ...

Was ist nun aber mit dem „neuen Denken" gemeint? Das „neue Denken" zielt in eine ganz bestimmte Richtung, es ist ein „normativ-gerichtetes Denken", eine Rückbesinnung auf eine bestimmte Denk-Qualität, die dem modernen Menschen im Laufe der industriellen Entwicklung abhanden gekommen zu sein scheint. Es geht hier um die Entdeckung, daß der Mensch trotz seiner großartigen wissenschaftlichen Erfolge, die ihm eine globale Veränderung seiner natürlichen Umgebungsbedingungen ermöglicht haben, letztlich sich nicht von der „Natur" emanzipieren kann, da sie ja seine Lebensbasis ist: Der Mensch ist und bleibt nur ein Teil größerer Systeme, daher ist es ihm unmöglich, als Teil das Ganze zu kontrollieren[44]. Diese einfache Erkenntnis wurde aber durch das dualistisch orientierte Weltverständnis in den Industrienationen aus den Angeln gehoben und bestimmt immer noch unsere wissenschaftliche, ökonomische, ökologische, technische und kulturelle Entwicklung.

Gregory BATESON hat wie kaum ein anderer Forscher ganzheitlich zu denken verstanden und in vielen Beiträgen die zugrundeliegende Problematik untersucht: „(Ich, BATESON) habe ... den Ein-

---

43 vgl. ULRICH/PROBST 1988, S. 20.
44 vgl. BATESON 1988, S. 563.

flußbereich zwischen sehr abstraktem und formalem philosophischen Denken einerseits und der Naturgeschichte des Menschen und anderer Lebewesen andererseits untersucht. Diese Überlappung zwischen formalen Prämissen und wirklichem Verhalten ist nach meiner Auffassung heute von ganz entsetzlicher Bedeutung. Wir sehen uns einer Welt gegenüber, die nicht nur von Desorganisation vielfältiger Art bedroht ist, sondern auch von der Zerstörung ihrer Umgebung, und wir sind heute noch nicht in der Lage, klar über die Relationen zwischen einem Organismus und seiner Umgebung zu denken"[45].

BATESON entlarvt vor allem die **bewußte Zwecksetzung** als Wurzel allen Übels, indem zweckgerichtetes Denken[46] aus der gesamten Palette systemischer Strukturen nur die wenigen Sequenzen in das Bewußtsein lädt, welche nicht unbedingt die Schleifen-Struktur aufweisen, die aber für die ganze systemische Struktur charakteristisch ist[47]. Er schreibt:

„In der Zeit der industriellen Revolution war die vielleicht wichtigste Katastrophe die enorme Zunahme an wissenschaftlicher Arroganz. Wir hatten entdeckt, wie man Züge und andere Maschinen macht. Wir wußten, wie man eine Kiste auf die andere stellt, um an diesen Apfel heranzukommen, und der abendländische Mensch sah sich selbst als einen Autokraten mit vollständiger Macht über ein Universum, das aus Physik und Chemie aufgebaut war. Und die biologischen Phänomene mußten am Ende kontrolliert werden wie Prozesse in einem Reagenzglas. Die Evolution war die Geschichte, wie Organismen immer mehr Tricks lernten, um die Umgebung zu kontrollieren; und der Mensch hatte bessere Tricks als jedes andere Geschöpf"[48].

BATESONs Bewertung der wissenschaftlichen Leistungen insgesamt fällt demnach sehr akzentuiert aus: „Daß diese Tricks entdeckt worden sind, ist eine außerordentliche Leistung; das möchte ich gar nicht bestreiten. Aber dennoch wissen wir in Wirklichkeit nicht für fünf Pfennige, wie das gesamte Netzwerk-System aufgebaut ist. ...

45 BATESON 1988, S. 576.
46 Hier in etwa gleichzusetzen mit linearem Denken, Ursache-Wirkungs-Denken nach dem Muster: „Mache einen Plan, ABC, und Du erhältst D".
47 vgl. BATESON 1988, S. 559.
48 BATESON 1988, S. 563.

Unter Weisheit verstehe ich das Wissen um das größere Interaktionssystem – jenes System, das bei Störungen dazu neigt, Exponentialkurven der Veränderung hervorzubringen"[49].

Die Argumentationskette sei mit folgendem Zitat abgeschlossen, welches indirekt die globalen Konsequenzen und katastrophalen Folgen andeutet, die sich nach BATESONs Ansicht aus einem fehlgeleiteten Denken und Handeln ergeben: „Mangel an systemischer Weisheit rächt sich immer. Wir können sagen, daß die biologischen Systeme – das Individuum, die Kultur und die Ökologie – zum Teil lebende Stützen der in ihnen enthaltenen Zellen oder Organismen sind. Aber die Systeme rächen sich nichtsdestoweniger an jeder Spezies, die so unklug ist, mit ihrer Ökologie in Konflikt zu geraten"[50].

Eine systemisch begründete Gesellschaftskritik wird in dieser oder einer ähnlichen Weise von nahezu allen ganzheitlich orientierten Vertretern geübt[51]. Mittlerweile sind auch viele praktikable Beiträge erarbeitet worden, wie man ganzheitlich-systemisches Denken und Handeln schrittweise erlernen kann. Es würde den Rahmen dieser Untersuchung sprengen, hier im einzelnen eine Darstellung und Analyse ganzheitlicher Problemlösungsmethodik vorzustellen. Aus der Fülle der Beiträge sei exemplarisch das didaktisch gut strukturierte Werk von H. ULRICH und G. PROBST, „Anleitung zum ganzheitlichen Denken und Handeln"[52], genannt.

Das Ziel dieser Erörterung bestand vielmehr darin, zum einen den Finger auf die Wunde zu legen und zum anderen den grundsätzlichen Denkansatz – wie bei BATESON – herauszuarbeiten, der eine Problemlösung verspricht. Mit Blick auf das NLP-Konzept kann betont werden, daß insbesondere die durch NLP trainierte gedankliche Flexibilität, die Fähigkeiten des Perspektivenwechsels, des Akzeptierens anderer Meinungen (z. B. als das beste, was dem anderen z. Zt. möglich ist), ja auch die innere Bereitschaft zum Kennenlernen der Strategien anderer Menschen und viele andere Komponenten, die Hoffnung mehr als berechtigt erscheinen lassen,

49 BATESON 1988, S. 558.
50 BATESON 1988, S. 559 f..
51 vgl. exemplarisch Frederic VESTERs „Neuland des Denkens" – 1980.
52 vgl. ULRICH/PROBST 1988.

daß das NLP-Konzept im Konzert ganzheitlich-systemischer Ansätze einen wohlklingenden Beitrag zu leisten vermag.

2.4 Die konzeptionelle Anlage: Die Verwendung des „Master Modelling"

Von ihrer konzeptionellen Anlage her sind die von den Autoren entwickelten allgemeinen Grundsätze des Verhaltens und der Kommunikation eher als „Generalisierungen" bzw. – wie die Autoren auch gerne betonen – als „Tricks" anzusehen, die bei Anwendung derselben zu einer bestimmten Verhaltensweise verleiten sollen; dabei sei jedoch ausdrücklich hervorgehoben, daß diese Tricks auf keinen Fall ein bestimmtes Verhalten „erzwingen" sollen, sondern es liegt vielmehr in der Hand jedes einzelnen Anwenders der Techniken, ob er dieselben zur Verwirklichung seiner Ziele einsetzen möchte:

„Wir bieten euch hier Generalisierungen an, und euch wurde sicher in eurem ganzen Leben keine einzige Generalisierung angeboten, die sich nicht zu irgendeinem Zeitpunkt und an irgendeinem Ort als falsch herausgestellt hätte. Wie alles andere, was wir hier tun, sind auch die Generalisierungen nur Tricks, um euch dazu zu bringen, auf eure Erfahrungen zu achten und eine bestimmte Dimension sinnlicher Erfahrung wahrzunehmen, die nicht zu beachten ihr kulturell trainiert seid. Wenn ihr sie beachtet, habt ihr eine gewaltige Informationsquelle über die unbewußten Prozesse der anderen Person"[53].

Im Grunde genommen haben BANDLER und GRINDER für den therapeutischen Bereich eine zu der Zeit in vielen größeren Firmen verbreitete Variante des Modellernens wiederentdeckt, das sogenannte „Master Modelling". Bei dieser Technik werden besonders erfolgreiche Spitzenverkäufer unter dem Aspekt beobachtet und analysiert, was sie eigentlich von anderen, weniger erfolgreichen Verkäufern unterscheidet. Die allen Spitzenverkäufern gemeinsa-

53 vgl. BANDLER/GRINDER 1981, S. 44.

men Verhaltensweisen werden dann als „Master Model" den übrigen Verkäufern in nachfolgenden Trainings beigebracht[54].

Die NLP-Autoren erläutern ihre methodische Vorgehensweise mit folgenden Worten: Sie bezeichnen sich selbst als „Modellbauer (modelers)", deren Ziel darin besteht, Modelle zu entwickeln, die das menschliche Verhalten, „das Tun der Leute", zuverlässig abbilden:

„Was wir im Grunde tun, ist wenig Aufmerksamkeit auf das zu richten, was die Leute sagen, daß sie tun, und viel mehr Aufmerksamkeit auf das zu richten, was sie tun. Und dann bauen wir uns ein Modell von dem, was sie tun. ... Wir haben keine Ahnung von der „wirklichen" Natur der Dinge, und wir sind nicht sonderlich daran interessiert, was „wahr" ist. Die Funktion der Modellbildung besteht darin, zu Beschreibungen zu kommen, die nützlich sind"[55].

Diese Akzentuierung ist von großer Bedeutung, wenn es darum geht, das NLP mit erfahrungswissenschaftlichen Erkenntnismethoden zu untersuchen und dessen Annahmen in empirisch überprüfbare Hypothesen umzumünzen. Der weitgehend „antiempirische Touch" des NLP[56], das Betonen der Kriterien der „Nützlichkeit", der „Funktionalität" und der „Subjektivität" gegenüber dem erfahrungswissenschaftlichen Interesse, zieht sich wie ein roter Faden durch sämtliche NLP-Rezensionen und führt je nach wissenschaftlichem Standort zu einer Absage oder Zustimmung zum NLP.

2.5 Die Verbreitung des NLP: „Modelle" für alles und jeden?

Von der Effektivität und Wirksamkeit ihres Ansatzes völlig überzeugt, verbreitete sich das NLP sehr schnell. Während jedoch in den USA die Anwendungsmöglichkeiten des NLP nicht nur auf den therapeutischen Ursprungsbereich beschränkt blieben, sondern relativ zügig pädagogische und psychologische Adaptationen und vor allem auch pragmatisch orientierte Anwendungen in Wirt-

54 vgl. BIRKENBIHL 1987, S. 6 f..
55 BANDLER/GRINDER 1981, S. 23.
56 vgl. SCHIERMANN 1987, S. 17; vgl. auch Kapitel 8.

schaftsunternehmen erprobt wurden, hat sich dieser Ansatz im deutschsprachigen Raum lange Zeit weitgehend auf den therapeutischen Sektor konzentriert. Dies lag zum einen an den ersten Übersetzungen, die ohne Ausnahme von therapeutisch Tätigen bzw. Interessierten vorgenommen wurden und daher auch nur in diesem Sektor Verbreitung gefunden haben[57], zum anderen auch an der von diesen Übersetzern proklamierten, selbstauferlegten Rücksichtnahme bei der Weitergabe und Vermittlung der einschlägigen Methodenkenntnisse, die u. a. durch folgendes Zitat belegt werden kann:

„(Es soll) hier dafür plädiert werden, die äußerst brisante Technologie des NLP in Aus- und Fortbildungslehrgängen nur an solche Personen weiterzugeben, die über eine genügend breite und umfassende therapeutische Grundausbildung mit entsprechender Eigentherapie verfügen – als ein vorbeugender Beitrag für einen verantwortlichen Umgang mit den effektiven Techniken der Kurzzeittherapie, die das Neurolinguistische Programmieren bietet"[58].

Hier zeigt sich im übrigen eine Besonderheit in der Adaptation des NLP, welche aus dem sehr unterschiedlichen Selbstverständnis amerikanischer und deutscher Wissenschaftler, Pädagogen und Therapeuten herrührt: Während die amerikanischen Entdecker die Effektivität der einschlägigen NLP-Methoden mit dem provozierenden Titel ihres Buches „Frogs into Princes" unterstreichen und auch heute noch zumeist reißerische Titel wie „Megateaching"[59] die Aufmerksamkeit der interessierten Leserschaft erregen sollen ohne jedoch oft dem hochtrabenden Anspruch des Titels gerecht werden zu können, fragen deutschsprachige Vertreter tendentiell eher nach Hintergründen, Legitimierung und pädagogischer Verantwortung, die mit einer weiteren Verbreitung dieser Techniken verbunden wären. So wird die „Verwandlung des Frosches in einen Prinzen" nicht automatisch als der einzige Lösungsweg akzeptiert, sondern es werden u. a. – bildlich gesprochen – die Fragen gestellt, ob der Frosch diese Verwandlung auch selbst will und ob diese Verwandlung für den Frosch gut (sinnvoll) wäre:

---

57 vgl. die Übersetzung der Grundlagenwerke von BANDLER/GRINDER, z. B. durch H.G. PETZOLD und T. STAHL.
58 PETZOLD/STAHL in BANDLER/GRINDER 1981, S. 10.
59 vgl. NAGEL u. a. 1989.

„Triffst du 'nen Frosch unterwegs, ... verwandel ihn gleich in einen wunderschönen Prinzen. Aber was ist, wenn er als Prinz dann unter Umständen überhaupt nicht mehr in seine ‚natürliche Umwelt' paßt? Vielleicht ist er gar nicht in eine Prinzessin verliebt und wäre als Prinz ganz unglücklich .... Also frag ihn erst einmal nach seinen Zielen, was er erreichen will – vielleicht will er gar kein Prinz werden ... Womöglich bleibt er lieber ein Frosch und genießt das Leben zusammen mit anderen Fröschen, anstatt diverse Pflichten als Prinz erfüllen zu müssen. Vielleicht schmecken ihm Fliegen besser als Kaviar und Sekt. Mag sein, daß ihm sein Teich viel mehr gefällt als ein Schloß. Wenn du ihn triffst, ist er vielleicht nur auf der Suche nach seiner Lieblingsseerose und du kannst ihn mit einer entsprechenden Auskunft viel glücklicher machen als mit einer Verwandlung in einen Prinzen"[60].

Die Beachtung ökologischer Strukturen im NLP, d. h. die Frage, ob die mit den NLP-Mustern bewirkten Veränderungen sich auch mit allen anderen Lebensbereichen der betreffenden Person vertragen, muß als wichtige Ergänzung und Weiterentwicklung des ursprünglichen Ansatzes angesehen werden. Diese Forderung eines ethisch-sittlichen Verhaltens des NLP-Anwenders, wobei es unerheblich ist, ob es sich um einen Therapeuten, Lehrer, Ausbilder oder Trainer handelt, drückt sich konzeptionell in der Einbeziehung von Übertragungs-Gegenübertragungs-Phänomenen (z. B. vom Lehrer zum Lerner und vom Lerner zum Lehrer) aus, ist ferner in der Berücksichtigung der Zielhierarchie und zeitlichen Entwicklungsvorstellungen des lernenden Subjekts zu sehen und zeigt sich letztendlich in der Ausbildung und Überprüfung kongruenter Verhaltenskategorien nach Abschluß der Veränderungsprozesse (Öko-Check)[61].

Die Beachtung der Ökologie ist auch für Virginia SATIR das wichtigste Kriterium bei der Anwendung von NLP; sie plädiert dafür, „das Herz, die Seele" in der Anwendung nicht zu verlieren, weil NLP „in einen Kontext (gehört), der durch Liebe, Einfühlung und durch die Person gegeben ist". In die gleiche Richtung zielt

---

60 KIRCHNER/WEISS, Vorwort in STAHL 1989, S. 9.
61 vgl. STAHL 1989, S. 10 f.; S. 36; S. 57.

auch ihr immer wieder geäußerter Wunsch, „daß die Menschen, die lernen, wie man mit diesen Techniken umgeht, es in einem Geist tun, der menschlich ist"[62].

Das wichtigste Ziel des NLP, das reichhaltige Reservoir an Fähigkeiten eines Menschen als Quelle für ein befriedigendes Leben zu nutzen, indem diese bei der Lösung von Problemen eingesetzt werden[63], sollte letztlich immer nur aus der subjektiven Perspektive von der betreffenden Person selbst vorgenommen und definiert werden.

Die hohen ethischen „Anforderungen" an einen zukünftigen, NLP-geschulten Therapeuten und die Tatsache, daß in der Bundesrepublik die Grenzen zwischen therapeutischen und pädagogischen Ansätzen nicht so fließend sind wie in den USA, verhalf dem NLP hierzulande einerseits zu dem Geruch einer therapeutischen „Geheimwaffe", die jedoch – so schien der erste Eindruck – nicht für den pädagogischen Raum konzipiert schien. Daß diese Ausgrenzung des pädagogisch-didaktischen Bereichs nicht tragbar ist, haben die NLP-Entwickler, allen voran Richard BANDLER, schnell erkannt und die lernpädagogische Bedeutung des NLP herausgestellt:

„Ein wesentliches Charakteristikum des Neurolinguistischen Programmierens ist eine bestimmte Art und Weise, menschliches Lernen zu betrachten. Obwohl viele Psychologen ... NLP verwenden, um das zu tun, was sie Therapie nennen, denke ich, daß es angemessener ist, NLP als lernpädagogischen Prozeß zu bezeichnen. Im Grunde genommen entwickeln wir Methoden, um Menschen beizubringen, wie sie ihr eigenes Gehirn nutzen können"[64].

Legt man die steigende Flut an Ausbildungsangeboten zum NLP-Anwender und die gleichzeitig stark nach oben weisende Preisspirale für ein NLP-Seminar als Maßstab zugrunde, so steht dieses Konzept hierzulande vor dem Durchbruch, vor allem im pädagogischen und im beruflichen Weiterbildungsbereich. In vorderster Front der Anbieter stehen dabei geschulte Therapeuten und Psychologen, die hier ihre Chance für einen Einstieg in diesen finanziell lukrativen Markt sehen. Und die breitgestreute Resonanz und Of-

62 JÜRGENS/STAHL 1982, S. 211 f..
63 vgl. STAHL 1989, S. 15.
64 BANDLER 1987, S. 19.

fenheit, mit der Unternehmen diesem Konzept begegnen, scheint diese Entwicklung zu bestätigen und zu beschleunigen.

Ähnliche Entwicklungen, d. h. Transfers psychotherapeutischer Konzepte in den beruflichen Wirkungsraum, hat es auch schon in früheren Jahren gegeben. So gehören heutzutage Grundkenntnisse bzw. eine Ausbildung in Transaktionsanalyse (abgekürzt: TA) oder in Themenzentrierter Interaktion (TZI) zum „guten Ton" und zum Allgemeingut betrieblicher Weiterbildungsarbeit. Es sei jedoch an die Geburtswehen erinnert, die auch diese Konzepte auf ihrem Weg zum heutigen Status durchgemacht haben. Vieles spricht dafür, daß auch das NLP-Konzept von derartigen Wehen nicht verschont bleiben wird...

3 Die konzeptionelle Ausgangslage: Was gehört überhaupt alles zum NLP?

3.1 Zur Problematik der „Identifizierung" dessen, was NLP darstellt

„NLP (ist) eigentlich nichts Neues. Es beschreibt Strategien, die alle, wenn auch meist unbewußt anwenden. Neu daran ist die Möglichkeit, diese Strategien systematisch zu analysieren, sie zu erlernen und gezielt einsetzen zu können"[1].

Diese Mischung von alten, bewährten und von neuen Erkenntnissen wird von vielen Interpreten, die sich mit dem NLP auseinandergesetzt haben, hervorgehoben. Je nach deren theoretischem Fundament und deren eigener Lebensgeschichte fallen die Entscheidungen Pro oder Contra NLP und damit auch die jeweilige Stellungnahme aus. Eine differenzierte Betrachtung muß demzufolge beide Seiten gegeneinander abwägen, um auf diese Weise entweder den „alten Wein in neuen Schläuchen" als überflüssige, weil unsinnige Neuetikettierung zu entlarven oder die neuartigen Perspektiven und daraus resultierenden Möglichkeiten für einzelne Anwendungsfelder und -formen deutlich herauszustreichen.

Das „NLP" ist *sehr alt,* wenn man bedenkt, daß im Grunde genommen jeder Mensch im Sinne des NLP handelt, wenn er eine „gute Beziehung" zu anderen Personen aufbaut, diese beständig durch verbale und nonverbale Signale aufrechterhält, wenn er dabei auf frühere gemeinsame Erfahrungen aufbaut, indem er diese anspricht (ankern) oder mit anderen Menschen über eine gute Strategie für zukünftige Aktivitäten nachdenkt.

Derartige und ähnliche, immer wiederkehrende alltägliche Handlungen sind sicherlich auch in anderen Kommunikationsmodellen erfaßt und besprochen worden. Insofern erweist sich die neue „NLP-Terminologie", die zur Beschreibung derartiger Sachverhalte und Handlungen eingeführt worden ist, vielfach zu Recht als irreführend und verwirrend, zumindest aber als – auf den ersten Blick

1 SCHWERTFEGER 1988, S. 10.

– wenig überzeugend[2]. Die mittlerweile doch schon 15jährige Geschichte des NLP dürfte jedoch ein erstes Indiz dafür sein, daß mit diesem Konzept nicht nur neue Etiketten, sondern auch neue Ideen und Gedanken aufgetaucht sind, die sich gerade zur kritisch-reflektierenden Durchdringung der alltäglichen Situationen besonders eignen.

Das NLP ist daher auch als *sehr jung* zu bezeichnen, weil es erst in den siebziger Jahren als Konzept entstanden ist. Neu und in dieser Hinsicht auch bestechend ist die sehr starke Ziel- und Zukunftsorientierung, welche die Vergangenheit eines Menschen in erster Linie als riesiges Erfahrungspotential desselben interpretiert; das NLP verzichtet hier – im Gegensatz zu vielen anderen Ansätzen – auf eine Klärung der Ursachen für ein etwaiges (belastendes) Verhalten, in denen vor einem ersten Schritt in die Zukunft zunächst die eigene Vergangenheit hinreichend „ausgeräumt" und „hinterfragt" werden muß. Demgegenüber verbreitet das NLP-Konzept Mut zum positiven Denken und Handeln; es liegt im Ermessen jedes Menschen, ob er seine Wirklichkeit „grau in grau" oder „rosarot" oder in weiteren Farbtönungen sehen möchte.

Aus dieser Blickrichtung heraus wird verständlich, daß nicht zufällig die ersten und spektakulärsten Erfolge des NLP im therapeutischen Bereich erzielt werden konnten, weil hier eben die von Personen erlebten Beschränkungen ihrer Entfaltungsmöglichkeiten quasi als Ausgangspunkte für notwendige therapeutische Maßnahmen angesehen wurden; dabei stießen die Methoden des „Nachforschens" in der Vergangenheit des Klienten oftmals an ihre Grenzen, weil die Vergangenheitsforschung nicht in allen Fällen als hinreichende Erklärungsbasis für gegenwärtig erlebte Beschränkungen genügt. Dieses Manko vergangenheitsorientierter Methoden wiegt umso stärker, weil deren Vorgehensweise oft mit einem erheblichen Zeitaufwand verbunden ist, die Methoden sich demzufolge als relativ schwerfällig erweisen. Das NLP stellt in dieser Hinsicht eine attraktive Alternative dar, die sich durch ihre schnell wirkende und

2 vgl. dazu ausführlich Kapitel 5.

einfach handhabbare Methodik positiv von den anderen therapeutischen Ansätzen abhebt[3].

Die generelle Übertragbarkeit dieses Ansatzes auf andere kommunikative Grundsituationen, z. B. auf Lehr-Lernsituationen, kann hingegen ohne Einschränkungen als möglich angesehen werden, weil gerade auch im Lernakt ein „Zusammenfließen" von Vergangenem, Gegenwärtigem und Zukünftigem geschieht, indem in der Person des Lernenden innere Lernbedingungen (d.h. habitualisierte Erfahrungen früherer Lebenssituationen) „situationsspezifisch aktualisiert" werden, um für zukünftige Anforderungssituationen besser gewappnet zu sein.

Die von den Entdeckern immer wieder herausgestellte Forderung nach einer möglichst großen Praktikabilität bei der Umsetzung der Methoden, d.h. mit einer pragmatisch-konzeptionellen Eleganz, vermag sowohl die Ziel- und Zukunftsorientierung als einen wesentlichen Aspekt zu unterstützen als zugleich auch eine weitgefächerte Anwendbarkeit des NLP in allen kommunikativ relevanten Feldern, seien es therapeutische Situationen oder Lehr-Lernsituationen, Verkaufs-, Konflikt- oder Problemlösesituationen etc. zu garantieren.

Nun zeigt sich aber bei dem Versuch, das NLP im ausgewogenen Verhältnis von jung und alt auszubalancieren, ein weiterer, dritter Entwicklungszug, welcher diesen Balanceakt einer konkreten und prägnanten Beschreibung und Identifizierung des NLP als einheitliches Konzept erschwert: Die Verbreitung des NLP geschieht derzeit mit einer *sehr großen Dynamik;* laufend werden neue Anwendungsfelder und -möglichkeiten gesucht und gefunden, zugleich werden auch permanent neue (alte) Übungen, Methoden, Muster etc. aufgegriffen, überprüft und dem bisherigen NLP-Fundus zugeführt, so daß zur Zeit kein Rahmen als gemeinsamer Nenner gefunden werden kann, welcher sämtliche Elemente innerhalb eines NLP-Modells zu ordnen vermag.

Die Entdecker BANDLER und GRINDER haben ein gutes Stück zu dieser offenen und unklaren Entwicklung beigetragen, indem sie in ihren Publikationen und Seminaren wissentlich einer genaueren

3 Diese Behauptung der NLP-Vertreter – so z. B. STAHL 1989, S. 126 – wird von den konkurrierenden Konzepten vehement bestritten; vgl. zur Kritik und empirischen Überprüfung Kapitel 8.

Fixierung und Festlegung des NLP ausgewichen sind. Diese Strategie war zu einem früheren Entwicklungsstadium sicherlich gerechtfertigt gewesen, weil damals eine vorzeitige Eingrenzung sehr leicht die Gefahr mit sich gebracht hätte, mögliche Aspekte vorschnell auszugrenzen und damit aus dem Blickfeld zu verlieren. Diese Befürchtung ist in den Schlußworten ihrer Frühwerke akzeptabel, wird hingegen fast eine Forschungsdekade später kaum noch Verständnis erwecken. Im folgenden seien dazu zwei Stellungnahmen mit nahezu gleichlautenden Äußerungen im Vergleich zitiert:
„Wir fangen gerade erst an, die Menge an Möglichkeiten zu sichten, wie dieses Material genutzt werden kann. Und wir machen das sehr, sehr ernsthaft. ... Bis jetzt ist es uns noch nicht gelungen, die Vielfalt an Möglichkeiten zu erschöpfen, wie dieser Stoff kombiniert und angewendet werden kann. Und wir wissen auch nicht, wo die Grenzen für die mögliche Nutzung dieses Materials zu suchen sind“[4].

„Da es beinahe unmöglich ist, eine Wissenschaft und ihre Praxis als Summe ihres momentanen Inhalts zu identifizieren, wird NLP von vielen Anwendern seiner Wirkmuster lediglich als eine Sammlung recht wirkungsvoller Interventionen angesehen. Durch diese Festschreibung gerät das NLP zunehmend in Gefahr, den ursprünglichen fruchtbaren Boden des Meta-Modells zu verlassen. Das Studium und die Veränderung subjektiver Erfahrung werden zu einem Konzept; aus dem Prozeß werden Dinge gemacht, und effektive Interventionen bekommen den Charakter von guten Kochrezepten. Somit wird aus dem lebendigen NLP eine starre Therapieschule“[5].

Dieses Bemühen um eine konzeptionelle Offenheit zeigt sich unter anderem auch darin, daß die ersten Veröffentlichungen zum NLP als Seminartranskripte vorgenommen worden sind, um einerseits den Erlebnischarakter zu bewahren und andererseits dem Leser – ähnlich wie den Seminarteilnehmern – die Möglichkeit zu nehmen, das Neurolinguistische Denken und Handeln konkret zu definieren und damit auf eine kurze, prägnante, vermeintlich an-

---

4 BANDLER/GRINDER 1981, S. 228; Erscheinungsdatum der amerikanischen Erstveröffentlichung 1979.

5 vgl. REUBEN in BANDLER 1987, S. 7; Erscheinungsdatum der amerikanischen Erstveröffentlichung 1985.

wendbare Formel zu reduzieren: Wir haben euch – so hört man oft in Seminaren – jetzt drei Tage lang mit Informationen überschwemmt und dabei eure bewußten Kognitionen völlig überladen, damit ihr keine Chance erhaltet, NLP zum gegenwärtigen Zeitpunkt in irgendeiner Weise festzulegen und damit dessen Möglichkeiten insgesamt zu beschneiden ... .

Daher dürften die in den Transkripten gegen Seminarende immer wieder geäußerten Gefühle und Stimmen des Überfordertseins durch die Fülle und die Art und Weise des inhaltlich Gebotenen auch von den Lesern nach Lektüre der Bücher nachempfunden werden können. Die NLP-Dozenten sprechen diesen Gesichtspunkt immer wieder an und versuchen, die hierdurch provozierte Skepsis der Teilnehmer zugleich als berechtigt und auch als unnötig hinzustellen. Dieses, Verwirrung erzeugende Verhalten wird von Bärbel SCHWERTFEGER am Ende ihres Berichts über ein von ihr besuchtes NLP-Seminar treffend beschrieben:

„Obwohl es den beiden Trainern gelang, den Seminarteilnehmern in einer offenen und entspannten Atmosphäre die wesentlichen Prinzipien des NLP zu vermitteln, herrschte am Ende des Seminars etwas Verwirrung. Was haben wir ‚wirklich' gelernt? Gelingt es uns, NLP in unserer täglichen Kommunikation anzuwenden und vor allem ‚vergessen' wir alles, was wir gehört haben, nicht schnell wieder?

Beruhigend waren da schon die Worte (eines Trainers): ‚Du hast mehr gelernt als Du denkst und wenn Du in einer Situation bist, die Du verändern willst, wirst Du Dich wieder an die Situation erinnern, die Du schon vergessen hast.'

Aber auch die Zweifel erhielten ihre Berechtigung: ‚Behaltet Eure Zweifel und denkt daran, daß alles, was wir erzählt haben, nur Lügen waren'"[6].

In die gleiche Richtung zielt auch die gegen Seminarende immer wieder betonte Erkenntnis, daß die in den Seminaren bzw. in den Seminartranskripten beschriebenen Methoden und Übungen letztlich nicht das sind, was NLP im eigentlichen Sinne ausmacht. Auf diesen Aspekt machen viele Autoren ausdrücklich aufmerksam:

---

6 SCHWERTFEGER 1988, S. 13; vgl. auch BANDLER/GRINDER 1981, S. 230 ff..

„Alle in diesem Seminar vermittelten Techniken sind in diesem Sinne Krücken und Ressourcen zugleich und – diese Enttäuschung kann ich euch nach der schon investierten Arbeit nicht ersparen – ... sie sind nicht NLP! NLP ist der Prozeß des Modellierens, des Suchens und Findens von Mustern und der Bildung von Modellen. ... Die hier vorgestellten und viele andere effektive Techniken und Interventionsmuster sind letztlich nur die Spur, die begabte Modellierer ... hinterlassen haben, während sie ihre Fähigkeiten als Modellbauer im Bereich menschlicher Kommunikation und Kompetenz verfeinerten ...

Dieser Prozeß NLP ist didaktisch schwierig zu vermitteln; es geht mehr um eine Haltung von Neugierde oder um die Fähigkeit zu staunen, als um technisches, vermittelbares know how"[7].

„NLP ist nicht eine Reihe von Techniken, sondern eine Einstellung. Es ist eine Einstellung, die mit Neugierde zu tun hat und mit dem Wunsch, etwas über neue Dinge zu lernen, sie zu beeinflussen, und sie vor allem in einer Weise beeinflussen zu können, die nützlich ist. Alles ist veränderbar"[8].

In dieser Hinsicht verstehen sich die Entdecker des NLP als „Vorreiter" für ganzheitlich-vernetzte Konzepte, in denen es eben nicht mehr um lineare „wenn... dann..."- bzw. „entweder... oder..."-Aussagen geht, sondern systemische, komplexe „sowohl... als auch..."-Aussagen als erlebte und erfahrene Realität akzeptiert werden. Die Beachtung der „Ökologie" bedeutet in diesem Sinne ein flexibles Denken und Handeln unter Beachtung der Wechselwirkungen innerhalb äußerst komplexer und offener Systeme[9].

Aufgrund dieser Tatsachen wird verständlich, daß viele NLP-Trainer einen großen Wert auf ausreichende Pausen zwischen den einzelnen NLP-Seminaren legen, weil sich erst in der Auseinandersetzung und Vermengung des gelernten NLP-Materials mit den Alltagsgegebenheiten die individuelle Struktur im NLP-Prozeß ausformt. Im Versuch einer übenden Anwendung, im Erproben neuer Sichtweisen und Ideen werden erst die Erkenntnisse geprüft

---

7 STAHL 1989, S. 402.
8 BANDLER 1987, S. 177.
9 vgl. VESTER 1990; KIRCHNER/WEISS 1988, S. 11; vgl. auch Kapitel 2.3.3.

und eine positive, neugierige, erwartungsvolle Geisteshaltung „eingelebt“:

„Sie haben nun die einmalige Gelegenheit, in die Welt hinauszugehen, für die Sie sich entschieden haben, in ihr Erfahrungen und Entdeckungen zu machen oder erneut zu machen, die Sie nicht für möglich gehalten hätten. NLP ist ein auf Benutzer zugeschnittenes Modell. Die Informationen, die wir Ihnen hier gegeben haben, nützen Ihnen erst dann, wenn Sie sie auf Ihr Leben anwenden“[10].

„(NLP ist ...) ein sich ständig erweiterndes Entwicklungssystem, das eine optimistische, neugierige, bejahende Einstellung zum Menschen enthält und ihn an sein Potential heranführt, sich selbst zu verändern“[11].

3.2 Zur Notwendigkeit der „Identifizierung“ dessen, was NLP darstellt

Warum sollte denn – so muß an dieser Stelle gefragt werden – der bestehende Status-Quo einer unterentwickelten konzeptionellen Fixierung und Festlegung des NLP aufgegeben werden und im Versuch einer Eingrenzung auch die Gefahr einer möglichen Ausgrenzung wichtiger, noch unentdeckter Teile heraufbeschworen werden?

Die Beantwortung dieser Fragen ist in mehrfacher Hinsicht notwendig und – das sei nicht verschwiegen – durch die Anlage dieses Buches indirekt auch schon vorentschieden. Der Verfasser hält eine konzeptionelle Einbindung des NLP für dringend geboten und für längst überfällig. Daher stehen auch die nachfolgenden Kapitel 4 bis 8 ganz im Zeichen einer Zusammenführung zu einem Konzept und die Kapitel 9 bis 11 zur Fundierung und Interpretation als handlungsorientiertes Konzept.

Darüber hinaus gibt es weitere Gründe, die für eine notwendige Fixierung und Eingrenzung des NLP sprechen; diese ergeben sich zum einen aus einer Zustandsbeschreibung und zum anderen aus

10 DILTS u.a. 1985, S. 288.
11 REUBEN in BANDLER 1988, S. 8.

dem derzeitig zu beobachtenden Einsatz des Neurolinguistischen Denkens und Handelns in Seminaren und Trainings.

Die Trainermesse in Essen 1989 zeigte deutlich, daß viele Trainer mit dem Stichwort „NLP" heftig und intensiv werben ohne jedoch inhaltlich detailliert Auskunft darüber zu geben, was sie sich darunter vorstellen. Ganz offensichtlich wird NLP gerne als modernes Konzept vorgestellt, verknüpft mit Superlearning, Mentalem Training, Ganzheitlichkeit und Vernetztheit etc., welches problemlos in die eigenen Konzeptionen eingebaut werden kann, um damit den eigenen Ideen einen modernen und aktuellen Anstrich zu verleihen[12]. NLP als Modewort wird z. B. als „Turbolader" für den (eigenen) Verkaufserfolg gebraucht, wie dies auch der Titel eines neuerschienenen Buches zum Verkaufstraining suggerieren möchte.

Die Gefahr, daß NLP aufgrund seiner derzeitigen Offenheit und damit heraufbeschworenen, konzeptionellen Konturlosigkeit für jeden Zweck „eingesetzt" und dieser Einsatz auch irgendwie von den Nutzern „begründet" werden kann, dürfte nicht zu seiner positiven Entwicklung und Verbreitung beitragen. Vielmehr dürfte sich im Bewußtsein der interessierten Öffentlichkeit schnell der Eindruck breitmachen, daß NLP wohl in erster Linie ein effektives, aber ansonsten eher technisch-schlichtes Manipulationsinstrument darstellt. Diese Gefahr sei an zwei Beispielen erläutert:

1. Beispiel:
Ein durchaus negatives Image erhält das NLP, wenn es mit den nachfolgenden Worten angepriesen wird, die aus dem Werbetext für ein Buch von Horst TABLER, **„NLP – der ‚Turbolader' für Ihre persönliche Verkaufstechnik"**, und ein darauf aufbauendes Seminar stammen:

„Was ist NLP?
NLP (Neuro-Linguistic Programming) ist eine Kommunikationstechnik, die von amerikanischen Hypnoseforschern entwickelt wurde und in den USA im Verkauf erfolgreich eingesetzt wird.
Warum ist NLP so erfolgreich?
Aufgrund der Struktur des menschlichen Gehirns geht die Wissenschaft davon aus, daß nur 10 % der Entscheidungen, die ein Mensch trifft, auf der rational, sprachlich-intellektuellen Ebene getroffen werden, 90 % der

12 vgl. BACHMANN 1989b.

Entscheidungen werden dagegen auf der emotional-unbewußten Ebene getroffen.
Alle Verkaufstechniken, die Sie bis jetzt kennengelernt haben, arbeiten auf der intellektuell-rationalen Ebene, d.h., sie versuchen den Kunden mit dem gesprochenen Wort (Ja-Haltung) zu überzeugen.
NLP ist eine Verkaufstechnik, mit der Sie sehr subtil und für den Kunden unbewußt auf dieser 90 %-Ebene arbeiten und die deshalb auch außergewöhnlich gut wirkt"[13].

Abgesehen von den fragwürdigen (werbetechnisch aber effektiven) Prozentualaussagen, deren wissenschaftliche Beweisführung äußerst schwerfallen dürfte, und dem logisch nicht allein aus der menschlichen Gehirnstruktur ableitbaren Entscheidungsverhalten, wird mit dieser Argumentation dem potentiellen Leser das NLP vorrangig als ein effektives Suggestionsinstrument zur Durchsetzung eigener (Verkaufs)-Ziele angeboten.

Eine Beschreibung, die sehr stark auf die Weckung des Gewinnmotivs bei den Teilnehmern abzielt, dürfte aufgrund der damit aufgebauten Erwartungshaltungen in einem Seminar bzw. bei Lektüre des Buches kaum mehr auf ein vertretbares Maß zurückgeschraubt werden können.

Mit anderen Worten: Wer derart stark das Gewinnmotiv – wie hier geschehen – als Argument zuläßt, darf sich nicht wundern, wenn seine Klientel die Erfüllung dieses Anspruchs einklagen und keine Augen für andere Aspekte und Nuancen des Konzepts besitzen. Eine differenzierte Betrachtung und Auseinandersetzung mit dem NLP dürfte auf dieser Basis sehr schwerfallen, die von TABLER an anderer Stelle gemachten ethischen Betrachtungen zum verantwortungsvollen Einsatz und Umgang mit NLP können und müssen vor diesem Hintergrund hinterfragt werden.

2. *Beispiel:*
Daß eine stringente, rezeptartige Vermittlung der NLP-Techniken und -übungen keineswegs zu einer kreativen, sensiblen und handlungskompetenten Persönlichkeit verhilft, haben NAGEL und Mitautoren ungewollt durch ihre Art der Darstellung und Vermittlung des NLP „bewiesen". In ihrem schon an früherer Stelle zitierten Buch **„Megateaching"**[14]

13 TABLER 1989, Seminarprospekt zu gleichnamigem Buch und Verkaufstraining.
14 vgl. NAGEL u.a. 1989.

werden unter inhaltlichen Gesichtspunkten zwar viele Elemente des NLP „erklärt" und die praktische Umsetzung in einem aus Übungen bestehenden Trainingsprogramm Schritt für Schritt vorbereitet, jedoch in einer derart rigiden Form, daß ihr lobenswertes Vorhaben hoffnungslos zum Scheitern verurteilt sein dürfte.
In ihren Beschreibungen beschränken sich die Autoren fatalerweise darauf, ausschließlich die NLP-Techniken im engeren Sinne zu erläutern, ohne jedoch einen für die hiesige pädagogisch-didaktische Landschaft notwendigen Verständnis- und Umsetzungsrahmen zu schaffen. NAGEL et al unterlassen es, sich „in das System ihrer Leserschaft", hier: die deutschsprachige pädagogisch-didaktische Szene, hineinzuversetzen und so „Rapport", einen „guten Kontakt" zu ihren Lesern herzustellen[15]. Aufgrund dieses Mangels verkehren sich viele ihrer „gutgemeinten" Ratschläge ins Absurde und Groteske. Dies sei an einigen Fällen näher erläutert.

- So wird u.a. die sicherlich sehr effektive Technik des Ankerns jeglicher Brillanz entkleidet, wenn man sie – wie in diesem Buch empfohlen – fast ausschließlich auf kinästhetischem Wege (Berührungen) versucht. Von den Autoren wird darüber hinaus an keiner Stelle auf die damit verbundene Problematik hingewiesen, wie man bei den Schülern möglicherweise eine Akzeptanz für das „häufige Anfassen" herstellen könnte ... .

Und dieses Problem dürfte sich durch alle Klassenstufen hindurchziehen, gleichgültig, ob man in einer Primarstufenklasse unterrichtet (was würden Eltern denken, wenn ihre Kinder mit den Worten nach Hause kämen, „der Lehrer faßt uns immer so komisch an!"?) oder ob man z. B. in einer Berufsschulklasse als junge Lehrerin bei Berufsschülern kinästhetisch zu ankern versucht. Mißverständnisse scheinen hier vorprogrammiert, Lösungsvorschläge werden von den Autoren wohlweislich noch nicht einmal im Ansatz erörtert.

- Ferner ist die Unterrichtswirklichkeit in Deutschland nicht durch Einzelunterricht, sondern durch Klassenunterricht gekennzeichnet. Ein Lehrer vermag mit etwas Übung wohl einen Schüler gemäß der von NAGEL u.a. vorgeschlagenen Möglichkeiten verbal und nonverbal zu „spiegeln", seine „Kapazitätsgrenzen" dürften jedoch bei 20 Schülern in einer Klasse hoffnungslos überschritten sein. Dieses offensichtliche Problem wird von den Autoren ebenfalls an keiner Stelle angeschnitten. Eine

15 vgl. zur Übertragung des NLP in den berufsschulischen Bereich – RIEDEL 1990.

konstruktive Umsetzung des NLP scheitert demzufolge schon bei den ersten Gehversuchen[16].

- In die gleiche Richtung zielt auch die von NAGEL und Mitautoren empfohlene Anwendung des Kalibrierens in Verbindung mit der Beobachtung der Augenbewegungsmuster bei einzelnen Schülern. Abgesehen davon, daß dieses Verfahren, sollte es Erfolg versprechen, einer gewissen praktischen Übung und Erfahrung bedarf, wird hier eine völlig absurde Vorgehensweise vorgeschlagen[17].

Eine mehrminütige Einzelbeobachtung jedes Schülers ist angesichts der Klassensituation und der zeitlichen Taktung des Unterrichts (45-Minuten-Takt) sicherlich keine gute „Strategie zur Rechtschreibung", sondern eher ein Armutszeugnis für jeden Lehrer, der sich mit derart abstrusen Strategien befaßt. Denn wie wird der Lehrer, während er sich mit einem Schüler beschäftigt, mit der unvermeidlichen Unruhe der übrigen Schüler fertig bzw. wie sollen die Schüler mit dieser Art von Unterricht und Lernen umgehen?

Übung macht sicher den Meister. Aber es bleibt fraglich, ob die hier gegebenen Hinweise und Erläuterungen wirklich zu „Megateachern" verhelfen können. Zusammengefaßt wirft dieses Buch mehr Fragen auf als es Antworten gibt. Eine Aussage kann jedoch schon festgehalten werden: Das, was von den Autoren hier im Untertitel als „NLP in Unterricht und Erziehung" vorgestellt wird, entspricht in keiner Weise dem, was die NLP-Entwickler ursprünglich angestrebt haben.

Möglicherweise weist dieses Buch ungewollt auf eine besondere Problematik hin, die sich aus einer stringenten Übertragung eines Konzepts aus einem Kontext in einen anderen ergibt: Wortwörtliche Übersetzungen aus dem Englischen ins Deutsche oder auch strikte Übertragungen vom therapeutischen auf den pädagogischen Sektor bergen verschiedene Gefahren in sich: Die im jeweiligen Übertragungsfeld vorhandenen Rahmenbedingungen müssen zuvor ausgelotet werden, damit womöglich gutgemeinte Ansätze und Ideen

---

16 Eine aus NLP-Sicht zu vertretende Lösung wäre z. B. die Konzentration des Lehrers auf die wenigen „schwierigen" Schüler verbunden mit einer unregelmäßigen Akzeptanzüberprüfung bei den übrigen Schülern. Derartige Überlegungen werden jedoch nicht einmal in Ansätzen thematisiert ... .

17 vgl. NAGEL u.a. 1989, S. 121 ff..

nicht ins Gegenteil verkehrt werden können. Eine genaue Erkundung des neuen Gebiets ist demzufolge unverzichtbar.

Mit dieser Aufgabenstellung sieht sich auch die hier vorliegende Untersuchung konfrontiert. Es gilt, in Ergänzung zu den bisherigen Veröffentlichungen zum NLP, im pädagogisch-didaktischen Raum eine konzeptionelle Ganzheit zu entwickeln und diese anschließend pädagogisch zu legitimieren. Dies soll u.a. dadurch geschehen, daß möglichst viele Bezüge zu bekannten Ansätzen und Ideen im pädagogisch-didaktischen Bereich hergestellt werden.

Erste Anzeichen für erwünschte Konsolidierungen sind zur Zeit schon von verschiedenen Seiten angegangen worden. Dazu zählen u.a. die Zusammenschlüsse von NLP-Trainern und die mit den Vereinigungen jeweils einhergehenden internen Verständigungen auf ein gemeinsames Konzept; in diesem Rahmen seien exemplarisch die Deutsche Gesellschaft für Neurolinguistisches Programmieren (DGNLP), das Forum für Metakommunikation oder auch die Trainergemeinschaft NLP (TGNLP) genannt.

Unabhängig davon, welcher der Wege sich letztendlich durchsetzen wird, erfüllen diese unterschiedlichen Bestrebungen die wichtige Aufgabe einer personellen und inhaltlich-konzeptionellen Integration. Dieser Entwicklung dürfte die Zukunft gehören.

4 Grundlegende Annahmen des NLP

In den vorliegenden Transkripten wird nur an wenigen Stellen auf die dem NLP zugrundeliegenden Annahmen eingegangen. Die bei Abfassung vieler Texte verwendete Form des anteilnehmenden „Mitstenographierens" von Seminarsitzungen und das deshalb in den Aufzeichnungen stark vertretene situative Erlebnismoment verhindern weitgehend eine systematische Aufarbeitung einer „Theorie des NLP"; im übrigen stellt das permanente Überfordern des bewußt-rationalen Erkenntniskanals der Teilnehmer eine Strategie dar, die sowohl das Seminargeschehen als auch die Aufarbeitung der Transkripte erschwert:

„Übrigens, in diesem Seminar habt ihr keine Chance, mit dem forschen Tempo der Verbalisierungen bewußt Schritt zu halten. Wir gehen systematisch und absichtlich so vor, daß wir euer Bewußtsein überladen. In unserem Verständnis finden Lern- und Veränderungsprozesse auf unbewußter Ebene statt, d. h. das ist der Teil von euch, den wir auf jeden Fall erreichen wollen" ...

Dem Unbewußten als wichtigem Teil der Persönlichkeit zu vertrauen, setzt eine andere Vorgehensweise und auch andere Vermittlungsformen voraus, als diejenigen, die aus traditionellen Lehr-Lernsituationen bekannt sind. Daher fahren die Autoren mit ihrer Erklärung fort:

„Wir möchten uns direkt an diesen Teil von euch wenden: Er soll vollständige und nützliche Aufzeichnungen von allem machen, was hier passiert, vor allem auch von den Dingen, die wir explizit kommentieren und von denen er glaubt, daß es nützlich für euch ist, sie noch besser zu verstehen und sie vielleicht als Fertigkeiten in eurer Arbeit ... zu verwenden. Damit gibt er euch auf der bewußten Ebene die Freiheit, folgendes zu tun: Euch zu entspannen und eure Erlebnisse hier zu genießen"[1].

Wie vor diesem Hintergrund kaum anders zu erwarten, können die nachfolgend kommentierten vier Grundannahmen keinesfalls dem Anspruch auf Vollständigkeit gerecht werden; sie markieren lediglich wichtige Eckpfeiler des NLP, die immer wieder beim

1 BANDLER/GRINDER 1981, S. 57.

Lesen der Transkripte und auch bei der nachträglichen, erkennenden Reflexion der eigenen Seminarerlebnisse aufgetaucht sind. Im folgenden sei die Aktualität und Bedeutung der hier vorgestellten Grundannahmen mit Beispielen aus system-, entscheidungs- und kommunikationstheoretischen Zusammenhängen erläutert und unterstrichen:

4.1 Erste Grundannahme: Eine Wahlmöglichkeit ist besser als keine Wahlmöglichkeit

Stellt man diese Grundannahme zur Diskussion, so dürfte ihr spontan von vielen Seiten eine breite Zustimmung gewiß sein. Auf den ersten Blick scheint hiermit eine Selbstverständlichkeit proklamiert zu werden, die keiner weiteren Erläuterung bedarf, weil sie offensichtlich von jedermann befolgt würde.

Untersucht man jedoch diese Aussage eingehender, so zeigen sich erstaunliche Diskrepanzen, z. B. zwischen der breiten Zustimmung und dem konkreten Verhalten, wie Menschen sich in vielen Situationen präsentieren. Oftmals fehlt dann der Mut zum Risiko, zur Offenheit und Flexibilität in Handlungs- und Entscheidungssituationen und an dessen Stelle tritt dann ein stereotypes und „angepaßtes" Verhalten.

Eine Befragung von fünfzig Unternehmensinhabern, Vorstandsvorsitzenden und Geschäftsführern nach ihrem individuellen Entscheidungsverhalten ergab, daß sich viele der befragten Entscheidungsträger stark auf ihr subjektives Sicherheitsgefühl verließen und nur selten von ihnen für eine anstehende Entscheidung eine Suche nach Alternativen aufgenommen wurde:

„(Eine große Überraschung war), wie die Chefs ihre Entscheidungen treffen. Bei über 70 Prozent stand nur eine Alternative zur Debatte. Dabei hätten rund 75 Prozent der Verantwortlichen auf Alternativlösungen zurückgreifen können, die auch zu einem besseren Ergebnis geführt hätten. Lediglich ein Drittel der Befragten faßte bei seinem Entschluß Alternativen ins Auge. Um so sicherer aber war das subjektive Sicherheitsgefühl der Verantwortungsträger. Bei nahezu allen Fehlentscheidungen unterließen sie es, sich umfassende Informationen zu beschaffen, mit problemrelevanten Lösungsmethoden waren sie nicht vertraut. Dadurch wird die Einsicht in die tatsächliche Problemkomplexität reduziert, und es entsteht ein trügerisches Sicherheitsgefühl"[2].

Wie ist dieses Verhalten zu erklären?

Die Komplexität, Kompliziertheit und Dynamik der westlichen Kultur haben dazu geführt, daß sich Menschen in den vielen unterschiedlichen Handlungsfeldern, in denen sie sich bewähren müssen, kaum mehr allein zurechtfinden können; die daraus resultierende, oft zu beobachtende Verhaltensunsicherheit wird von ihnen in der Regel mit einem angepaßten Verhalten beantwortet, weil die üblichen Verhaltensmuster als gesellschaftlich unauffällig und toleriert eingestuft werden (das Diktat des ,man': man weiß, wie man sich zu verhalten hat), gleichzeitig aber auch als Folge die Palette möglicher Verhaltensweisen von Menschen auf nur wenige beschränkt werden.

Grundsätzlich ist gegen derlei Verhaltensstereotypien (Gewohnheiten)[3], deren Aufgabe in einer Reduktion der Wirklichkeit besteht, nichts einzuwenden; problematisch wird die Sache jedoch, wenn sich die Gewohnheiten gegen sich selbst und damit gegen die betreffende Person wenden, d. h. wenn eine Gewohnheit entwickelt wird, das vorliegende Verhalten nicht von Zeit zu Zeit auf seine Realitätsadäquanz hin zu überprüfen.

Sobald aber eine Prüfung nicht mehr erfolgt bzw. bei erfolgter Prüfung die Notwendigkeit von Verhaltensänderungen aufgrund geänderter situativer Rahmenbedingungen nicht erkannt wird,

---

2 WITTENZELLNER 1989, S. 107.

3 Gregory BATESON – 1988, S. 357 – schreibt: „Wir handeln so, als könnte eine ganze Problemklasse mit Hilfe von Annahmen oder Prämissen gelöst werden, die der Anzahl nach geringer sind als die Elemente der Problemklasse. Mit anderen Worten, wir (Organismen) lernen zu lernen ... Aber Gewohnheiten sind bekanntlich rigide, und ihre Rigidität folgt als ein notwendiges Korollar aus ihrem Status in der Hierarchie der Anpassung. Gerade die Ökonomie von Versuch und Irrtum, die durch Gewohnheitsbildung erreicht wird, ist nur möglich, weil Gewohnheiten vergleichsweise ,hart programmiert' sind, ... Die Ökonomie besteht genau darin, die Prämissen der Gewohnheit nicht jedesmal neu zu überprüfen oder wiederzuentdecken, wenn die Gewohnheit ins Spiel kommt. Wir können sagen, daß diese Prämissen teilweise ,unbewußt' sind oder – wenn Sie so wollen – daß eine Gewohnheit entwickelt wird, sie nicht zu überprüfen".

wird sich das Verhalten mehr und mehr als Hemmschuh für die weitere Entwicklung erweisen:

„Mehr als der einzelne annimmt, hängt er an eingefahrenen Denkmustern. ‚Es gibt eine hohe Tendenz, bei dem zu bleiben, was man kennt und kann. Und das wird liebend gern weitergemacht, auch wenn es gar nicht mehr wichtig ist', stellte DÖRNER in seinen Experimenten fest"[4].

Paul WATZLAWICK weist in diesem Zusammenhang auf eine grundlegende Eigenschaft von Systemen – und als Systeme sind auch lebende Organismen wie der Mensch zu verstehen – hin, die sich jedem Versuch einer Problemlösung zunächst entgegenstellt: Es handelt sich dabei um die „Tendenz jedes Systems, sich gegen die Einführung von Änderungen seiner Organisation oder seiner Regeln zu wehren. Selbst – oder gerade – bei Vorliegen maximaler Störungen neigen Systeme erfahrungsgemäß dazu, das kontraproduktive Rezept des ‚Mehr desselben' anzuwenden und dadurch unweigerlich mehr derselben Problematik zu erzeugen. Dafür bestehen zumindest zwei gute Gründe. Erstens kann kein Lebewesen ... es sich leisten, die Welt sozusagen täglich neu zu ‚erfinden'; zweitens besteht meist kein ohne weiteres ersichtlicher Grund, eine erprobte und bewährte, oft unter großen Schwierigkeiten gefundene Lösung wieder aufzugeben"[5].

Deshalb werden die relativ wenigen, sich als „erfolgreich" herausgeschälten Verhaltensweisen eines Menschen als generelle Strategien immer wieder und in völlig voneinander verschiedenartigen Situationen eingesetzt, wobei ihnen aber in der Regel ein stets wechselnder Erfolg beschieden sein dürfte:

„Die meisten Menschen haben nur eine kleine Anzahl von Strategien für alle möglichen Dinge. Sie benutzen für alles, was sie tun, den gleichen Typ von Strategie, und das hat zur Folge, daß sie manchmal gut klarkommen und manchmal nicht so gut. Wir haben herausgefunden, daß die meisten Menschen nur drei oder vier grundlegende Strategien haben. Ein wirklich flexibler Mensch kann

---

4 WITTENZELLNER 1989, S. 110; vgl. die an vielen Experimenten festgemachte Darstellung und Diskussion des „Strategischen Denkens und Handelns in komplexen Situationen" in DÖRNER 1989.

5 WATZLAWICK 1988, S. 125; vgl. BACHMANN 1990a.

ein Dutzend haben. Wenn ihr es überschlagt, kommt ihr gut auf über tausend Möglichkeiten, selbst wenn ihr für eine Strategie nur vier Schritte rechnet"[6].

Als engagierte Gesellschaftskritiker ergreifen die NLP-Vertreter lautstark Partei für Menschen, die den Mut haben, neue Verhaltensweisen zu entwickeln und auszuprobieren. Ein immer wiederkehrendes Grundmotiv des NLP lautet demzufolge: Wenn das, was du gerade tust, nicht zu dem gewünschten Ergebnis führt, dann versuche etwas anderes[7].

Als Konzept fördert das NLP eine verbesserte Wahrnehmung, eine ausgeprägte und fundiertere Zielorientierung und einen Zuwachs an Flexibilität, weil hier die Ausbildung neuer Perspektiven stark im Vordergrund steht. Es geht darum, für sich – bildlich gesprochen – die Fähigkeit zu entwickeln, „sich zu verrücken", um auf diese Weise aus dem alltäglichen, routinemäßigen Trott auszubrechen und neue Wege und Erkenntnisse für das anstehende Problem, über die betreffende Situation, für die eigene Wahrnehmung, für das eigene Denken und Handeln etc. zu gewinnen. In gewissem Sinne ist dieses intensive Suchen und Aufspüren von Alternativen zur „zweiten Natur" im NLP geworden. Thies STAHL erläutert den Hintergrund dieser Prämisse mit folgendem Scherz:

„... seitdem John GRINDER und Richard BANDLER gesagt haben, daß bei drei neuen Wegen erst die Flexibilität anfängt, während man bei einem ein Roboter wäre und bei zweien in einem Dauer-Dilemma, haben wir diese Regel im NLP. Und die NLP'ler bekommen zwanghafte Wahnvorstellungen, so daß sie nachts nicht schlafen können, wenn sie tags zuvor mal jemand mit nur zwei neuen Wegen haben weggehen lassen"[8].

In der Übertragung auf den berufspädagogischen Handlungsraum trifft die erste Grundannahme mitten ins Herz einer äußerst vielschichtig angelegten Diskussion um eine neue Qualität im ökonomischen, pädagogischen und wissenschaftlichen Denken und

6 BANDLER/GRINDER 1981, S. 55.
7 vgl. exemplarisch BANDLER/GRINDER 1981, S. 30; S. 87 und an vielen anderen Stellen.
8 STAHL 1989, S. 65; vgl. auch ULSAMER 1987, S. 34 f..

Handeln. Aufgrund der großen Aktualität sei dieser Gedanke etwas ausführlicher dargestellt.

In allen drei vorgenannten Bereichen ist die Erkenntnis herangereift, daß die auf eindimensionalen Denkstrukturen basierenden Methoden und Konzepte gegenwärtig an ihre Grenzen stoßen: „In einer hoch technisierten, arbeitsteiligen und verflochtenen Gesellschaft reichen isolierte Betrachtungen, die Einflußfaktoren einfach ausklammern, längst nicht mehr aus"[9].

Die dringend notwendige Umorientierung, ein ganzheitlich-vernetztes Denken und Handeln zu praktizieren, ist jedoch nicht von heute auf morgen realisierbar. Zu viele Schwierigkeiten bei der konkreten Umsetzung stehen dem entgegen:

„Einer Änderung unseres Denkens und Handelns ... steht weniger der Mangel an geistigen und technischen Möglichkeiten entgegen als vielmehr ein ungeheurer Ballast an Traditionen, Tabus, an Lehrmeinungen und Dogmen. Obwohl keineswegs genetisch verankert, wurden sie doch von Generation zu Generation als unverrückbare ‚Wahrheiten' weitergegeben. Eine der wichtigsten Aufgaben in Richtung eines neuen Denkens wird es daher sein, die eigentliche Natur jener Normen zu analysieren. Es gilt, die Scheinkonstanten unter ihnen zu erkennen, die – abgesehen von der Tatsache, daß sie unsere festgefahrene Situation zum Teil mitverschuldet haben – mit unserer heutigen Realität nicht mehr das geringste zu tun haben"[10].

Es gilt demnach, das von WATZLAWICK so treffend als „Mehrdesselben"-Rezept formulierte Verhaltenskonzept[11] zu überwinden, von einer quantitativ ausgelegten „immer stärker – immer größer – immer schneller – etc. – Ideologie" mit ihren weitreichenden Folgen für das jeweilige System und mit unabsehbaren (weil nicht im Kalkül enthaltenen) Folgen für angrenzende Systeme zu einer qualitativ-homöostatischen Analyse durchzudringen und auf dem Wege zu Lösungsansätzen zu gelangen, die den Erfordernissen sämtlicher Faktoren gerecht werden. Eine wirksame Systemdiagnose muß Antworten auf vier Fragen geben können[12]:

---

9 WITTENZELLNER 1989, S. 100.
10 VESTER 1980, S. 456.
11 vgl. WATZLAWICK 1988, S. 126; 1976, S. 133 f..

1. Welches sind die dominierenden kritischen Kreisläufe, die den „Motor des Ganzen" bilden?
2. Welche zeitlichen Verzögerungswirkungen sind in das Netzwerk eingebaut, was können sie bewirken?
3. Gibt es Kreisläufe, die anders funktionieren, als gemeinhin angenommen?
4. Wo befinden sich Regelmechanismen, in die regelnd einzugreifen sich nicht lohnt?

Auf der Suche nach Beispielen und Ansätzen für eine umfassende, ganzheitlich-vernetzte Betrachtungsweise von Systemen werden zudem vormals bestehende Grenzen zwischen den einzelnen Wissenschaftsdisziplinen sukzessive abgebaut. So werden z. B. das aus der Biologie bekannte Prinzip der Autopoiese und das von dem Physiker Ilya PRIGOGINE stammende Konzept der dissipativen Strukturen als Erklärungskonzepte auch den berufspädagogischen Handlungsraum bereichern[13].

In der Verbindung mit system-, kommunikations- und handlungstheoretischem Gedankengut werden dadurch neue Instrumente ihre Stimme bei der Analyse und Entwicklung neuer Lösungsansätze erheben. Das Neurolinguistische Denken und Handeln, so zeigt die erste Grundannahme, vermag aufgrund seiner konzeptionellen Offenheit, Flexibilität und Integrationsweite derartige Überlegungen konstruktiv aufzugreifen und auf diese Weise zur Ausbildung flexibler Verhaltensmuster beizutragen.

---

12 vgl. WITTENZELLNER 1989, S. 109; vgl. „die Stationen des Planens und Handelns" in DÖRNER 1989, S. 67 ff.; vgl. zu den einzelnen Schritten einer ganzheitlichen Problemlösungsmethodik – ULRICH/PROBST 1988, S. 114 ff..

13 vgl. zum Konzept der Autopoiese – MATURANA/VARELA 1987; zum Konzept der dissipativen Strukturen – PRIGOGINE 1985; vgl. auch: WATZLAWICK 1988, S. 118; S. 182; – eine Übertragung und Diskussion ist im engen Zusammenhang mit den biokybernetischen Ansätzen VESTERs und anderer Autoren zu empfehlen – vgl. dazu BACHMANN 1990a; 1990c.

4.2 Zweite Grundannahme: Das Konzept der unbewußten Wahlmöglichkeit

„Ihr werdet immer Antworten auf eure Fragen bekommen, vorausgesetzt, ihr habt den sensorischen Apparat, um sie zu bemerken. Und selten wird der verbale oder bewußte Teil der Antwort relevant sein"[14].

„Und wichtig ist, daß ihr hinschaut. Weil die wichtigste Antwort immer physiologisch kommt, noch bevor (man) es ausspricht"[15].

Die zweite Grundannahme liefert eine Präzisierung und Ergänzung der ersten, weil hier vor allem das im kommunikativen Prozeß wichtige Verhältnis von bewußten und unbewußten Vorgängen angesprochen wird. Das ganzheitliche Verständnis des NLP drückt sich darin aus, daß nicht nur verbale und bewußte Vorgänge als letztlich situationsrelevant und -bestimmend erachtet werden, sondern die Gesamtheit aller sensorisch erfaßbaren Vorgänge in ihrem situativen Kontext.

Um diese wichtige Aussage kreisen vor allem die Überlegungen von Gregory BATESON und Paul WATZLAWICK, die in ihren Büchern immer wieder die Grundstruktur von zwischenmenschlichen Beziehungen offengelegt haben. Auch WATZLAWICK betont, „daß wir alle viel mehr wahrnehmen und von unseren Wahrnehmungen viel mehr beeinflußt werden, als wir wissen – in anderen Worten –, daß wir in einem dauernden Austausch von Kommunikationen begriffen sind, über die wir uns nicht bewußt Rechenschaft geben, die unser Verhalten aber weitgehend bestimmen"[16].

„In der Gegenwart eines anderen Menschen hat alles Verhalten – aktiv oder passiv, absichtlich oder unabsichtlich – Mitteilungscharakter und ist daher Kommunikation. Da es kein Nicht-Verhalten gibt, kann man auch nicht nicht kommunizieren"[17].

In jeder Botschaft, Meinungsäußerung, Mitteilung eines Menschen schwingen unvermeidbar zwei Aspekte mit, die sich wechselseitig durchdringen: Zunächst enthält jede Form der Kommuni-

14 BANDLER/GRINDER 1981, S. 34.
15 STAHL 1989, S. 54.
16 WATZLAWICK 1976, S. 50.
17 WATZLAWICK 1988, S. 15 ff..

kation (verbal oder averbal) eine Information, die als Inhaltsaussage angesehen werden kann. Über die inhaltliche Ebene hinausgehend hat sie aber auch einen metakommunikativen Charakter, indem eine Kommunikation darüber erfolgt, wie die Botschaft vom Empfänger aufzufassen ist. Die Metakommunikation definiert dabei zugleich auch die Beziehung des Senders zum Empfänger, d. h. den Beziehungsaspekt einer Aussage: „Obwohl – so formuliert WATZLAWICK – wir eben feststellten, daß alle Kommunikation beide Aspekte hat, ist der Anteil des Beziehungsaspektes von weitaus überragender Bedeutung"[18].

Erstaunlicherweise steht diese Beobachtung von WATZLAWICK im strikten Gegensatz zu der in der westlichen Sprachkultur praktizierten Ansicht, daß den inhaltlich-verbalen und bewußten Vorgängen die größte Aufmerksamkeit und Bedeutung beigemessen werden sollte: Zumindest verhalten sich Menschen westlicher Prägung auf den ersten Blick immer so, als ob der Inhalt, d. h. das, was sie meinen, im Vordergrund stünde und sind immer wieder enttäuscht, wenn andere ihre Inhaltsaussagen nicht so verstehen, wie sie von ihnen – vermeintlich klar und eindeutig – formuliert worden sind. Diese Kluft deutet darauf hin, daß letztlich doch jeder vorrangig auf die vom Gesprächspartner abgesteckten Beziehungsstrukturen reagiert und dementsprechend handelt.

Dieses Wechselspiel von Information (Inhalt) und Beziehung gilt für sämtliche kulturellen Lebensbereiche. Auch im pädagogischen Bereich dominiert offensichtlich der Inhaltsaspekt; dies läßt sich z. B. an vielen Didaktikkonzeptionen ablesen, in denen einer ausführlichen und sorgfältig inszenierten Strukturierung und Aufbereitung der Lehr-Lerninhalte nur eine selten und dann auch wenig konsequente Analyse des situationsspezifischen Beziehungsaspekts gegenübersteht. Hier zeigt sich ein weites Forschungsfeld für die Entwicklung neuartiger, alternativer Didaktikkonzeptionen.

18 WATZLAWICK 1988, S. 16; das von BANDLER und GRINDER entwickelte „Konzept der multiplen Botschaften" weicht zwar von der von BATESON und WATZLAWICK vertretenen Zweidimensionalität „verbal – nonverbal" ab, dennoch entspricht die hier beschriebene Gegenüberstellung von Inhalt und Beziehung in ähnlicher Weise dem Grundgedanken des NLP-Konzepts – vgl. zur näheren Bestimmung Kapitel 5.2.2 bzw. Abbildung 3.

Das „Konzept der unbewußten Wahlmöglichkeit" will dazu einladen, die beschränkte menschliche Informationsaufnahmekapazität weg von einer ausschließlich inhaltsorientierten hin zu einer auch beziehungsorientierten Betrachtungsweise auszuweiten, um sich durch eine derart modifizierte Wahrnehmungsfähigkeit zusätzliche Informationen über das kommunikative Geschehen zu holen.

An dieser Stelle sei auf ein folgenschweres Mißverständnis hingewiesen: Der Anthropologe Gregory BATESON hat bei der Suche nach grundlegenden Denkstrukturen im Vergleich der westlichen Sprachkultur mit systemisch anders aufgebauten Kulturen festgestellt, daß das im westlichen Kulturkreis geläufige *Denken in Bipolaritäten,*

- auf der einen Seite stehen die bewußten Anteile der Persönlichkeit,
- auf der anderen Seite die unbewußten Anteile,

keinesfalls dem zugrundeliegenden Sachverhalt gerecht wird, ja sogar verhängnisvolle globale Auswirkungen zu zeitigen beginnt:

„Im Klischee-System der Angelsachsen wird gemeinhin angenommen, daß es irgendwie besser wäre, wenn das, was unbewußt ist, bewußt gemacht würde. Selbst FREUD soll gesagt haben, ‚Wo Es war, soll Ich werden', als ob eine solche Zunahme bewußter Erkenntnis und Kontrolle sowohl möglich als auch eine Verbesserung wäre. Diese Ansicht ist das Produkt einer nahezu vollkommen verzerrten Erkenntnistheorie und einer völlig verzerrten Auffassung davon, was ein Mensch oder irgendein anderer Organismus ist"[19].

Für BATESON ist das Überleben der menschlichen Rasse mehr denn je davon geprägt, ob es ihr gelingt, zufriedenstellende Antworten auf die zentralen Fragen zu finden,

- wie wir Menschen unser Denken ökonomisch gestalten (hier ist der Mensch mit seinen bewußten Anteilen an der Denkökonomie beteiligt) bzw.
- wie unser Denken sich „von sich aus" ökonomisch organisiert (denn Denkökonomie wird von unserem Geist auch quasi automatisch aufgrund der begrenzten Bewußtseinskapazität betrieben)?

---

19 BATESON 1988, S. 192.

Das Bewußtsein ist aus verständlichen Gründen immer auf einen kleinen Ausschnitt des gesamten geistigen Prozesses beschränkt; in der Literatur greift man zur Veranschaulichung das Bild eines Eisbergs auf, ohne dessen gewahr zu werden, daß man bei einem Eisberg sicherlich von der sichtbaren Spitze auf die Beschaffenheit des unter der Oberfläche befindlichen Stoffes schließen kann; ein gleichlautender Analogieschluß beim Verhältnis „bewußt-unbewußt" wäre jedoch verhängnisvoll. Dazu wieder BATESON:

„Oben wurde festgestellt, daß das Bewußtsein notwendig selektiv und partiell ist, d. h. daß der Inhalt des Bewußtseins bestenfalls einen kleinen Teil der Wahrheit über das Selbst ausmacht. Wird aber dieser Teil in irgendeiner systemischen Weise selektiert, dann ist sicher, daß die Teilwahrheiten des Bewußtseins als Gesamtheit eine Verzerrung der Wahrheit irgendeines größeren Ganzen sein werden"[20].

Wirklich ernstzunehmen ist seiner Ansicht nach die Kreislaufstruktur, die *systemische Struktur des Geistes:* „Wenn der gesamte Geist ... ein integriertes Netzwerk (von Aussagen, Bildern, Prozessen, Nervenkrankheiten oder ähnlichem – je nach der bevorzugten wissenschaftlichen Terminologie) ist, und wenn der Inhalt des Bewußtseins nur eine Auswahl verschiedener Teile und Lokalitäten dieses Netzwerks ist, dann ist die bewußte Auffassung des Netzwerks als Ganzes eine ungeheuerliche Leugnung der Integration dieses Ganzen. Bei einem Schnitt durch das Bewußtsein sind, was über der Oberfläche erscheint, Kreisläufbögen und nicht entweder die gesamten Kreisläufe oder die größeren vollständigen Kreisläufe von Kreisläufen"[21].

Was ist seiner Ansicht nach zu tun? Wie kann ein Ausweg aus dem dargelegten Dilemma gewiesen werden? Wie kann eine Korrektur fehlgeleiteten Denkens erfolgen? Es ist typisch für Gregory BATESONs Persönlichkeit, daß er zwar das Gewebe des Gesamtmusters, die Bindeglieder zwischen den einzelnen Komponenten aufzeigt, aber keine fertigen Antworten parat hält – ihm gehe es oft nicht um Antworten, sondern darum, „bessere Fragen zu stellen,

20 BATESON 1988, S. 203.
21 BATESON 1988, S. 203.

Werkzeuge (‚Schritte'), um den Ausweg zu erdenken"[22]. – Prozesse, keine Produkte, sind für ihn wichtig, die Einsicht in die Tatsache der Kreislaufstruktur, in kybernetische Zusammenhänge, ferner die Fähigkeiten eines strengen und lockeren wissenschaftlichen Denkens und nicht zuletzt das Bemühen, die „bloß zweckorientierte Rationalität, die ohne Rücksicht auf Phänomene wie Kunst, Religion, Traum und ähnliches verfährt, (in die Schranken zu verweisen, weil ein weiteres Ausleben der Rationalität) notwendig pathogen und lebenzerstörend ist"[23].

Gelingt dieses Vorhaben nicht, dann wird die Evolution, die weitere Entwicklung auf der Erde, mit dem Menschen ähnlich verfahren wie mit den Dinosauriern: Sobald sie ihren Fehler erkennt, wird sie ihn korrigieren und diese vernichten.

Im NLP wird der prozessuale Charakter des Beziehungsaspekts deshalb so stark betont, weil auf diesem Wege das spannungsgeladene Wechselverhältnis von Inhalt und Beziehung konstruktiv aufgelöst werden kann. Dazu eine Erklärung von Leslie CAMERON-BANDLER:

„Aber was bedeutet es eigentlich, wenn eine Beziehung problematisch ist? Das Wort ‚Beziehung' (relationship) ist selbst eine Verzerrung (distortion) des Prozeßwortes ‚sich beziehen'. Das heißt, es gibt kein greifbares Objekt, das man ‚Beziehung' nennt, sondern wir haben es mit einem Prozeß zu tun, bei dem lebende Wesen sich aufeinander beziehen". Als Anhaltspunkt schlägt sie deshalb eine pragmatische Unterscheidung vor, auf die im Laufe eines Gesprächs geachtet werden sollte: „Der Inhalt der Verbalisierungen von Menschen verrät Ihnen, was diese glauben. Die Prozesse, die in den Verbalisierungen von Menschen enthalten sind, sagen Ihnen, wie sie sich diesen Glauben geschaffen haben"[24].

Mit Hilfe entsprechender Wahrnehmungs- und Unterscheidungsstrategien können sich anbahnende Beziehungsstörungen sensibler und schneller aufgefangen und die freiwerdenden Energien wieder in positive, kommunikationsförderliche Bahnen umgelenkt werden. Dabei gilt es, die gesamte Palette der Menschen

22 NACHMANOVITCH 1983, S. 57.
23 BATESON 1988, S. 204.
24 CAMERON-BANDLER 1983, S. 33 f..

möglichen Ausdrucksformen zu erfassen und zu berücksichtigen, so z. B. auch körper-sprachliche Elemente. Dazu WATZLAWICK:

„Weniger offensichtlich ist die Tatsache, daß auch wir Menschen dadurch, daß wir für unsere Kommunikation nicht nur Laut-, sondern auch Körpersprache verwenden, für dieselben Probleme anfällig sind wie (Tiere). Die averbalen Ausdrucksformen, die wir von unseren tierischen Vorfahren ererbt und in typisch menschlicher Weise weiterentwickelt haben, sind viel archaischer und daher bewußtseinsferner als unsere menschlichen Lautsprachen. Es gibt unzählige Verhaltensformen, die allen Mitgliedern einer bestimmten Kultur zur Vermittlung averbaler Kommunikation dienen. Diese Verhaltensweisen sind das Resultat des Aufwachsens und der Sozialisierung in einer bestimmten Kulturform, Familientradition usw. und werden dadurch sozusagen in uns hineinprogrammiert"[25].

Das NLP bietet eine Fülle an Interventionsmethoden für eine „Ausdehnung"[26] des Wahrnehmungsvermögens auch auf diese vormals „unbewußten" Abläufe hin, deren Kenntnis die eigenen Verhaltens- und Handlungsmöglichkeiten vervielfachen kann. So kann man z. B. im Kommunikationsprozeß die eigene Befindlichkeit überprüfen, wobei gerade die Lebensvorgänge, welche die Grundfunktionen des Organismus sicherstellen, wichtige, jedoch unspezifische Aufschlüsse über den gegenwärtigen Zustand liefern. So zeigen sie z. B. durch emotionale Sinneseindrücke auf, ob sich ein Mensch in einer konkreten Situation eher als kompetenter Akteur, als Handlungssubjekt, oder als Opfer („Objekt") erlebt: Das innere Wohl- oder Unwohlsein und damit zusammenhängende körperliche Reaktionen etc. zeigen deutlich eine implizite subjektive Wertung der Situation an.

Im Rahmen eines NLP-Trainings geht es u. a. auch darum, auf derartige „Signale" des eigenen Körpers (rote Ohren, Schweißausbrüche im Nacken, schwitzige Hände, verkrampfte Körperhaltungen, Druck im Unterleib etc.) zu reagieren und daraus Möglichkeiten des Ausgleichs zu finden.

---

25 WATZLAWICK 1976, S. 17.

26 Der Begriff „Ausdehnung" sei hier im BATESONschen Sinne als ein Wissen um größere systemische Kreisläufe verstanden.

In gleichem Maße kann natürlich auch der Gesprächspartner beobachtet werden und bei etwaigen Anzeichen nach Wegen zur Verbesserung („Entkrampfung") seiner situativen Befangenheit gesucht werden, um so den „aufgestauten Druck" aus der Gesamtsituation zu entfernen. Es gibt in ihrer positiven Wirkung auf den Gesprächsverlauf kaum vergleichbare Möglichkeiten, die so nachhaltige und tiefgreifende Wirkungen zeitigen.

In diesem Zusammenhang macht Thies STAHL mit seiner Erweiterung des NLP-Grundansatzes durch das *Konzept der Übertragungs-Gegenübertragungsphänomene* darauf aufmerksam, daß das kommunikative Geschehen weithin komplexer und umfassender ist, als gemeinhin von vielen Menschen angenommen wird. Nahezu jede – gewollte oder ungewollte, bewußte oder unbewußte – Geste kann ein Auslöser für überraschende Wendungen innerhalb einer Kommunikation sein:

„,Die Bedeutung deiner Kommunikation ist die Reaktion, die du bekommst, nicht die Absicht, die du im Sinne hast!' Dieser NLP-Leitsatz ... macht es natürlich erforderlich hinzugucken – und zwar in jedem Moment, da jedes meiner Worte ein Auslöser für etwas sein kann, was ich im Traum nicht erwarten würde"[27].

Die oftmals nicht bewußte Tatsache, „daß die eigene Wirklichkeit ebenso wie die des Partners nur eine relative Wirklichkeit ist"[28] und daher Aussagen über Beziehungen „weder wahr noch falsch, sondern bestenfalls nur mehr oder weniger von den Partnern geteilt (werden)"[29], hat auch tiefgreifende Auswirkungen auf die Analyse der verbalen Äußerungen von Menschen.

Im NLP geht man grundsätzlich davon aus, daß Menschen das, was sie sagen, auch so erlebt haben oder gerade erleben, und das, was sie erleben auch in ihnen gemäße Worte kleiden: „Man sollte nicht vergessen, daß Worte genauso wie Erinnerungen mit Erlebnissen verknüpft sind und daß Menschen viel von dem, über was sie reden, auch tatsächlich erleben"[30].

---

27 STAHL 1989, S. 95; vgl. auch S. 241.
28 WATZLAWICK 1976, S. 74.
29 WATZLAWICK 1988, S. 20.
30 CAMERON-BANDLER 1983, S. 84.

Nicht von ungefähr waren verbale Äußerungen das erste Material, mit dem sich BANDLER und GRINDER beschäftigt haben, um eine metasprachliche Struktur zur Analyse der Erlebenskategorien von Menschen zu entwickeln. Verborgen hinter den inhaltlichen Aussagen entdeckten sie u. a., daß Menschen mit Hilfe der Sprache ihr gegenwärtiges Weltbild (mit seinen Verzerrungen, Generalisierungen und Tilgungen, um die wichtigsten Redundanzstrategien zu nennen) präsentieren, daß Menschen ferner bestimmte Sinnesorgane als Wahrnehmungsquellen favorisieren und weiterhin ganz spezifische, immer wiederkehrende Strategien für Lern- oder Entscheidungsprozesse benutzen.

Die Aufgabe im Rahmen eines NLP-Trainings besteht darin, diese Phänomene ins Bewußtsein zu heben, als kompetenzsteigernde Wahlmöglichkeiten kennenzulernen und so lange zu trainieren, bis diese Handlungen wieder als flexibel verfügbare Strategien „vergessen", d. h. ins denkökonomisch komplexere Unterbewußte zurückgeführt werden können:

„Findet heraus, welche Entscheidungssituationen in eurer Arbeit wiederholt auftreten, und dann übt für jede dieser Situationen mindestens ein halbes Dutzend verschiedener Reaktionen ein – mindestens aber drei, bis sie alle als unbewußtes und systematisches Verhalten in euer Verhaltensrepertoire integriert sind"[31].

4.3 Dritte Grundannahme: Die richtige Ressource am richtigen Platz

„Eine Grundprämisse, von der ich in meiner Arbeit ausgehe, besteht darin, daß Menschen alle Ressourcen in sich tragen, die sie brauchen, um die Veränderungen zu vollziehen, die sie durchmachen wollen und müssen. Meine Aufgabe ist, ihnen dabei zu helfen, diese Ressourcen zu erschließen und richtig zu nutzen, damit diese erwünschten Veränderungen auch tatsächlich und nachhaltig eintreten"[32].

31 BANDLER/GRINDER 1981, S. 86.
32 CAMERON-BANDLER 1983, S. 94.

Thies STAHL bezeichnet als wichtigstes Ziel des NLP, das reichhaltige Reservoir an Fähigkeiten eines Menschen als Quelle für ein befriedigendes Leben zu nutzen. Diese optimistische Sichtweise ist in der Psychotherapie, im speziellen aber auch in der allgemeinen Psychologie nicht überall geläufig, wie Richard BANDLER in einer Beschreibung der landläufigen psychologischen Vorgehensweise kritisiert: „Ein ... Problem mit der üblichen Psychologie besteht darin, daß sie gestörte Menschen untersucht, um herauszufinden, wie man sie wieder herstellt. Das ist so, als ob man Autos auf einem Schrottplatz untersucht, um herauszufinden, wie Autos besser funktionieren können"[33].

Das NLP schlägt daher ergänzend einen anderen Weg vor, indem zum einen die „persönliche Geschichte" als Ressourcenpotential entdeckt wird und zum anderen „außergewöhnliche Talente" (Genies) hinsichtlich ihrer Fähigkeiten systematisch analysiert werden, um die dabei ermittelten Fähigkeits-Grundstrukturen anderen zugänglich zu machen.

Mit dem Erschließen neuer Ressourcen kann der bisher gültige subjektive Denk- und Handlungsspielraum ausgeweitet, Grenzen übersprungen, neue Perspektiven eröffnet werden; es können Dinge angestrebt werden, die vormals gar nicht erreichbar schienen, weil sie aus subjektiver Warte gar nicht im Blickwinkel des Betreffenden gelegen hatten. Für Paul WATZLAWICK liegt in dieser phänomenalen Erkenntnis sein Grundthema verborgen, welches in allen seinen Büchern, so auch in seinem letzten, Münchhausens Zopf, thematisiert wird. Das Grundthema und so auch den Titelhintergrund beschreibt er am Beispiel eines seelisch Leidenden, der plötzlich die Welt durch eine Neudefinition der eigenen Situationswahrnehmung in einem neuen, anderen Licht sieht:

„Wer seelisch leidet, leidet eben nicht an der ‚wirklichen' Wirklichkeit, sondern an seinem Bild der Wirklichkeit. Dieses Bild ist aber für ihn die Wirklichkeit, und sein Sinn ist der wahre Sinn des Lebens. ... Wenn immer es dem Leidenden gelingt ..., den scheinbar allumfassenden Rahmen seiner Wirklichkeit zu verlassen, ist das die Folge eines merkwürdigen und schwer zu beschreibenden Sprungs aus diesem Rahmen heraus, eines Sich-Hochziehens-an-

33 BANDLER 1987, S. 28.

sich-selbst, das dem Kunststück des Barons Münchhausen in nichts nachsteht"[34].

Die dritte Grundannahme zielt auf diesen Veränderungsprozeß, will ihn buchstäblich möglich machen, indem „neue" Gesichtspunkte einbezogen, „alte" wiederaufgefrischt werden und so das endgültige, unumstößlich scheinende Weltbild des betreffenden Menschen relativiert und dadurch veränderbar gemacht wird. Für eine derartige Veränderungsarbeit stehen alle nur denkbaren Interventionsmethoden und Anhaltspunkte zur Verfügung.

4.4 Vierte Grundannahme: Das Konzept des sekundären Gewinns

„Die Grundannahme des Reframing ist, daß jedes Verhalten (Strategien) in dem Kontext, in dem und für den es etabliert wurde, adaptiv ist oder war. NLP geht von der Annahme aus, daß jedes Verhalten auf Anpassung hin ausgerichtet ist und erst dann unangepaßt wird, wenn es auf Kontexte ausgedehnt wird, in denen es nicht angemessen ist, oder wenn es daran gehindert wird, sich an Veränderungen im Individuum oder in dessen aktueller Umgebung anzupassen"[35].

Dennoch zeigt sich häufig das Problem, daß sich Menschen in einem situativen oder kontextuellen Zusammenhang „gefangen" fühlen, d. h. sie antworten immer wieder mechanisch mit den gleichen Verhaltensweisen auf situative Anforderungen, obwohl sich diese Verhaltensweisen schon in ähnlich gelagerten früheren Situationen als unzureichend oder unangemessen herausgestellt haben:

„Um zu einem Verständnis zu gelangen, wieso manche Menschen sich weiterhin (Schmerz, Angst, Frustrationen, Mißerfolge im Lernen etc.) zufügen, hat es sich als wichtig erwiesen zu erkennen, daß sie nicht schlecht, verrückt oder krank sind. Tatsächlich treffen sie die jeweils beste Wahl aus den Möglichkeiten, die ihnen bewußt sind, das heißt, die beste Wahl, die in ihrem spezifischen Modell möglich ist. Mit anderen Worten, menschliches Verhalten, egal wie

34 WATZLAWICK 1988, S. 138.
35 DILTS u. a. 1985, S. 258.

bizarr es auch zuerst erscheinen mag, ergibt einen Sinn, wenn es im Kontext der in ihrem Modell möglichen Wahlen gesehen wird. Die Schwierigkeit besteht nicht darin, daß sie die falsche Wahl treffen, sondern, daß ihnen nicht genügend Wahlmöglichkeiten zur Verfügung stehen ..."[36].

In obigen Aussagen begegnen sich schließlich die einzelnen Grundannahmen in ihrer wechselseitigen Verknüpfung: Die Forderung, Wahlmöglichkeiten zu schaffen (Erste Grundannahme), das Vertrauen darin, daß genügend Ressourcen in der Lebensgeschichte eines Menschen vorhanden sind (Dritte Grundannahme), die Umorientierung in Richtung unbewußte Wahlmöglichkeiten und die damit verbundene Öffnung des Wahrnehmungsspektrums, „neben dem Inhalt zusätzlich auch auf den Prozeß zu achten" (Zweite Grundannahme) und schließlich als letzter Baustein die Erkenntnis, daß jedes Verhalten, so bizarr und unangemessen es für einen Außenstehenden auch scheinen mag, irgendwann in der Lebensgeschichte des betreffenden Menschen seinen Sinn besessen hat, der nur in Vergessenheit geraten ist (Vierte Grundannahme).

In diesem Zusammenhang ist die vierte Grundannahme ein Plädoyer gegen eine vorzeitige Festlegung von menschlichen Verhaltensweisen und für ein Anerkennen der Vielschichtigkeit und Differenziertheit in der Begegnung von Menschen, ein Plädoyer für Offenheit, für Risikobereitschaft, für ein Gefaßtsein auf Überraschungen im kommunikativen Geschehen.

Als hilfreich könnte sich dabei die Erkenntnis erweisen, daß der „Kontext, auf den Menschen reagieren, ... in der Regel aus ungefähr neun Teilen internaler Erfahrungen und ungefähr einem Teil externaler zusammengesetzt (ist). Wenn also eine Verhaltensweise bizarr oder unangemessen für euch aussieht oder sich anhört, so habt ihr einen deutlichen Hinweis darauf, daß ein Großteil des Kontextes, auf den die Person reagiert, etwas ist, was eurer unmittelbaren sinnlichen Erfahrung nicht zugänglich ist. Sie reagieren auf irgend etwas oder irgendjemand anderen – vorhanden als internale Repräsentation: Mutter, Vater, historische Ereignisse, etc. Und sehr häufig liegt diese internale Repräsentation außerhalb des Bewußtseins"[37].

---

36 CAMERON-BANDLER 1983, S. 76; vgl. auch BANDLER/GRINDER 1984, S. 35.
37 BANDLER/GRINDER 1981, S. 167. Die Autoren wollen mit ihrer Aufteilung in

Jede Verhaltensweise hat in irgendeinem Kontext eine positive Funktion; nur liegt diese nicht immer eindeutig auf der Hand: „Ein Verhalten, das in einem Kontext problematisch ist, kann in irgendeinem anderen Kontext genau das richtige sein. Dort stellt es eine Fähigkeit dar – die es schon immer war, nur daß (die betreffende Person) sie bisher in ungeeigneten Kontexten angewandt hat"[38].

Menschen haben aber oft glasklare Vorstellungen über ihre „negativen" bzw. die sie in ihrer Entwicklung (vermeintlich) behindernden Verhaltensweisen entwickelt. Diese möchten sie gerne ablegen. In der Regel bekämpfen sie derartige Verhaltensweisen dadurch, daß sie sie entweder unterdrücken oder versuchen, Situationen auszuweichen, in denen diese auftreten. Als Folge davon liegen sie in einem beständigen Kampf mit sich selbst und ihren Verhaltensvorsätzen und binden ihre Energie dadurch, nicht an Verhaltensweisen zu denken, verfängliche Situationen rechtzeitig zu erkennen, um ihnen dann noch ausweichen zu können, etc..

Das Fatale ist jedoch, daß es in dem Augenblick schon zu spät ist, wenn sie die Situation schließlich erkennen, weil sie dann schon „mitten drin" sind und das in ihnen vorhandene Programm dann schon abläuft. Genauso unmöglich ist es für Menschen, nicht an bestimmte Dinge zu denken, weil sie – wie im übrigen auch kein anderer Mensch – nicht nicht denken können.

Negationen sind für uns Menschen nicht vorstellbar; wir können der Aufforderung, nicht an einen „grünen Elefanten" zu denken, nur dadurch Folge leisten, indem wir uns zunächst einen grünen Elefanten vorstellen, an den wir dann befehlsgemäß nicht denken wollen; um uns zu erinnern, woran wir nicht denken sollen, denken wir an besagten grünen Elefanten, den wir dann schleunigst wieder „vergessen", um sofort wieder daran zu denken, daß wir den grünen Elefanten ja vergessen sollen, um uns wiederum daran zu erinnern, daß ... .

Gregory BATESON hat für ausweglose Konfliktsituationen den Ausdruck *„double bind"* geprägt, der am treffendsten wohl mit

---

eins zu neun Teilen deutlich machen, daß die internalen Erfahrungen bei weitem überwiegen. Es handelt sich hier nicht – wie wiederholt in der Literatur mißverstanden – um empirische Daten.

38 STAHL 1989, S. 194.

„Beziehungsfallen" übersetzt werden kann. In gewisser Weise trifft das Double-Bind-Verständnis auch den Kern obiger Situation.

Die Double-Bind-Theorie befaßt sich – kurz gesagt – „mit der Erfahrungskomponente bei der Entstehung von Verwirrungen unter den Regeln und Prämissen der Gewohnheit"[39], d. h. sie beschäftigt sich mit dem offensichtlichen und ausweglosen Widerspruch zwischen zwei Verhaltensweisen, Denkgewohnheiten etc.. Dabei sind sowohl interpersonale Beziehungsfallen (= Konflikte zwischen zwei und mehr Menschen) als auch intrapersonale Beziehungsfallen (= Konflikte zwischen zwei und mehr unvereinbaren Glaubenssätzen innerhalb eines Menschen) denkbar.

Eine Lösung dieser Konflikte ist in der vierten Grundannahme angelegt. Eine Versöhnung läßt sich in der Regel dadurch herbeiführen, daß man sich auf die *Suche nach einer Meta-Ebene* begibt, d. h. nach einer Ebene, die beide gegensätzlichen Pole in sich als Elemente enthält und dadurch das Gemeinsame bzw. Übergreifende beider Symptome, Aussagen, Glaubenssätze oder Verhaltensweisen herausstellt. Das „Konzept des sekundären Gewinns" will vor allem dem Pol zu seinem Recht verhelfen, der als vermeintlich „negativer Pol" nicht angemessen von dem betreffenden Menschen gewürdigt wird.

Im NLP wird dieses Vorgehen damit begründet, daß „jedes Symptom, das ein Mensch hervorbringt und jede Verhaltensweise, die er an den Tag legt, (das Bestmögliche ist), was er kreieren kann – gemessen an dem Bewußtseinsstand, in dem er sich gerade befindet"[40].

Eine Würdigung des „ungeliebten Poles" verbindet sich dabei mit der Suche nach dem „sekundären Gewinn", den dieser im Unbewußten verborgene Teil für die betreffende Person erzeugt hat bzw. noch erzeugt. Auf diesem Wege werden oftmals unvereinbare Gegensätze neu überdacht und eine Erklärung für eine bestimmte Verhaltensweise offenbart. In diesem Punkt treffen sich – wie schon gezeigt – alle Grundannahmen, indem mittels des NLP in einem Menschen ein Prozeß angestoßen wird, eine systematische Verän-

39 BATESON 1988, S. 359.
40 RABA 1988, S. 46.

derungsarbeit eingeleitet wird, die gleichermaßen Vergangenheit, Gegenwart und Zukunft umgreift.

5 Begriffliche Grundlagen des NLP

5.1 Hinweise zum weiteren Vorgehen

Der Versuch einer beschreibenden Rekonstruktion eines NLP-Grundmodells soll in mehreren Etappen erfolgen. In diesem Abschnitt geht es zunächst einmal darum, die wichtigsten Fachausdrücke zu erläutern, um bei der weiteren Beschreibung eine gemeinsame Sprache zur Verfügung zu haben.

Der durch die Begriffe aufgespannte Verständnisrahmen basiert in erster Linie auf den Werken von Richard BANDLER und John GRINDER, deren Bücher auch aus heutiger Sicht immer noch die wichtigsten Veröffentlichungen im NLP darstellen. Erst in zweiter Linie werden ergänzend Werke von NLP-Vertretern der zweiten und dritten Generation hinzugezogen.

Die nachfolgenden Kapitel 6 und 7 dienen dann der inhaltlichen und methodisch-didaktischen Ausformung des NLP-Modells; das Kapitel 8 wird sich mit den Fragen der empirischen Überprüfung des NLP und eng damit verbunden der häufig geäußerten Kritik am NLP-Konzept auseinandersetzen.

5.2 Entwicklung eines begrifflichen Rahmens

BANDLER und GRINDER haben viel Wert darauf gelegt, eine eigene Fachsprache zu etablieren, um ihre Aussagen deutlicher von anderen Ansätzen abgrenzen zu können; diese bewußt herbeigeführte Abgrenzung steht jedoch im Widerspruch zu ihrer ursprünglichen Absicht, keine eigene Therapierichtung gründen zu wollen, sondern ihren Modellansatz lediglich als integrativen Baustein im Rahmen anerkannter Therapierichtungen zu empfehlen[1]. Wenn ihre Absicht jedoch in einer Integration bestanden hätte, wäre dann nicht eine Anbindung an dort verwendete Begriffe sinnvoll und unerläßlich gewesen?

---

1 vgl. dazu BANDLER/GRINDER 1984, Rückseite des Einbandes.

So haben die Autoren aber mit ihrer Vorgehensweise von vornherein gewisse Einstiegsbarrieren zum Verständnis des NLP-Modells geschaffen, die diesem Konzept anfänglich den „Ruch des Geheimnisvollen" eingetragen haben. Angesichts dieser Entwicklung stellt sich die Frage, ob die neu eingeführte Terminologie nicht eher aus werbetechnischen Gründen (z. B. Exklusivität des Produkts „NLP") und weniger aus zwingender Notwendigkeit entstanden ist?

Festhalten läßt sich jedenfalls, daß aus heutigem Verständnis manche der mit der ursprünglichen Begriffsexplikation verbundenen Zielsetzungen und Einsichten der NLP-Väter als verwirrend zu werten sind. Da sich aber deren Terminologie mittlerweile durchgesetzt hat, erscheint es ratsam, sich zumindest bei den wichtigsten Begriffen auf einen gemeinsamen inhaltlichen Nenner zu einigen. Im folgenden ist eine Auswahl getroffen worden, die relevante NLP-Begriffe mit Blick auf pädagogische und kommunikative Sachverhalte hin interpretiert.

Um den Aspekt der lebendigen Veränderung, der allen NLP-Interventionstechniken innewohnt, nachhaltig zu unterstreichen, sei – wo irgend möglich – die Verlaufsform (Tätigkeitsform) bei der Begriffsnennung bevorzugt. Leslie CAMERON-BANDLER hat die Unterscheidung vom Substantiv „Beziehung" als abgeschlossenes Produkt zum Verb „sich beziehen" als veränderbaren Prozeß eingeführt[2].

Jeder der nachfolgenden Begriffe steht demnach für einen bestimmten, veränderbaren Aspekt und für eine Vielzahl sich daran orientierender Interventionstechniken. Jeder Begriff weist auf Mittel und Wege hin, wie man sich in einer konkreten Situation zieladäquater und damit flexibler verhalten könnte.

Aufgrund der knappen Darstellungen sei der innere Zusammenhang der Begriffe in einer Übersicht vorangestellt.

2 vgl. CAMERON-BANDLER 1983, S. 33.

Methoden des NLP	Pacing	Assoziieren	Leading
	Überlappen	Dissoziieren	Future Pacing
	Kalibrieren	Ankern	Reframing
		Rapport und Kongruenz	
System-einheit	Wahrnehmen	Festhalten	Verändern
	Repräsentieren		Kommunizieren

Abbildung 2: Kategorisierung der erläuterten Begriffe nach den Tätigkeitsschwerpunkten Wahrnehmen, Speichern und Verändern.

5.2.1 Rapport (guter Kontakt)

Rapport ist im NLP der Oberbegriff für alle Maßnahmen, mit denen es gelingt, eine gute Grundlage, einen guten Draht für die zwischenmenschliche Kommunikation herzustellen, beständig zu erhalten und schließlich auch einen guten Abschluß herbeizuführen.

„Wenn zwei Menschen die Absicht hegen, Informationen auszutauschen oder einseitig zu übermitteln, so geschieht dies nicht ohne automatisierte Initial-Riten: Händedruck, Blickkontakt, Lächeln, Auf-die-Schulter-Klopfen, ... Damit wird (buchstäblich) der Kanal eingeschaltet, auf dem die Informationen fließen sollen (= Rapport hergestellt)“[3]. Genauso werden während eines Gesprächs mit Hilfe kleiner Signale laufend die Qualität des Rapports überprüft und schließlich durch Verabschiedungs-Rituale der Kontakt beendet.

3 MARWITZ 1985, S. 26.

Rapport geschieht gleichzeitig auf allen Ebenen, auf denen miteinander kommuniziert wird, d. h. es sind sowohl emotional-affektive als auch intellektuelle, sowohl bewußte als auch unbewußte Prozesse, sowohl verbales als auch nonverbales Verhalten beteiligt[4].

Was im einzelnen als „guter Kontakt" angesehen werden kann, läßt sich am oben genannten alltäglichen Sachverhalt beschreiben: Wenn Menschen miteinander kommunizieren, dann stimmen sie sich unbewußt in ihrem Verhalten aufeinander ein; das von ihnen erreichte Maß an Synchronizität, Harmonie und Rhythmus stellt dabei einen praktikablen Maßstab für die Güte ihrer Kommunikation dar[5].

Bei einer funktionierenden Kommunikation ist ein hohes Maß an Harmonie in den Bewegungen und Ausdrucksformen erkennbar, bei einer schlechten kommunikativen Grundlage klafft ein sichtbarer Graben zwischen den Gesprächspartnern, der sich auch äußerlich in asynchronem Verhalten wiederspiegelt. Man beobachte einmal unter diesem Gesichtspunkt sich verstehende und sich streitende Paare.

Im NLP wird diese unbewußt ablaufende „Bewertung" der aktuellen Kommunikation nun in effektive Strategien umgewandelt (instrumentalisiert), indem

- eine Fein-Wahrnehmung der Verhaltensäußerungen des Gegenübers vorgenommen wird (siehe Kalibrieren),
- das eigene Verhalten dem des Kommunikationspartners angeglichen und damit äußerlich eine gemeinsame Grundlage geschaffen wird (siehe Pacing);
- schließlich kann gegebenenfalls auch der aufgebaute Gleichklang gezielt durchbrochen werden – dokumentiert durch abweichende Verhaltensäußerungen, z. B. Wechsel der Sitzposition, Sitzhaltung –, um zu prüfen, inwieweit der Gesprächspartner nunmehr bereit ist, den ihm vorgeschlagenen neuen Weg mitzugehen, indem er seine eigene Körperhaltung entsprechend der veränderten Lage anzugleichen trachtet (siehe Leading).

---

4 vgl. CAMERON-BANDLER 1983, S. 62.
5 vgl. STAHL 1989, S. 77.

5.2.2 *Kongruenz*

Ein kongruentes Verhalten zeigen, ist ein erklärtes Ziel im NLP. Dieses Ziel ist dann erreicht, wenn alle Verhaltensäußerungen eines Menschen in einer gegebenen Situation zu einer einzigen, in sich schlüssigen Aussage verdichtet werden können. Eine kongruent vorgetragene Botschaft wirkt auf andere überzeugend, sie wird eher akzeptiert werden und zugleich auch vertrauensbildende Prozesse in Gang setzen[6].

Viele Menschen sind sich der Widersprüchlichkeiten in ihren Verhaltensäußerungen nicht bewußt und damit auch nicht der Belastungen, die sie dadurch in Situationen hineintragen und die eine Kommunikation mit ihnen sehr beschwerlich macht; denn der Gesprächspartner muß sich bei inkongruenten Botschaften „aussuchen", auf welche der Äußerungen er reagieren möchte bzw. aus seiner Sicht reagieren muß. Und oft antworten Menschen dann anders als es von ihnen erwartet wird. Diese Erfahrung schlägt sich in einem allgemeinen Grundsatz der Kommunikation, der auch ein Leitsatz des NLP ist, nieder: „Die Bedeutung deiner Kommunikation ist die Reaktion, die du bekommst, nicht die Absicht, die du im Sinn hast"[7].

Zum Beispiel zeigt sich ein inkongruentes Verhalten, wenn jemand angelehnt auf seinem Stuhl sitzt, die Beine übereinandergeschlagen hat und brüllt: „Ich bin wütend!" oder wenn eine Mutter ihr Kind, welches gerade eine teure Vase zerbrochen hat, mit den Worten zurechtweist: „Da hast du ja etwas Schönes angestellt!"

Nach Ansicht von BANDLER und GRINDER beruht inkongruentes Verhalten darauf, daß sich mindestens zwei unterschiedliche Weltmodelle (= gespeicherte, früher gemachte Erfahrungen) gleichzeitig im Verhalten eines Menschen ausdrücken wollen. Die Weltmodelle sind dabei in der Regel in verschiedenen Repräsentations-

---

6 Andererseits würde eine vollkommene Aufklärung und damit auch Kongruenz den situativen Reiz und das „Geheimnis" von Persönlichkeiten, die auch in Mißverständnissen und Widersprüchlichkeiten verborgen liegen, unterbinden. Hier geht es daher nicht um technische Perfektion, sondern um ein vertretbares Maß an „guter Kommunikation".

7 STAHL 1989, S. 95.

systemen (Sinnesmodalitäten) vorhanden und dadurch der betreffenden Person oft nicht bewußt:

„Da jeder von uns die Möglichkeit hat, seine Erfahrung in verschiedenen Repräsentationssystemen zu organisieren, taucht die Frage auf, ob diese Repräsentationssysteme nicht nur unterschiedliche Informationsarten sondern auch unterschiedliche Modelle der Welt für dieselbe Person aufweisen"[8].

Zur weiteren Erläuterung ihres Erklärungsansatzes der Kongruenz greifen sie auf den Kommunikationsansatz von BATESON und WATZLAWICK, ferner auf Virginia SATIRs Kategorien des nonverbalen Verhaltens und auf ihr eigenes Meta-Modell der Sprache zurück.

BATESON und WATZLAWICK haben die Kommunikation in einen Inhaltsaspekt (= alle verbalen/digitalen Botschaften) und in einen Beziehungsaspekt (= alle nonverbalen/analogen Botschaften) zerlegt; weiterhin gehen sie davon aus, daß bei auftretenden Differenzen oder Inkongruenzen in der Kommunikation der Beziehungsanteil als der gewichtigere anzusehen ist[9].

BANDLER und GRINDER modifizieren BATESONs Modell und sprechen demgegenüber nicht nur von zwei, sondern von „multiplen Botschaften", d. h. sie ordnen jedem Outputkanal mindestens eine Botschaft zu, und bewerten ferner jede Botschaft als gleichwertig anzusehende Repräsentation der Erfahrung eines Menschen, d. h. es gibt bei ihnen keine Über- bzw. Unterordnung einer Botschaft über/unter einer anderen[10].

Den Rahmen für ihre Strategie zum Umgang mit Inkongruenzen haben sie der Gestalttherapie entnommen; im einzelnen sind drei Phasen zu durchlaufen, nämlich

- die Identifikation der Inkongruenzen,
- das Ordnen der Inkongruenzen auf zwei Polaritäten hin und
- die Integration der Inkongruenzen.

---

8 GRINDER/BANDLER 1982, S. 38.
9 vgl. WATZLAWICK 1988, S. 19; WATZLAWICK u. a. 1980, S. 53 ff..
10 vgl. GRINDER/BANDLER 1982, S. 42 ff.; vgl. Abbildung 3.

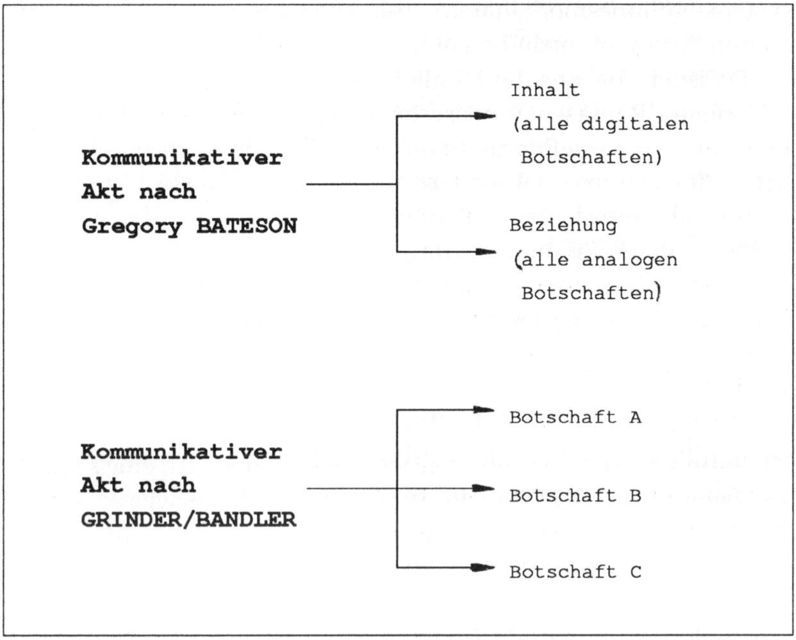

Abbildung 3: Vergleich der Terminologie BATESONs mit der von BANDLER und GRINDER verwendeten Terminologie.

„Integration (als Ziel des Ganzen) ist ein Prozeß, durch den der (betreffende Mensch) ein neues Modell der Welt kreiert, das beide Modelle, die vorher inkompatibel waren, so einschließt, daß sie koordiniert sind und gut zusammenarbeiten, also beide so zusammenwirken, daß sie dem (Menschen) ermöglichen, im Leben das zu bekommen, was er möchte"[11].

Das Konzept des Identifizierens kongruenter bzw. inkongruenter Verhaltensäußerungen spielt – wie beschrieben – schon von Anfang an eine bedeutende Rolle im NLP-Konzept[12]. Denn es gibt kein

11 GRINDER/BANDLER 1982, S. 53.
12 vgl. BANDLER/GRINDER 1984, S. 200 ff.; GRINDER/BANDLER 1982, S. 35 ff..

vergleichbares Begriffspaar im NLP-Konzept, welches so nachhaltig und stringent das Erfassen der personalen Ganzheit des beobachtbaren Verhaltens fordert und fördert; methodisch geschieht dies durch ein vergleichendes Abwägen gegensätzlicher (inkongruenter) Botschaften eines Menschen und verhindert auf diesem Wege das Überbewerten von etwaigen Einzelfaktoren, ein Fehler, den u. a. nahezu alle deutschsprachigen empirischen Untersuchungen zum NLP begangen haben[13].

5.2.3 Rapport und Kongruenz

Mit Rapport und Kongruenz sind die Leitmaximen für eine Prozeßbeobachtung im NLP beschrieben worden. Beide weisen in die gleiche Richtung, nämlich auf einen Zuwachs an Stimmigkeit und Harmonie hin, und setzen dennoch auch verschiedene Akzente:

- Während mit Kongruenz die *intra*personale Stimmigkeit gemeint ist, d. h. der Prozeß des Zusammenwachsens verschiedener Teile einer Person zu einem harmonischen und entwicklungsfähigen Ganzen,
- bezieht sich Rapport auf die *inter*personale Stimmigkeit, d. h. auf den Prozeß des Einrichtens und Haltens einer tragfähigen Beziehung, eines „guten Drahts" zu anderen Menschen.

Es dürfte keiner weiteren Erläuterung mehr bedürfen, daß trotz der unverkennbar verschiedenen Akzentsetzungen beide Aspekte untrennbar zusammengehören und ein Entwicklungsprozeß nur mit beiden Begriffen hinreichend eingeleitet und beschrieben werden kann. Die nachfolgenden Tätigkeiten bzw. Techniken erhalten gleichfalls ihre Einordnung durch den mit Rapport und Kongruenz abgesteckten Verständnisrahmen.

13 vgl. dazu Kapitel 8.

5.3 Wichtige Methoden im NLP

5.3.1 Kalibrieren (Sich-Einstellen, Sich-Eichen)

Kalibrieren ist der Ausdruck für die Tätigkeit (den Prozeß) des sensorischen Feineinstellens auf die Verhaltensäußerungen seiner Mitmenschen: „Jedermann weiß", so schreibt Klaus MARWITZ, „daß er, um einen bestimmten Rundfunksender empfangen zu können, sein Empfangsgerät auf die gleiche Wellenlänge einstellen muß, mehr noch, um die höchste Empfangsqualität zu erreichen, muß er eine sehr präzise Einstellung anstreben. Ist diese Binsenweisheit des technischen Zeitalters übertragbar auf den menschlichen Bereich? Ganz bestimmt. Es ist zwecklos, sich mit einem taubstummen Menschen auf akustischem Wege unterhalten zu wollen, für einen Blinden stellt eine Lichtampel keine brauchbaren Signale zur Verfügung"[14].

Die Schlußfolgerung aus diesem Bild liegt auf der Hand: Informationen müssen sinnesspezifisch übertragen, empfangen und verarbeitet werden. Und je besser eine „sensorische Scharfeinstellung" gelingt, umso differenzierter und damit qualitativ hochwertiger werden die Informationen sein, die verarbeitet werden können. Beispiele für die großartigen sensorischen Fähigkeiten des Menschen gibt es zuhauf: Selbst in akustisch so hochgespannten Situationen wie auf einer Party oder inmitten einer lärmenden Menge im Fußballstadion kann man die Worte ziemlich weit entfernter Personen verstehen, wenn man sich etwas auf diese Personen hin konzentriert.

Es gilt demnach, sämtliche zur Verfügung stehenden sinnlichen Möglichkeiten auszuschöpfen, um eine umfassende und situationsadäquate Zustandsbeschreibung zu erhalten, diese innerlich zu speichern, um sie gegebenenfalls wiedererkennen zu können, wenn der gleiche Zustand später wieder auftritt. Thies STAHL hat dazu den Sammelbegriff „Physiologie" für die Gesamtheit aller wahrnehmbaren körperlichen Ein- bzw. Ausdrücke geprägt[15].

---

14 MARWITZ 1985, S. 24.
15 vgl. STAHL 1989, S. 17 f..

Das Kalibrieren wird ferner noch so verstanden, daß möglichst das angesprochen wird, was wirklich wahrnehmbar ist (z. B. eine blasse Gesichtsfarbe, leicht gerötete Augen, Schweißperlen auf der gerunzelten Stirn, rote Ohren) und nicht – vorschnell – nur Interpretationen der Wahrnehmungen vorzunehmen (z. B. er/sie befindet sich wohl im Streß bzw. er/sie ist aufgeregt).

5.3.2 Pacing (Spiegeln)

Das Pacing, auch Matching oder Mirroring genannt, schafft die Grundbedingungen für einen guten Rapport. Mit Hilfe dieses Musters wird gezielt versucht, sich in die „Realität", in das „Weltbild" des anderen hineinzubegeben, indem eigene Verhaltensmuster – genauer: Elemente des eigenen Verhaltens – dem wahrgenommenen Verhalten des Gegenübers angeglichen werden. Mit dieser Methode soll eine gute Kommunikationsbasis durch Gleichklang und Harmonie im Verhalten zum Gesprächspartner geschaffen werden.

Es dürfte ohne weiteres verständlich sein, daß es so viele Möglichkeiten des Pacing gibt wie Ausdrucksformen im menschlichen Handeln existieren; d. h., sowohl sämtliche analogen (nonverbalen) Kommunikationsformen als auch die digitale (verbale) Kommunikation stehen als mögliche Ansatzpunkte zur Verfügung.

- Im verbalen Bereich geschieht eine Angleichung, indem man sich im Sprachniveau, in der Wortwahl, in der Verwendung sinnesspezifischer Prädikate etc. auf die Sprach- und Vorstellungsebene des jeweiligen Kommunikationspartners begibt (siehe auch die Stichworte Repräsentationssystem, Referenzsystem).
- Im nonverbalen Bereich eröffnen sich dem versierten Anwender sogar noch weiterführende, wesentlich subtiler wirkende Möglichkeiten, da man hier nicht wie im verbalen Bereich nur direkt, sondern auch indirekt zu spiegeln vermag:
  - Ein direktes nonverbales Pacen erfolgt dann, wenn Körperhaltung, Sitzposition, Bewegungen etc. denen des Gesprächspartners angeglichen werden,

- ein indirektes nonverbales Spiegeln (auch „Überkreuz-Spiegeln" genannt) liegt dann vor, wenn nicht mit den gleichartigen körperlichen Ausdrucksmitteln auf Gleichklang und Harmonie Einfluß genommen wird, sondern z. B. mit den eigenen Fußbewegungen andere nonverbale Verhaltensweisen des Gesprächspartners, z. B. dessen Atemrhythmus, gespiegelt wird.

Obwohl sich diese Verhaltensweisen oft auf einer, dem Gesprächspartner nicht bewußten Kommunikationsebene abspielen, sind die daraus resultierenden Wirkungen für eine gute Kommunikation als sehr effektiv und tiefgreifend zu bezeichnen[16].

Die regulative Funktion der Kongruenz ist insofern für ein überzeugendes Pacing wichtig, da dieses nur gelingen kann und effektive Langzeitwirkung zeitigt, wenn die dargebotenen Verhaltensweisen zu einem Menschen „passen", mit dessen Persönlichkeitsstruktur, mit dessen sonstigen Anschauungen übereinstimmen. Mit „Tricks", mit einem „aufgesetzten Verhalten" vermag man nur kurze Zeit zu blenden; sobald aber der Gesprächspartner diese Taktiken durchschaut hat, wird er sich als auf den Arm genommen fühlen, das Vertrauen verlieren und einen weiteren Ausbau der Beziehung blockieren, gegebenenfalls sogar (zu Recht) den Kontakt abbrechen.

Auch hier ist also wieder das sensible Wechselspiel von Rapport und Kongruenz in der Entwicklung, Einübung und Anwendung von NLP-Methoden zu beachten.

5.3.3 Leading (Führen)

Das Ziel eines guten Rapports könnte es sein, in einem zweiten Schritt dem Gesprächspartner neue Alternativen im Denken und Handeln aufzuzeigen und ihn von deren Notwendigkeit zu überzeugen, d. h. gewissermaßen nunmehr aus einer harmonischen Ausgangssituation heraus eine neue Richtung einzuschlagen und den Gesprächspartner dazu zu bewegen, diese gleichfalls mitzuma-

16 vgl. BANDLER/GRINDER 1981, S. 101.

chen, um keinen Harmonieverlust entstehen zu lassen[17]. Die Beachtung und der gezielte Einsatz nonverbaler Verhaltensäußerungen kann beim Leading den verbal-inhaltlichen Aspekt nachhaltig und effektiv unterstützen.

Pacing und Leading sind vor allem im beruflichen pädagogisch-didaktischen Komplex äußerst wichtige Strategien, da es ohne weiteres möglich ist, sämtliche kommunikativen Tätigkeiten, d. h. Lehren, Führen, Beraten, Verkaufen etc. mit Hilfe dieses Instrumentariums zu beschreiben und eine Verbesserung zu erreichen.

Um die vorige Aussage auf das Bild des Lehrers zu übertragen: Der Lehrende sollte – als Forderung – nicht unkontrolliert beeinflussen, sondern sich seiner Wirkungen auf andere Menschen, seines Rapports zu den Lernenden bewußt sein; denn nur auf einer funktionierenden und tragfähigen Grundlage können erfolgversprechend Lehr-Lerninhalte von einer Person zur anderen transportiert (vermittelt) werden.

5.3.4 Overlapping (Überlappen)

Das Überlappen stellt eine wichtige linguistische Variante des Pacing und Leading dar. Hierbei geht man zunächst in das Sprachsystem (siehe Repräsentationssystem), welches der Gesprächspartner mit seinen Prädikaten anzeigt[18]. In der Regel ist dies das von der betreffenden Person bevorzugte System. Sobald man über diese spezifische Modalität einen guten Kontakt hergestellt hat, kann man anschließend in andere Sprachsysteme überwechseln und den Gesprächspartner selbst darin trainieren, es auch zu versuchen[19].

Im NLP geht man davon aus, daß die einzelnen sinnlichen Wahrnehmungen immer ganzheitlich miteinander verwoben sind und daher natürliche Schnittpunkte zwischen den einzelnen Sinnesmodalitäten (siehe Submodalitäten) existieren, die ein Überlappen, ein Ausdehnen der ursprünglichen Repräsentationen auf andere Sin-

17 vgl. BIRKENBIHL u. a. 1987, S. 63.
18 siehe auch Zugangshinweise: visuell, auditiv, kinästhetisch; siehe auch Pacing.
19 siehe Leading; – vgl. BANDLER/GRINDER 1981, S. 63.

nesmodalitäten erst ermöglichen. Zur Verdeutlichung sei ein Beispiel angeführt:

„(Als stark visueller Mensch) beginnt dieser Prozeß, indem Sie sich ein Bild z. B. von einem Baum oder einer Baumgruppe machen. Sobald Sie die Bäume klar vor sich sehen können, sobald Sie die Farb- und Formabstufungen der Blätter und Zweige sehen, dann – und erst dann – sind Sie imstande, allmählich den Bewegungen des sanften Raschelns und Wiegens der Blätter und Zweige inne zu werden. Während Sie beobachten, wie sich Zweige und Blätter wiegen, können Sie allmählich das Geräusch der sanften Brise hören, die leicht durch die Bäume streicht und die Blätter rascheln läßt. Und während Sie darauf lauschen, wie die Brise vorbeiflüstert, können Sie allmählich ihre Kühle, wie sie an Ihrem Gesicht vorbeistreicht, spüren. Sie empfinden diese Kühle auf Ihrem Gesicht und können dann die Frische der Brise riechen, wie sie den Duft der Bäume zu Ihnen hinüberweht"[20].

Das Überlappen ist für sich allein gesehen schon ein wichtiger Baustein, wird aber gerne und oft auch mit anderen Elementen kombiniert. Mit dieser Methode können Ziele wie eine ganzheitliche Wahrnehmung bei gleichzeitiger Entwicklung bisher vernachlässigter Repräsentationssysteme oder ein erheblicher Flexibilitätszuwachs im sprachlichen Ausdruck angesteuert werden.

5.3.5 Ankern (Anchoring)

Ankern ist eine absichtlich herbeigeführte Reiz-Reaktions-Konditionierung. Sie unterscheidet sich nach Ansicht von BANDLER und GRINDER in drei Punkten vom klassisch-behavioristischen Konditionieren[21]:

1. Auch Initialerfahrungen können als Anker fungieren (Prinzip des „one trial learning"),
2. Verstärkungen werden nicht als notwendige Voraussetzungen für die Etablierung von Ankern angesehen und

20 vgl. CAMERON-BANDLER 1983, S. 87 f..
21 vgl. DILTS u. a. 1985, S. 134.

3. innere Erfahrungen (kognitives Verhalten) stehen gleichberechtigt neben den äußeren (meßbaren) Reaktionen.

Der Prozeß des Ankerns findet laufend statt: „Wir ankern unbewußt alles, was aufbewahrenswert scheint, manchmal jedoch auch Dinge, die man lieber vergessen würde. Dieses Ankern läßt sich natürlich auch bewußt und absichtsvoll einsetzen. Souvenirs sind sichtbare Anker, vielleicht für einen ganzen Urlaub, ebenso Photos und Dias“[22].

Anker können grundsätzlich in jeder Sinnesmodalität eingerichtet werden, d. h.
- visuell, z. B. Gesichtsausdrücke und Gesten,
- auditiv, z. B. Stimmführung und Sprechtempo,
- kinästhetisch, z. B. Berührungen,
- olfaktorisch und gustatorisch, also Gerüche und Geschmäcke;

in gleicher Weise sind innere Bilder, Geräusche und Klänge, Gerüche und Gefühle auch Anker für andere Erfahrungen[23].

Klaus MARWITZ verdeutlicht die tiefgreifende, oft auch unvermittelt einsetzende Wirkung des Ankerns an einem Beispiel aus dem alltäglichen Leben: „Ein winziger Hauch von Kaffeeduft irgendwo im Büro, in einem Kaufhaus, löst bildliche und geschmackliche Erinnerungen aus, vielleicht an den gedeckten Frühstückstisch oder an ein gutes Gespräch in einem Cafe, wobei Sie in Gedanken vorübergehend durch das ganze innere Bild gehen können“[24].

Das vielleicht allgemeinste Ankersystem stellt die natürliche Sprache dar. Geschriebene Worte sind visuelle Anker für innere Repräsentationen aus der sinnlichen Erfahrungswelt des Lesers. Um einem Symbol, wie z. B. dem Wort „Hund“ einen Sinn zu unterlegen, müssen Erfahrungen aus der Erinnerung hervorgehoben werden, z. B. an das Bild eines bestimmten Hundes (visuell), an sein Gebell (auditiv), an das Gefühl der Hände auf dem Fell (kinästhetisch), an den Geruch des Fells (olfaktorisch) etc.[25].

Das Ankern bietet nahezu unbegrenzte Anwendungsmöglichkeiten, die bisher noch kaum in ihrer vollen Bandbreite ausgeschöpft

---

22 MARWITZ 1985, S. 26.
23 vgl. DILTS u. a. 1985, S. 135.
24 MARWITZ 1985, S. 26.
25 vgl. DILTS u. a. 1985, S. 134 f..

worden sind. Bei der Anwendung unterscheidet man zwischen Selbst-Ankern und Fremd-Ankern und zwischen offenem und verdecktem Ankern:

- Die Möglichkeiten beim Selbst-Ankern reichen vom „Freundschaftsband" oder Photo der geliebten Frau auf dem Schreibtisch über den Knoten im Taschentuch als einfache Gedächtnisstütze bis hin zu bewußt hergestellten assoziativen Verbindungen zu verborgenen Kraftquellen (Zugang zu den eigenen Ressourcen, ausgelöst etwa durch eine Berührung am Unterarm).
- Die Technik des Fremd-Ankerns kann als „Hilfe zur Selbsthilfe" verstanden werden, indem dem Gegenüber Zugangswege zu dessen Ressourcen eröffnet werden können, die dieser unter Umständen aus seiner Perspektive heraus gar nicht entdeckt hat bzw. die dieser für unerreichbar hielt. Das Fremd-Ankern kann – je nach vorliegender Bezugsstruktur (reference structure), d. h. je nach Kontext, Situation, Problemstellung und Zielsetzung[26] – offen oder verdeckt geschehen, d. h., ob der Gesprächspartner das Ankern bemerken oder nicht bemerken soll.

Dabei ist zu beachten, daß zwar grundsätzlich in allen Repräsentationssystemen geankert werden kann, der verdeckte Einsatz der besonders wirkungsvollen kinästhetischen Anker jedoch oft nur sehr schwierig gelingen kann, z. B. durch zufällig scheinende Berührungen[27]. Dazu bedarf es in der Regel aber einer gewissen Vertrautheit zwischen den beteiligten Personen. Unter Umständen verbietet auch die Art der Verbindung zwischen den Personen die Anwendung kinästhetischer Anker. Dies dürfte z. B. oft bei Lehrer-Schüler- oder Vorgesetzten-Untergebenen-Verhältnissen der Fall sein. Eine zusätzliche Komponente kommt durch das Geschlecht der Gesprächspartner in die Kommunikation, da kulturelle und sittliche Maßstäbe den Verhaltensspielraum des einzelnen erheblich einschränken. Daher sollte mit diesem Instrument sehr verantwortungsbewußt und flexibel umgegangen werden[28].

---

26 vgl. BANDLER/GRINDER 1984, S. 181 ff..

27 Eine Ausnahme dürfte der Händedruck als kulturell akzeptiertes Begrüßungsritual sein.

28 vgl. dazu die nicht empfehlenswerte Vorgehensweise bei NAGEL u. a. 1989.

BANDLER und GRINDER geben den Rat, daß ein verdeckter Anker wesentlich einfacher und erfolgversprechender in dem Repräsentationssystem gesetzt werden kann, welches nicht das bevorzugte des Kommunikationspartners ist[29]. Entscheidend für jegliche Form des Ankerns ist aber in jedem Fall, daß dies in kongruenter Weise, d. h. in Einklang mit den eigenen Verhaltens- und Wertmaßstäben, geschehen muß. Dies ist die Leitmaxime für ein effektives und ethisch verantwortbares Anwenden sämtlicher NLP-Methoden.

5.3.6 Assoziieren und Dissoziieren

Als besondere Variante des Ankerns können das Assoziieren und Dissoziieren verstanden werden. Bei diesen Methoden geht es darum, die Art und Weise der individuellen Erinnerungen neu zu gestalten, indem man – je nach eigener Wahl – die Betrachtungsstandorte wechselt, um so zu neuen Erkenntnissen zu gelangen[30].

- Assoziieren bedeutet dabei, in der eigenen Erinnerung zurückzusteigen und die Erfahrung noch einmal mit den eigenen Augen und dem eigenen Körper zu durchleben, d. h. zu sehen, was es damals zu sehen gab, zu hören, was es zu hören gab und die damaligen Gefühle noch einmal zu empfinden.
- Dissoziieren bedeutet demgegenüber, das Erinnerungsbild nicht mit den eigenen Augen, sondern aus einem beliebigen anderen Blickwinkel zu sehen, d. h. als Beobachter das damalige Szenario noch einmal zu verfolgen. Durch das Dissoziieren erfolgt vor allem eine Loslösung von den mit dem Erlebnis verbundenen Gefühlen[31].

Die Nutzanwendungen aus den beiden Mustern sind eng damit verbunden, wie man sich an wenig angenehme und an angenehme Erlebnisse erinnert. Es geht hier nicht um ein „Vergessen“, sondern darum, positive und motivierende Erfolgserlebnisse immer wieder neu erleben zu können, um daraus für die Gegenwart neue Motiva-

29 vgl. BANDLER/GRINDER 1981, S. 131.
30 vgl. BANDLER 1987, S. 54.
31 vgl. CAMERON-BANDLER 1983, S. 110.

tion und Kraft schöpfen zu können; demgegenüber wird die Fähigkeit entwickelt, sich von negativen und demotivierenden Mißerfolgen distanzieren zu können, indem man durch die Beobachterrolle einen Abstand zu ihnen gewinnt, um aus mißlichen Situationen zwar sachliche Schlüsse und Erkenntnisse für die Gegenwart und Zukunft ziehen zu können, aber nicht mehr erneut emotional in diese Erlebnisse hinein- und von ihnen heruntergezogen zu werden[32].

Leider läßt sich im Lernverhalten vieler Menschen nur selten die hier beschriebene Erfolgsstrategie nachweisen, die zu Neugier, Selbstvertrauen und positiver Lerneinstellung verhilft; manche Menschen tendieren eher dazu, sich eine gegenteilige Mißerfolgsstrategie anzueignen und so einen sich verstärkenden, negativen Teufelskreislauf aufzubauen. Gerade im pädagogisch-didaktischen Raum sind sicherlich viele Ansatzpunkte zu finden, bei denen die Techniken des Assoziierens und Dissoziierens zu einer konstruktiven Verbesserung von Lehr-Lernsituationen und von individuellem Lernverhalten überhaupt beitragen können.

In Abbildung 4 sind die Möglichkeiten des Assoziierens und Dissoziierens in einer Matrix mit den subjektiv empfundenen Wertungen von Situationen zusammengefaßt. Als generelle Verhaltensrichtlinie gilt dabei, daß man möglichst lernen sollte,

- positive Erlebnisse zu assoziieren bzw.
- negative Erlebnisse zu dissoziieren.

---

32 vgl. BANDLER 1987, S. 56.

		Subjektive Bewertung einer Situation	
		positiv	negativ
Art und Weise des subjektiv-situativen Verarbeitens	Assoziieren	Positives Assoziieren	Negatives Assoziieren
	Dissoziieren	Positives Dissoziieren	Negatives Dissoziieren

Abbildung 4: Die subjektive Bewertung einer Situation bzw. eines Ereignisses und die Methoden des Assoziierens und Dissoziierens als Ansatzpunkte zur Ausbildung einer Erfolgsstrategie.

5.3.7 Reframing (Umdeuten)[33]

Das Reframing zählt ohne Zweifel zu den grundlegenden Methoden des NLP; daher findet es in praktisch jeder einschlägigen Literaturquelle seinen Niederschlag, wie kaum eine andere Methode wurden dessen Anwendungsmöglichkeiten ausgelotet[34]. Es basiert

33 „Reframing wird oft als ‚Umdeuten' übersetzt. Da die NLP-Reframing-Prozeduren mehr als ein bloßes Umdeuten beinhalten, wird der englische Ausdruck beibehalten. Das gilt auch für das inhaltliche Reframing, obwohl hier eine Übersetzung mit ‚Umdeuten' eher gerechtfertigt wäre (Anm. d. Red.)" (ANDREAS/ANDREAS in BANDLER/GRINDER 1985, S. 13).

34 vgl. ausführlich BANDLER/GRINDER 1985; STAHL 1989.

auf einer Argumentationskette, die mehrere ineinandergreifende Glieder enthält. Als Ansatzpunkte fungieren drei Annahmen, nämlich

- „daß jedes Verhalten (ob internales oder externales), jedes Symptom und jede Kommunikation in irgendeiner Weise nützlich und sinnvoll ist“[35],
- daß Menschen grundsätzlich über alle Ressourcen verfügen, um erwünschte Veränderungen herbeiführen zu können,
- daß die einzige Realität, die Menschen jemals erfahren werden, eine subjektive Realität (ihr wahrgenommenes Bild der Welt) ist; und

als praktische Nutzanwendung aus den angestellten Überlegungen wird von den Autoren gefolgert, daß subjektive Realitäten demzufolge neu gestaltbar, veränderbar und strukturierbar sind.

Die Idee, einfach einen anderen Rahmen für ein Ereignis oder eine Verhaltensweise zu schaffen, ist keineswegs neu, sondern z. B. schon aus Fabeln und Märchen bekannt; der „Trick“ dabei liegt darin, daß bei einem Wechsel des vorgegebenen Rahmens ursprünglich festgefügte Ereignisse und Verhaltensweisen ihre Bedeutung verlieren und damit der Weg zu einer Neuorientierung und Neuinterpretation frei wird:

„Das aus der Reihe fallende Küken scheint ein häßliches Entlein zu sein, aber es erweist sich als Schwan – viel schöner als die Enten, mit denen es sich verglichen hat“. Daher ist die formale Struktur, die jedem Reframing-Modell zugrundeliegt, in ihrer Anlage sehr einfach und pragmatisch: „Man wechselt den Rahmen, in dem ein Mensch Ereignisse wahrnimmt, um die Bedeutung zu verändern. Wenn sich die Bedeutung verändert, verändern sich auch die Reaktionen und Verhaltensweisen des Menschen“[36].

Schon sehr bald haben die NLP-Entwickler erkannt, daß das Grundmodell des sogenannten Six-Step-Reframings – dargestellt in Abbildung 5 – um formale und inhaltliche Modifikationen erweitert werden muß, um seine volle Wirksamkeit zu erzielen. In Abbildung 6 ist anschließend die gegenwärtige Spannweite der Reframing-Modelle in einer Übersicht veranschaulicht:

---

35 CAMERON-BANDLER 1983, S. 119.
36 ANDREAS/ANDREAS in BANDLER/GRINDER 1985, S. 14 und 13.

- Das „inhaltliche Reframing“ wird deshalb so genannt, „weil man – anders als beim Six-Step-Reframing – den jeweiligen Inhalt kennen muß, um die Umdeutung zu bewerkstelligen“[37]. Innerhalb dieses Reframing-Modells werden je nach Problemstellung entweder die Bedeutung oder der Kontext verändert, um neue Lösungen zu bewirken.
- Das „Einfache Six-Step-Reframing“ geht von der Idee aus, daß ein „Teil“ im Menschen vorhanden ist, der etwas Bestimmtes („Unerwünschtes“) zu tun veranlaßt oder der einen Menschen davon abhält, etwas zu tun, was diese Person eigentlich tun will. „Diese (pragmatische) Form der Beschreibung (eines inkongruenten Verhaltens) hat immer etwas Richtiges, denn irgendetwas macht ja schließlich die Schwierigkeit“[38].

1. Beschreibe das unerwünschte Verhalten:

2. Nimm Kontakt auf mit dem Teil Deiner Persönlichkeit, der das identifizierte Verhalten erzeugt, z. B. in Form eines inneren Dialogs.

3. Unterscheide zwischen Intention und Verhalten: Frage den Teil, was er für Dich zu tun versucht, und sei mit Deiner Suche erst dann zufrieden, wenn Du eine positive, akzeptable Lösung gefunden hast.

4. Entwickle mit Hilfe Deines kreativen Teils Verhaltensalternativen, die die aufgedeckte Absicht ebenfalls erfüllen können.

5. Ersuche den das Problemverhalten erzeugenden Teil um seine Unterstützung bei der Umsetzung der neuen Verhaltensweisen; kopple die neuen Wahlmöglichkeiten an sensorische Reize des Problemkontextes (Future Pacing).

6. Frage nach Einwänden gegen die neuen Verhaltensalternativen; achte auf eine harmonische, ökologische Übereinstimmung im Rahmen Deiner Verhaltensmöglichkeiten.

Abbildung 5: Das Grundmodell des Six-Step-Reframing: Darstellung der Einzelschritte.

37 BANDLER/GRINDER 1987, S. 17.
38 BANDLER/GRINDER 1987, S. 61.

Die Differenzierung in fünf weitere Modelle geschieht deshalb, um durch das Einführen und Ausprobieren von anderen Voraussetzungen wiederum eine ganz neue Sicht der Dinge – einen „neuen Rahmen" innerhalb des Six-Step-Rahmens – zu erhalten und auf diesem Wege den Zugang zu Lösungen für spezifische Problemstellungen zu erreichen:

– Das Modell „Verhandeln zwischen zwei (und mehr) Teilen" versucht einen Ausgleich herzustellen zwischen verschiedenen Ansprüchen innerhalb eines Menschen, die gleichermaßen ihre Berechtigung besitzen, z. B. zwischen Arbeit und Freizeit oder zwischen Beruf und Familie (und Sport und Hobby und Fernsehen und ...).

Kriterium → 1 ↓ 2	Inhaltliches Reframing	Einfaches Six-Step-Reframing (Grundmodell)	
bezogen ... ... auf ein Individuum		Verhandeln zwischen Teilen Einen neuen Teil schaffen Fortgeschrittenes Six-Step-Reframing	Reframing zeitlich dissoziierter Zustände
... auf eine Gruppe		Reframing in Systemen	
↑ 2 → 3 Kriterium	simultan		sequentiell

Abbildung 6: Übersicht über die Reframing-Modelle.

- Das Modell „Einen neuen Teil schaffen" tritt dann auf den Plan, wenn in einem Menschen kein Teil existiert, das eine bestimmte Verhaltensweise durchführen bzw. organisieren kann. Bei diesem Reframing-Modell kommt eine Eigenschaft besonders zum Zuge, nämlich das konstruktive und innovative Zurückgreifen, nicht nur auf die personeigenen Ressourcen sondern auch auf wahrgenommene Fähigkeiten und Fertigkeiten anderer Menschen (Beobachtungslernen), die im Wege eines komplexen inneren Probehandelns integriert werden. Die enge Beziehung dieses Reframing-Modells zum mentalen (antizipativen) Lernen ist offensichtlich.
- Die Beschäftigung mit dem „Fortgeschrittenen Six-Step-Reframing" soll dazu dienen, das Reframing-Schema bei jedem Schritt variabler und flexibler zu handhaben: „Ich möchte sicherstellen, daß Sie das Reframing mit einem Verständnis für unsere langfristigen Ziele üben. Unser letztliches Ziel ist, daß diese Schemata aus Ihrem Verhalten verschwinden. Jedes Schema ist eine Krücke und kein Ersatz für 1. totale Flexibilität im Verhalten, 2. Sinneswahrnehmung und 3. das Wissen, welches Ziel man erreichen will"[39].
- Inkongruentes Verhalten kann sich einerseits simultan zeigen; das ist dann der Fall, wenn sich verschiedene, gegensätzliche Teile gleichzeitig im Verhalten einer Person begegnen und behindern. Andererseits kann inkongruentes Verhalten aber auch sequentiell stattfinden, indem z. B. bei einem Alkoholiker „der nüchterne und der betrunkene Teil so voneinander getrennt (sind), daß sie sich nicht gleichzeitig im Erleben der Person ausdrücken (können). Sie manifestieren sich in einer Sequenz: erst der eine und später der andere"[40]. Für derartige Fälle und Situationen ist das Modell „Reframing dissoziierter Zustände" entwickelt worden.

  Das hier sichtbar werdende Denken in Bipolaritäten (Wachen und Schlafen, Beruf und Freizeit, Arbeit und Kapital, Geist und Materie, Tag und Nacht, Berufsschule und Betrieb, Jugend und Alter, schwarz und weiß etc.) ist in westlichen Kulturen stark

39 BANDLER/GRINDER 1985, S. 148.
40 BANDLER/GRINDER 1985, S. 212.

ausgeprägt; dieses Reframing-Modell hilft dazu, die deutlich erkennbare Tendenz zu dualen Denksystemen zu überwinden und dadurch die Bereitschaft für das Auftreten und Akzeptieren völlig andersartiger Muster zu fördern[41].

- Das Modell „Reframing in Systemen" sprengt den bisher auf ein Individuum ausgelegten Verständnisrahmen und überprüft die Eignung des Reframing-Schemas im Blick auf komplexere Strukturen. Die Grundidee für diese Variante liefert die Erkenntnis, daß der Reframing-Erfolg für eine Einzelperson oft nur dann sichergestellt werden kann, wenn man sich mit der ökologischen Verträglichkeit mit übergeordneten Systemen, z. B. mit Familie, Ehe, Beruf, Freizeit, Schulklasse etc., auseinandergesetzt hat. Denn „Veränderungen, die für den einzelnen sehr gut sein können, können für die Familie oder Organisation, in der er existiert, katastrophal sein"[42]. Das von den Autoren zu diesem Zweck eingeführte Konzept der „zielorientierten Therapie" kann – wie die anderen Reframing-Modelle auch – grundsätzlich aus dem therapeutischen Bereich herausgelöst werden und auf andere, z. B. berufliche oder pädagogisch-didaktische Situationen und Handlungsweisen übertragen werden.

5.3.8 Future Pacing (Brückenschlagen in die Zukunft)

Das Future Pacing ist integraler Bestandteil sämtlicher NLP-Methoden, da die Ziel- bzw. Zukunftsorientierung als Abschluß und Abrundung der eingeleiteten Veränderungsprozesse immer in Fragen münden wie:

- „Wie wird es das nächste Mal sein, wenn du in die Situation kommst, ...?"[43] oder
- Was ist das erste, das ihr seht, hört oder fühlt, an dem ihr erkennen könnt, daß ihr in dem Kontext seid, in dem ihr diese neue Wahlmöglichkeit braucht?"[44].

---

41 vgl. BATESON 1988, S. 142 ff..
42 BANDLER/GRINDER 1985, S. 172.
43 STAHL 1989, S. 73.
44 BANDLER/GRINDER 1981, S. 110.

„Im wesentlichen", so beschreibt Leslie CAMERON-BANDLER treffend das Future Pacing, „(ist es der) Prozeß, der sicherstellen soll, daß die ... errungenen Veränderungen sich generalisieren und in den passenden Außenwelt-Kontexten verfügbar werden"[45].

Mit diesem Muster wird also letztlich die Ökologie – STAHL spricht deshalb auch im gleichen Atemzug vom Öko-Check – innerhalb der veränderten Systeme überprüft, um die Veränderungsarbeit nach allen nur denkbaren Seiten abzurunden.

5.3.9 Time-Line

Ein noch verhältnismäßig junges NLP-Instrument stellt das sogenannte Time-Line-Modell dar[46]. Im Rahmen dieses Modells geht es darum, sich die Zeit im allgemeinen (Lebenszeit) bzw. einen ausgewählten Zeitabschnitt (z. B. tägliche Arbeitszeit oder eine Unterrichtseinheit) als auf einer Zeitlinie abgebildet vorzustellen, auf der man – ausgehend vom Hier-und-Jetzt-Zustand – beliebig vor (in die Zukunft) oder zurück (in die Vergangenheit) wandern kann.

Die Vorzüge dieses effektiven Denkmodells bestehen darin, sich als Handelnder innerhalb der Zeit zu erleben, die Zukunft antizipieren zu können, dort auch gefahrlos verschiedene Möglichkeiten durchspielen zu können oder auch imaginative Veränderungen der „persönlichen Geschichte" (change history) als ein wesentliches Element einer aktiven Vergangenheitsbewältigung vornehmen zu können[47].

Mit Hilfe von Time-Line ist es dabei möglich, von jedem Punkt aus den relativen Bezug zur „Gegenwart" (= einem realen Standpunkt auf der persönlichen Zeitlinie) herstellen zu können, entweder visuell (durch einen Blick auf den gewählten Standpunkt auf der Zeitlinie) oder kinästhetisch (durch das dorthin Gehen und dort Stehenbleiben).

45 CAMERON-BANDLER 1983, S. 145.
46 vgl. ANDREAS/ANDREAS 1988, S. 21 ff.; JAMES/WOODSMALL 1991.
47 vgl. BANDLER/GRINDER 1981, S. 108 ff.; STAHL 1989, S. 159 ff. und viele andere Autoren.

Das Durchspielen von Möglichkeiten in Vergangenheit und Zukunft (Konjunktiv) und von realen vergangenen oder als sicher geltenden zukünftigen Ereignissen (Indikativ) dokumentiert die enge Verwandtschaft dieser NLP-Technik mit der sprachlich kodierten Zeitgrammatik. Eine instruktive Anwendung dieses Denkmodells wäre demzufolge im Sprachunterricht bei der Erläuterung und Vergegenständlichung der verschiedenen Zeitformen (Tempi) gegeben. Da die Anwendungsmöglichkeiten von Time-Line zum gegenwärtigen Zeitpunkt noch keineswegs ausgelotet sind, dürften in Kürze weitere Anwendungsbeispiele folgen.

5.4 Weitere Begriffe im NLP

5.4.1 Ressource

„Wenn man Leute fragt, was sie wollen, sprechen sie meistens über das, was sie haben wollen und nicht besitzen, statt über das, was sie jetzt bereits zur Verfügung haben. Sie neigen dazu, das zu ignorieren und als selbstverständlich zu betrachten, was sie schon haben und genießen und bemerken nur das, was fehlt“[48].

Ressource umfaßt im NLP-Verständnis zunächst alles das, was „in einem selbst liegt“, also Eigenschaften, Stärken, Neigungen, Talente etc. (= personinterne Ressourcen), darüber hinaus aber auch alle Beobachtungen und Rückschlüsse, die aus dem Verhalten und Erleben anderer Menschen gezogen werden können.

Letztere (personexterne) Ressourcen sind dann wichtig, wenn z. B. ein Mensch die entmutigende Behauptung aufstellt, nie in seinem ganzen Leben kreativ und erfolgreich gewesen zu sein; nimmt man diese abstruse Behauptung ernst und diskutiert zunächst gar nicht über deren (vordergründige) Berechtigung, so hat ein Mensch aber sicherlich im Laufe der Jahre andere Menschen kennengelernt, die seiner subjektiven Ansicht nach kreativ und erfolgreich gewesen sind. Das Erkennen der Kreativität bei anderen Menschen setzt jedoch voraus, daß die betreffende Person schon

48 BANDLER 1987, S. 78.

eine eigene Vorstellung über das besitzt, was als Kreativität gelten kann; denn Menschen können ja nur das wahrnehmen, was sie selbst auch kennen – und im Umkehrschluß – kennen Menschen nur das, was sie auch wahrnehmen können. So kann man schließlich einem Menschen auf dem „Umweg über andere" den Zugang zu seinen eigenen Ressourcen eröffnen.

Darüber hinaus wird durch das bewußte Erleben anderer Menschen das eigene Weltbild (Weltmodell) hinterfragt und damit wieder veränderbar. Das sehr weite Ressourcenverständnis des NLP dient – als Instrumentarium – letztlich dazu, eine optimale Nutzung der vorhandenen Ressourcen zu gewährleisten und alle im Veränderungsprozeß auftretenden Barrieren und Blockaden überwinden zu helfen.

5.4.2 Repräsentationssystem

Ein Repräsentationssystem ist ein senso-motorisches Konstrukt, das jeweils aus einem dreiteiligen Netzwerk von Input, Repräsentation/Verarbeitung und Output besteht[49]. Es sind zwar Repräsentationssysteme in jeder Sinnesmodalität vorhanden, jedoch werden beim Menschen vor allem die drei großen Sinne, das visuelle, auditive und kinästhetische Sinnessystem, besondere Aufmerksamkeit erregen; dabei geht man im NLP davon aus, daß jeder Mensch in der Regel eines seiner sinnlichen Repräsentationssysteme favorisiert (hier spricht man vom sogenannten „Leitsystem"[50]) und sich darüber bevorzugt seine Informationen über die Umwelt und seinen eigenen inneren Zustand abholt.

Diese Vorliebe wird sprachlich u. a. in den Worten (Prädikaten) deutlich, nonverbal durch die bevorzugte Anwendung bestimmter Augenbewegungsmuster (siehe Zugangshinweise) erkennbar.[51]

---

49 vgl. DILTS u. a. 1985, S. 39.

50 vgl. CAMERON-BANDLER 1983, S. 44.

51 Zur weiteren Vertiefung sei an dieser Stelle auf die Darstellung des Modells der Repräsentationssysteme in Kapitel 6.2 verwiesen.

5.4.3 *Referenzsystem*

Der Begriff Referenzsystem „bezieht sich darauf, wie ihr entscheidet, ob die abgerufene Information wahr ist oder nicht – nachdem ihr sie euch zugänglich gemacht und ins Bewußtsein gehoben habt"[52]. Die enge Verbindung zum Begriff Repräsentationssystem ist offensichtlich; mit Referenzsystem wird als Ergänzung die kontextuelle und situative Verbindung beschrieben.

5.4.4 *Submodalitäten*

Die sogenannten Submodalitäten-Wirkmuster des NLP sind die untergeordneten Elemente, die innerhalb jeder Sinnesmodalität anzutreffen sind. Sie dienen vor allem dazu, eine zielgerichtete „Veränderung des subjektiven Erlebens"[53] herbeizuführen und auf diese Weise einen Zuwachs des eigenen Flexibilitätspotentials im Denken und Handeln zu erzeugen: „Submodalitäten sind buchstäblich die Weise, in der das Gehirn unser Erleben sortiert und kodiert"[54].

Die in den letzten Jahren erschienenen Veröffentlichungen zur Arbeit mit Submodalitäten und dem Entdecken neuer Wahrnehmungs- und Denkmuster liefern einen eindrucksvollen Beweis dafür, daß diesem Teilgebiet innerhalb des NLP-Modells in Zukunft noch weitaus größere Beachtung als bisher geschehen geschenkt werden sollte[55].

Die Beschäftigung mit Submodalitäten verheißt insbesondere ein theoretisches wie praktisches Zusammenwachsen wichtiger, zur Zeit aber noch relativ lose verbundener Bereiche, die allesamt in Beziehung zum NLP-Modell stehen; exemplarisch sei dabei auf die Entwicklung einer Theorie der Wahrnehmung, ferner auf die systematische Erforschung subjektiver Denkprozesse und schließlich auf hirn- bzw. lernbiologische Forschungsarbeiten hingewiesen[56].

---

52 BANDLER/GRINDER 1981, S. 46.
53 vgl. das gleichnamige Buch von Richard BANDLER 1987.
54 BANDLER 1987, S. 15.
55 vgl. exemplarisch GORDON 1986, S. 89 ff.; BANDLER 1987; ANDREAS/ANDREAS 1988; BANDLER/MACDONALD 1990.
56 vgl. dazu die weiteren Ausführungen in Kapitel 6.1; zum Konzept der Submoda-

5.4.5 Zugangshinweise (accessing cues)

Zugangshinweise sind ein wichtiges Element des Wahrnehmungsmodells von BANDLER und GRINDER; ihre Aufgabe besteht darin, Aufschluß darüber zu geben, wie ein Mensch denkt, d. h. zu entschlüsseln, welche Sinnesmodalitäten in welcher Reihenfolge innerhalb der von einem Menschen angewandten Strategie beteiligt sind.

Die Anwendung der Zugangssignale nimmt eine wichtige Korrektur in der Art und Weise vor, wie und worauf Menschen in kommunikativen Situationen achten sollen. Generell soll dabei der Weg weg vom Inhaltlichen führen, d. h. von dem, was ein Mensch sagt, und hin zu dem, wie es die betreffende Person ausdrückt und wie sie sich dabei verhält. Mit anderen Worten: Der Prozeß als übergeordneter kommunikativer Rahmen, nicht der Inhalt soll stärker in den Mittelpunkt des Wahrnehmungsgeschehens gerückt werden.

Die NLP-Entwickler sind im Rahmen ihrer Untersuchungen auf verschiedene Signale gestoßen, die das von ihnen Geforderte leisten sollen: Als Zugangshinweise werden von ihnen auf der sprachlichen Ebene die Prozeßwörter (Prädikate), auf der körpersprachlichen Ebene Gestik, Mimik, Atmung etc. und als interessantestes Instrument die Analyse der Augenbewegungsmuster einer betreffenden Person empfohlen[57].

5.4.6 Physiologien

Der Begriff der „Physiologie" ist in jüngster Zeit von Thies STAHL im deutschsprachigen NLP-Raum zur Beschreibung des körperlichen Gesamteindrucks bzw. -ausdrucks einer Person eingeführt worden.

---

litäten im engeren Sinne - vgl. Kapitel 6.2.4; zu lern- bzw. hirnbiologischen Erkenntnissen - vgl. Kapitel 2.3.

57 vgl. die weiterführenden Erläuterungen zum Modell der Wahrnehmung in Kapitel 6.1; vgl. die Diskussion der Kritik am Konzept der Augenbewegungsmuster in Kapitel 8.1.

Dieser Terminus betont in hervorragender Weise die Gesamtheit, die Ganzheit des Wahrnehmungsaktes und scheint daher eine ansprechendere Bezeichnung für den Wahrnehmungsprozeß zu liefern als der bisher in diesem Kontext geläufige Ausdruck der Zugangshinweise, da mit letzterem doch eher die einzelnen Parameter und weniger das komplexe Zusammenspiel derselben angesprochen wurde.

STAHL wendet den Physiologiebegriff zur Kennzeichnung einzelner charakteristischer Zustandsbeschreibungen an und gelangt auf diesem Wege zu einem gut handhabbaren Instrument, welches den Veränderungsprozeß einer Person eng an die zeitlich-prozessualen Veränderungen ihres physiologischen Zustands bindet. Im einzelnen unterscheidet er folgende markante Physiologien[58]:

1. Die Problem-Physiologie „ist definiert als der Zustand, aus dem heraus (die betreffende Person) benennt, was (sie) problematisch findet, und auf welche Weise (sie) dies im einzelnen tut",
2. die Ziel-Physiologie muß am Anfang des Prozesses als (sprichwörtlich gemeinte) „Zielvorstellung" der betreffenden Person erarbeitet werden und ist die Physiologie, welche den Abschluß der Veränderungsarbeit markiert;
3. die Ressource-Physiologie ist die „Physiologie der Fähigkeiten, mit Hilfe derer ... die Ziel-Physiologie (erreicht werden) kann",
4. die Versöhnungs-Physiologie „zeigt der (Mensch) in dem Moment, wo ihm bewußt wird, daß es sinnvoll ist, das Problemverhalten zur Verfügung zu haben; sei es, daß dadurch erst etwas Bestimmtes möglich wird oder daß das Verhalten einen Schutz bietet. In diesem Augenblick versöhnt sich der (Mensch) mit sich selbst als ein mit dem Problemverhalten behafteter Mensch".

Als übergreifendes Wahrnehmungskriterium, welches den Veränderungsprozeß begleitet, stellt STAHL dabei die im Zeitablauf wahrnehmbare Zunahme an Kongruenz im physiologischen Gesamteindruck bzw. -ausdruck heraus.

58 zu den nachfolgenden Zitaten – vgl. STAHL 1989, S. 18 ff..

6 Inhaltliche Grundlagen des NLP-Modells

Die nachfolgend dargestellten Theoriebausteine des NLP besitzen – trotz vielfacher Bezugnahmen auf anerkannte Fachwissenschaftler – nur einen hypothetischen Charakter; eine schlüssige und überzeugende empirische Überprüfung der hier skizzierten Sachverhalte ist bis zum gegenwärtigen Zeitpunkt noch nicht gelungen. Umgekehrt ist aber auch noch keine eindeutige Widerlegung der Sachverhalte erfolgt, so daß nach wie vor

- das Modell der Wahrnehmung,
- das Modell der Repräsentationssysteme und
- das sogenannte Meta-Modell der Sprache

als die grundlegenden inhaltlichen Bausteine des NLP-Modells ihre theoretische und praktische Geltung besitzen.

„Neurolinguistisches Programmieren zeigt, daß das komplexe menschliche Verhalten ... auf eine endliche Zahl von Strukturelementen und eine Syntax zurückgeführt werden kann. Im Rahmen des NLP-Modells gehen wir davon aus, daß Verhalten (von Lernen, Erinnern und Motivierung bis hin zum Treffen einer Entscheidung, zu Kommunikation und Veränderung) das Ergebnis systematisch geordneter Reihenfolgen von sinnesspezifischen Repräsentationen ist“[1].

Ein Modell besteht grundsätzlich aus verschiedenen Strukturelementen (Bausteinen) und aus einer Anzahl von Regeln oder Anweisungen, die den Zusammenhang, das Zusammenspiel der einzelnen Elemente beschreiben. Modelle des menschlichen Verhaltens sind in dieser Übertragung Vorstellungen, Vorbilder, die Menschen über die Realität entwickelt haben und nach denen sie ihr Verhalten ausrichten: Der Zweck von Modellen besteht darin, „Interaktionsmuster zwischen Menschen und zwischen Mensch und Umwelt (zu identifizieren), um das individuelle Verhalten von Menschen im ausgewählten Kontext systematisieren zu können und gewünschte und adaptive Ergebnisse immer effizienter, effektiver und konsistenter zu erzielen“[2].

1 DILTS u. a. 1985, S. 26.
2 DILTS u. a. 1985, S. 23.

Erinnert sei in diesem Zusammenhang an die immer wieder geäußerte Absicht der NLP-Entwickler, keine Theorien aufstellen zu wollen, sondern lediglich nützliche und funktionstüchtige Modelle zu konzipieren, mit deren Hilfe die Arbeit in therapeutischen, kommunikativen, pädagogisch-didaktischen etc. Situationen besser als bisher gelingen soll[3].

Und gerade dieser pragmatische Anspruch hat sicherlich zu der dynamischen Verbreitung des NLP-Konzepts in der Praxis geführt. Daher sei auch in dieser Untersuchung zunächst das Modell, so wie es sich dem praxisorientierten Anwender zeigt, in seiner pragmatisch-konstruktiven Fassung beschrieben und die kritische und empirisch-analytische Überprüfung der Modellannahmen auf ein späteres Kapitel[4] verwiesen.

Die anspruchsvolle und mehrdimensionale Aufgabe der Verhaltens-Modellbildung im Rahmen des NLP läßt sich in einer allegorischen Übertragung der im Wahrnehmungsmodell näher erläuterten Aussage KORZYBSKIS' „Die Landkarte ist nicht das Gebiet selbst" folgendermaßen umschreiben:

Situation I:

Eine Landkarte ist vorhanden und das betreffende Gebiet ist weitgehend vertraut.

Beispiele:

Handlungen, bei denen man gar nicht mehr „nachdenken" muß (Routinehandlungen).

Gefahren:

Es schleifen sich bestimmte Muster ein, die gar nicht mehr überdacht werden und gegebenenfalls auch auf Gebiete übertragen werden, in denen sie nichts zu suchen haben; es könnte aber auch vorkommen, daß sich die ursprünglichen Rahmenbedingungen geändert haben ohne daß dies von der betreffenden Person bemerkt worden ist.

---

3 vgl. exemplarisch GRINDER in DILTS u. a. 1985, S. 18.
4 vgl. dazu Kapitel 8.

Aufgaben:

Die Landkarte für das betreffende Gebiet lesen können, von Zeit zu Zeit die Gültigkeit der Karte überprüfen und gegebenenfalls Verbesserungen vornehmen können.

Situation II:

Eine Landkarte ist vorhanden, das betreffende Gebiet ist aber noch relativ unbekannt.

Beispiele:

Die variable und flexible Anwendung kürzlich gelernter Inhalte; die Umsetzung von Lern- und Arbeitstechniken (z. B. eine Lesetechnik) auf eine konkrete Aufgabenstellung (ein bestimmtes Buch lesen).

Gefahren:

Eine zu rigide Anwendung der Werkzeuge (Tools) und damit verbunden eine schnelle Entmutigung bis hin zu einer späteren Ablehnung; es könnten auch „weiße Flecken" in der Landkarte aufgezeigt werden (Lücken im Modell), die zunächst eine weitere Erforschung des Gebietes verhindern.

Aufgaben:

Eine flexible und variable Nutzung der Landkarte ermöglichen z. B. durch das Schaffen von Wahlmöglichkeiten (Handlungsalternativen); ferner ist die Fähigkeit gefragt, bestehende Landkarten auf das entsprechende Gebiet zuzuschneiden, zu modifizieren.

Situation III:

Es gibt noch keine Landkarte und das Gebiet ist ebenfalls noch relativ unbekannt.

Beispiele:

Handlungen zur Lösung eines Problems; Handlungen mit kreativem Anforderungspotential.

Gefahren:

Kapitulieren vor der Fülle und Unstrukturiertheit der Informationen und das daraus sich ergebende Zurückziehen auf rigide, aber bekannte Handlungsmuster, die jedoch nur einen geringen Effizienzgrad im betreffenden Gebiet aufweisen.

Aufgaben:

Die grundsätzlichen Gesetze der Entwicklung von Landkarten kennenlernen, um ein höchstmögliches Maß an Verhaltensflexibilität zu erreichen.

Die *vierte Situation* (Landkarte nicht vorhanden, Gebiet vertraut) ist nicht realistisch, da jede Erkundung eines Gebiets gleichzeitig die Bildung einer Landkarte impliziert. Es ging jedoch im Rahmen der drei erläuterten Situationen weniger um eine umfassende und vollständige Beschreibung aller denkbaren Möglichkeiten, sondern vielmehr darum, eine erste Vorstellung von der komplexen und vielschichtigen Aufgabe der Modellentwicklung und der -anwendung zu erhalten.

Es reicht demnach nicht aus, lediglich eine Landkarte „lesen zu lernen", sondern es ist auch nötig, gegebenenfalls Modifikationen derselben vornehmen oder auch eigene Landkarten für ein noch unbekanntes Gebiet erstellen zu können.

Die Übertragung dieser gleichnishaften Darstellung auf pädagogisch-didaktische Problemstellungen liegt auf der Hand. Erinnert sei hier an die unmittelbaren Bezüge zu BATESONs Lernverständnis, die dieser u. a. in seinem Aufsatz „Die logischen Kategorien von Lernen und Kommunikation" niedergelegt hat[5].

Die oben schon angesprochene Dreiteilung des NLP-Gesamtmodells in die Modelle der Wahrnehmung und der Repräsentationssysteme und in das Meta-Modell der Sprache sei aus darstellungstechnischen Gründen vorgenommen; die enge, fast untrennbare Verknüpfung der einzelnen Teilmodelle untereinander zeigt sich zum einen in den häufigen, wechselseitigen Bezugnahmen und zum anderen in vielen NLP-Methoden, die ihre eigene Begründung und Berechtigung oft aus allen drei Bereichen ableiten.

---

5 vgl. BATESON 1988, S. 362 ff..

6.1 Das Modell der Wahrnehmung

Wahrnehmen ist ein sehr komplexer Vorgang, der sich auf mehreren Ebenen vollzieht; zum einen erfolgt ein (auf die Außenwelt gerichtetes) sinnliches Wahrnehmen der Umwelt, zum anderen ein (selbst- bzw. innengerichtetes) sinnliches Erfassen der eigenen Person. Beide Prozesse laufen immer parallel und zeitgleich ab, es erfolgt eine permanente wechselseitige Bezugnahme der stetig eintreffenden Informationsdaten und ein relationales (relativierendes, vergleichendes) „Bewerten" der Informationen aufgrund früher gesammelter Erfahrungsdaten durch den Organismus.

Dieser verschafft sich laufend Gewißheit darüber, welche potentiellen Bedeutungen die jeweiligen Informationsdaten für ihn selbst haben könnten, für seinen Fortbestand, für sein subjektives Wohlbefinden, für die Verwirklichung seiner Ziele, für seine kommunikativen Aktivitäten etc., alles immer im jeweils vorliegenden Kontext.

Die Tatsache, daß BANDLER und GRINDER ihre Modellentwicklung mit einer Erläuterung der Wahrnehmungsprozesse beginnen und somit diesen Baustein ihrer Modellentwicklung voranstellen, zeigt die große Bedeutung, welche die Autoren der Wahrnehmung im Rahmen des Gesamtmodells beimessen. Dabei sei jedoch darauf hingewiesen, daß sie trotz der ausführlichen Erläuterungen kein Wahrnehmungsmodell im engeren Sinne konzipiert haben, sondern vielmehr aus ihrer grundlegenden Interpretation der Wahrnehmungsvorgänge schnell zu eigenen Schlußfolgerungen gelangt sind und aus ihren Erkenntnissen Handlungsanweisungen in Form von Techniken und Anwendungsbeispielen ableiten.

6.1.1 Die Landkarte ist nicht das Gebiet: Der Prozeß der Redundanz

Der Akt des Wahrnehmens ist zunächst ein redundanter Prozeß: Bei jedem Wahrnehmungsakt „verhindern" drei unterschiedliche Gruppen von „Filtern" eine mögliche Reizüberflutung des Organismus und befähigen ihn, sich auf die Informationen zu konzentrieren, die aus Sicht des Organismus bedeutsam bzw. sinnvoll scheinen:

„Sinnvoll kann hier nur bedeuten, daß die Steuerung der Informationsauswahl nach Kriterien des Innenwelt-Außenwelt-Gleichgewichts geschehen muß. Da sich aber sowohl die Umwelt als auch das Individuum selbst ständig verändern (absolut und relativ zueinander), ändert sich ständig auch das, was unter ‚sinnvoll' verstanden werden muß"[6].

„Es ist anzunehmen, daß die Funktionen des Gehirns und Nervensystems und der Sinnesorgane hauptsächlich eliminativ und nicht produktiv sind. Jeder Mensch ist in jedem Augenblick fähig, sich all dessen zu erinnern, was ihm je geschehen ist, und alles wahrzunehmen, was irgendwo im Weltall geschieht. Es ist die Aufgabe des Gehirns und des Nervensystems, uns davor zu schützen, von dieser Menge größtenteils unnützen und belanglosen Wissens überwältigt und verwirrt zu werden"[7].

Zugleich entstehen aber durch den Einsatz der Filter systematische Verzerrungen und Verkürzungen, die dazu führen, daß sich unsere Modelle der Welt zwangsläufig von der Welt selbst unterscheiden. BANDLER und GRINDER kennzeichnen die drei Filter als neurologische, soziale und individuelle Einschränkungen[8], die im Verbund in jedem Wahrnehmungsakt wirksam werden:

1. Neurologische Einschränkungen
   sind aufgrund der biologisch-physikalischen Leistungsgrenzen der einzelnen Sinnesorgane auszumachen, denn es gibt physikalische Phänomene, die außerhalb der Grenzen der fünf allgemein anerkannten sensorischen Kanäle des Sehens, Hörens, Tastens, Schmeckens und Riechens liegen.

   Im Gegensatz zu den anderen Einschränkungen wird durch diesen Filter noch keine grundsätzliche Mauer von Wahrnehmungsbzw. Erfahrungsmöglichkeiten zwischen einzelnen Menschen aufgebaut, da die neurologischen Einschränkungen unter Normalbedingungen für alle Menschen gleichermaßen Gültigkeit besitzen.

6 SCHIERMANN 1987, S. 22.
7 HUXLEY in BANDLER/GRINDER 1984, S. 30.
8 vgl. BANDLER/GRINDER 1984, S. 28 ff..

2. Soziale Einschränkungen

– auch als sozial-genetische Faktoren bezeichnet – sind dadurch gegeben, daß Menschen als Mitglieder eines sozialen Systems automatisch den darin vorherrschenden Kategorien oder Filtern ausgesetzt sind, d. h. der Sprache, den allgemein anerkannten Arten der Wahrnehmung und aller sonstigen sozial vereinbarten Fiktionen. Durch diesen Filter werden demnach die Erfahrungen einzelner Gruppen von Menschen aufgrund eines unterschiedlichen kulturellen Erbes voneinander getrennt.

„Aldous HUXLEY sagt in seinem Buch ‚Die Pforten der Wahrnehmung', wenn wir eine Sprache lernen, sind wir die Erben des Wissens der Menschen, die vor uns da waren. In diesem Sinne sind wir genauso die Opfer: aus der unbegrenzten Menge möglicher Erfahrungen haben nur ganz bestimmte einen Namen bekommen, sind mit Worten gekennzeichnet und binden, auf diese Weise hervorgehoben, unsere Aufmerksamkeit. Gleichermaßen valide, möglicherweise sogar spannendere und nützlichere Erfahrungen auf der sensorischen Ebene, die unbenannt blieben, dringen typischerweise nicht in unser Bewußtsein"[9].

So umfaßt zum Beispiel die Eskimosprache etwa siebzig verschiedene Bezeichnungen für Schnee; dies ist nicht verwunderlich, wenn man sich die herausragende, lebenswichtige Bedeutung von „Schnee" in der Eskimokultur im Gegensatz zur mitteleuropäischen vergegenwärtigt: „Sprache", so lautet die Schlußfolgerung der NLP-Autoren, „(ist) das akkumulierte Wissen einer Gruppe von Menschen. Aus der potentiell unendlichen Menge sensorischer Erfahrungen selektiert die Sprache diejenigen Dinge, die sich in der Erfahrung der Menschen, die die Sprache entwickeln, wiederholen und von denen sie herausgefunden haben, daß es nützlich ist, sich mit ihnen bewußt zu befassen"[10].

3. Individuelle Einschränkungen

sind „all diejenigen Repräsentationen, die wir als Menschen schaffen und die auf unserer einzigartigen persönlichen Geschichte beruhen. Jeder Mensch hat einen Erfahrungsschatz, der

9 HUXLEY in BANDLER/GRINDER 1981, S. 32.
10 BANDLER/GRINDER 1981, S. 32.

seine persönliche Geschichte darstellt und so einmalig ist wie seine Fingerabdrücke"[11].

Dieser Filter ist letztlich der entscheidende Faktor, welcher unter Umständen Individuen von einem eigenen, situationsangemessenen Modell der Welt (Mensch-Umwelt-Beziehung) trennt und damit oft auch die Verständigung mit anderen Individuen (Mensch-Mensch-Beziehung) erschwert bzw. unmöglich gestaltet.

Welch gewaltige Reduktion der Datenmenge durch diese Filter bzw. Einschränkungen erfolgt, sei anhand des nachfolgenden Zahlenspiels erläutert[12]:

- Der menschliche Organismus vermag theoretisch mit Hilfe seiner Sinnesorgane über Nervenfasern eine Informationsmenge von etwa 10^9 bit/sec. zu transportieren.
- Aus dieser gewaltigen Menge wird im Zuge einer sorgfältigen Informationsauslese im Verhältnis von ungefähr 1:10 Millionen (= $1{:}10^7$) der Löwenanteil herausgefiltert, so daß schließlich als Restmenge, die bewußt von einem Menschen verarbeitet werden kann, 10^2 bit/sec. übrig bleiben.
- Von diesen ca. 100 bit/sec. können kurzfristig im Gedächtnis etwa 10 bit/sec., langfristig etwa 1 bit/sec. gespeichert werden.

Die Schlußfolgerungen, die BANDLER und GRINDER aus diesen Filterprozessen ziehen, stehen gewissermaßen als Monument vor dem Einstieg des NLP-Modells: Das wahrgenommene und in ein Modell gegossene Bild der Welt steht in einem ähnlichen Verhältnis zur Realität wie eine Landkarte zu einer Landschaft: „Eine Landkarte ist nicht das Gebiet, das sie darstellt, sondern hat, wenn sie genau ist, eine dem Gebiet ähnliche Struktur, worin ihre Brauchbarkeit begründet ist ..."[13].

Es sind zwar Analogien vorhanden und grundsätzlich stellen eine Landkarte und ein situationsadäquates Wahrnehmungsmodell eine wichtige Orientierungshilfe im jeweiligen Gebiet bzw. zur

---

11 BANDLER/GRINDER 1984, S. 33.

12 vgl. SCHIERMANN 1987, S. 22; in diesem Zusammenhang wird auch immer von 7 +/- 2 Einheiten als Maßzahl für das menschliche Gedächtnisvermögen gesprochen.

13 KORZYBSKI in BANDLER/GRINDER 1984, S. 27; vgl. auch GRINDER/BANDLER 1982, S. 12; DILTS u. a. 1985, S. 23 ff.; vgl. dazu ferner die Auslegung BATESONs zurAussage KORZYBSKIs in BATESON 1988, S. 576 ff..

Erfassung der Realität dar; es sei jedoch auch immer wieder beachtet und darauf hingewiesen, daß die Redundanz beträchtlich ist und daher unter Umständen erstens beträchtliche Unterschiede „zwischen der Welt und jedem spezifischen Modell bzw. der Repräsentation der Welt (bestehen und zweitens), die Modelle der Welt, die jeder von uns schafft, .. selber unterschiedlich sein (werden)“[14].

6.1.2 *Wahrnehmen als Fiktion: Subjektive und relative Repräsentationen der Wirklichkeit*

Eine weitere Schlußfolgerung wurde implizit schon im letzten Zitat gezogen: Jede Interpretation wird letzten Endes als subjektive und relative Beschreibung eines Sachverhalts herausgestellt werden müssen, weil jeder Mensch seine eigene Landkarte der Realität entwickelt und diese Repräsentation auf die Basis seiner eigenen Vorstellungen und Wahrnehmungen gründet. So existieren millionenfache Abbildungen der Realität, so viele, wie es Menschen gibt; für jeden Menschen jedoch zunächst nur eine einzige; jede einzelne kann für sich beanspruchen, einzigartig zu sein, gleichzeitig kann aber keine Abbildung für sich einem absoluten Anspruch genügen und behaupten, die „einzig richtige“ Abbildung zu sein.

Hier beziehen sich BANDLER und GRINDER eng auf Aussagen des Philosophen Hans VAIHINGER, der im Rahmen seiner „Philosophie des Als Ob“ den Begriff der „Fiktion“ geprägt hat. Fiktionen sind nach VAIHINGER[15]

- solche Vorstellungsgebilde, die der vorgegebenen Wirklichkeit widersprechen (Semifiktionen) bzw. solche, die zusätzlich auch noch in sich selbst widerspruchsvoll sind (Fiktionen im engeren Sinne, z. B. Antinomien),
- haben einen provisorischen bzw. vorläufigen Charakter, der fingierte Begriff, die fingierte Annahme hat demnach keine reale Gültigkeit und
- unterscheiden sich durch ihre Zweckmäßigkeit von Irrtümern.

---

14 BANDLER/GRINDER 1984, S. 28.
15 vgl. STICKLING 1990, S. 22.

„Man muß hierbei sich daran erinnern", so wird VAIHINGER von BANDLER und GRINDER zitiert, „daß die ganze Vorstellungswelt in ihrer Gesamtheit nicht die Bestimmung hat, ein Abbild der Wirklichkeit zu sein – es ist dies eine ganz unmögliche Aufgabe – sondern ein Instrument, um sich leichter in derselben zu orientieren"[16].

„Nonverbale wie auch verbale Repräsentationen von Erfahrung stellen nur einen Ausschnitt der Welt dar, die uns umgibt. Jeder nimmt dieselbe Situation ein bißchen anders wahr und benennt sie anders. Hier wird ein selektiver Prozeß angenommen, der systematisch auf die Erstellung eines überschaubaren Modells von der Welt und sich selbst hinzielt"[17].

Die pragmatische Umsetzung dieser Erkenntnisse, die Entwicklung nützlicher und funktionstüchtiger Modelle, erfolgt unmittelbar im Anschluß. So stellen sich die NLP-Autoren die Aufgabe, Antworten auf die nachfolgenden Fragen zu suchen:

- „Wie ist es möglich, daß verschiedene Menschen, die derselben Welt gegenüberstehen, so unterschiedliche Erfahrungen machen? ...
- Wie ist es möglich, daß Menschen ein eingeschränktes Modell aufrechterhalten, das ihnen angesichts einer mehrwertigen, vielseitigen und komplexen Welt Schmerz bereitet?"[18].

Ihr Lösungsansatz auf der Basis von Subjektivität und Relativität enthält folgende, miteinander verwobene Argumentationsglieder:

1. Menschen treffen immer die beste Wahl aus ihren Möglichkeiten im Rahmen ihres spezifischen Weltmodells.
2. Ein eingeschränktes Weltbild zeugt in erster Linie von nicht genügend Wahlmöglichkeiten (Handlungsalternativen), auf keinen Fall jedoch davon, daß der betreffende Mensch verrückt, krank etc. sei, denn jeder Mensch füllt konsistent den gesamten Handlungsrahmen seines von ihm wahrgenommenen Weltbildes aus.

---

16 VAIHINGER in BANDLER/GRINDER 1984, S. 27.
17 REVENSTORF 1985, S. 240.
18 BANDLER/GRINDER 1984, S. 34.

3. In der Regel konstituiert sich ein eingeschränktes Weltbild daraus, daß das Modell der Welt („die Landkarte") mit der Realität („dem Gebiet") verwechselt wird.
4. Drei Gestaltungsmechanismen zur Erstellung von Modellen sind im allgemeinen für den Irrtum einer impliziten Realitätsverkürzung verantwortlich zu machen: Generalisierung, Tilgung und Verzerrung[19].

6.1.3 *Das Wahrnehmungsmodell als systemische Größe: Möglichkeiten zur Veränderung subjektiver Erfahrungen*

Aus obiger Argumentationskette ergeben sich verschiedene Möglichkeiten, welche die spezifische NLP-Sicht und die Anwendung entsprechender Techniken miteinander kombinieren. Das NLP-Modell als Ganzes zielt letztlich auf eine differenzierte Überwindung der vermeintlichen „Macht des Faktischen" in Richtung einer zielorientierten und flexiblen Wirklichkeitserfassung. Das Wahrnehmungsmodell bildet in diesem Sinne die Eingangssäulen des Tores, durch welche durchschreitend sich eine komplexe, aber weitgehend gestaltbare und vielseitige Welt auftut.

Wahrnehmen ist immer ein ganzheitlich-vernetzter Vorgang; daher sei als ein grundlegender Weg erörtert, welche Möglichkeiten sich daraus ergeben, ein bestehendes Gesamtsystem anders zu strukturieren, indem z. B. die gesamte Betrachtungsperspektive verändert wird. Anhand eines Beispiels sei diese faszinierende Möglichkeit näher erläutert:

Viele Menschen haben sich daran gewöhnt, die eigene Person zum Dreh- und Angelpunkt ihrer Wahrnehmung zu machen, etwa im Sinne eines starren, von der eigenen Körperhülle abgegrenzten Mittelpunkts in ihrem subjektiven Universum. Aus dieser Perspektive erleben sie sich selbst im Gegensatz zu ihrer Umwelt und nehmen in einem kontradiktorischen Verhältnis Innen und Außen, Links und Rechts, Oben und Unten wahr. Wieviele wichtige Infor-

19 Zur näheren Erläuterung der Gestaltungsmechanismen – vgl. Kapitel 6.3.2.

mationen gehen aber dadurch verloren, daß diese Perspektive als die einzig mögliche genommen wird? Wäre es nicht gleichfalls reizvoll, den eigenen Horizont durch alternative Perspektiven zu erweitern?

„Die Menschen sprechen seit Jahrhunderten von ‚Sichtweisen' und ‚Standpunkten'. Sie haben das jedoch immer als einen metaphorischen Ausdruck betrachtet, nicht als einen wörtlichen. ... (Menschen haben aber die Fähigkeit,) tatsächlich eine Angelegenheit von jedem beliebigen Punkt im Raum aus betrachten (zu können). Sie können einen Streit als neutraler Beobachter von der Seite aus betrachten, so daß sie sich selbst und die andere Person gleich gut sehen können. Sie können es von einem Punkt an der Decke betrachten (‚über der Sache stehen') oder von einem Punkt auf dem Boden, aus der Froschperspektive", und so auf viele weitere Möglichkeiten stoßen, das eigene Wahrnehmungsspektrum zu erweitern: „Die beste Art von Humor beinhaltet, sich selbst auf eine neue Weise sehen zu können. Der einzige Hinderungsgrund dafür, dies gleich dann zu tun, wenn ein bestimmtes Ereignis eintritt, besteht darin, daß man sich seine Fähigkeit hierzu nicht klar macht"[20].

Vor allem Gregory BATESON hat die Keimzelle für diese großartigen Möglichkeiten gelegt, den menschlichen Organismus eher als ein komplexes, offenes und veränderbares System zu beschreiben, dem die Aufgabe obliegt, im Austausch mit der Umwelt und anderen Menschen ein dynamisches Fließgleichgewicht zu erhalten. Einer damit einhergehenden Neuorientierung im Denken und Handeln schreibt er zentrale zukunftsgestaltende und ökologische Möglichkeiten zu:

„Wir sehen uns einer Welt gegenüber, die nicht nur von Desorganisation vielfältiger Art bedroht ist, sondern auch von der Zerstörung ihrer Umgebung, und wir sind heute noch immer nicht in der Lage, klar über die Relationen zwischen einem Organismus und seiner Umgebung zu denken"[21].

Aus der Fülle der vielfältigen systemtheoretisch-kybernetischen Bezüge sei exemplarisch ein Beispiel ausgewählt, in welchem BATESON über die Problematik menschlicher Perspektiven und die

20 BANDLER 1987, S. 52 f.
21 BATESON 1988, S. 576; vgl. auch Kapitel 2.3.3.

Bildung sinnvoller Systemeinheiten zur Erklärung eines einfachen Verhaltens nachdenkt:

„Stellen Sie sich vor, ich sei blind, und ich benutzte einen Stock. Ich machte tap, tap, tap. Wo fange ich an? Ist mein geistiges System an dem Griff des Stocks zu Ende? Ist es durch meine Haut begrenzt? Fängt es in der Mitte des Stocks an?" ... Derartige Fragen scheinen vordergründig unsinnig zu sein, sind aber für eine sinnvolle Abgrenzung eines Systems zentral wichtig, denn „der Stock ist", so fährt BATESON fort, „ein Weg, auf dem Umwandlungen von Unterschieden übertragen werden. Die richtige Weise, das (oben genannte) System abzugrenzen, besteht darin, die Grenzlinie so zu ziehen, daß man keinen dieser Wege in einer Weise durchschneidet, die die Dinge unerklärbar macht. Wenn das, was man zu erklären versucht, ein gegebenes Stück Verhalten ist, etwa die Fortbewegung eines Blinden, dann wird man hierfür die Straße, den Stock und den Mann benötigen; die Straße, den Stock und so weiter, immer wieder im Kreis herum"[22].

Im Zentrum neuerer, interdisziplinärer Forschung werden u. a. die Konzepte der „Autopoiese", d. h. der Erforschung der Fragen der Selbstorganisation und der spontanen Veränderungen innerhalb von Systemen aller Art, und der „dissipativen Strukturen", d. h. der Fragen nach den Grenzen eines quantitativen und qualitativen Wachstums von Systemen, aufgegriffen[23]; die engen konzeptionellen Verbindungen zu BATESONs Gedanken und zum NLP-Konzept deuten darauf hin, daß sich in den nächsten Jahren eine breitere Strömung an ganzheitlich-vernetzten Ansätzen und Konzeptionen entwickeln dürfte, die aber noch regen Zulauf aus weiteren Gebieten benötigt.

Die hier nur angedeuteten Möglichkeiten, die aus einer Übertragung ganzheitlichen Denkens in Verbindung mit dem NLP-Konzept für die Pädagogik und Didaktik erwachsen, sind bei konsequenter Befolgung in ihrer Tragweite und Fruchtbarkeit kaum zu unterschätzen.

---

22 BATESON 1988, S. 590.
23 vgl. MATURANA/VARELA 1987; PRIGOGINE 1985.

6.1.4 *Das Wahrnehmungsmodell als strategische Größe: Zugangshinweise zur Entschlüsselung des kommunikativen Prozesses*

Das NLP wäre nur ein wenig praktikables Konzept geblieben, wenn man lediglich an der Oberfläche, an den globalen Stellgrößen des Modells hätte ansetzen können. Daher haben BANDLER und GRINDER von Anfang an großen Wert darauf gelegt, auch innerhalb des Modellrahmens anstehende Modifikationen vornehmen zu können.

Im Rahmen des hier erörterten Wahrnehmungsmodells ist es vor allem das Konzept der Zugangshinweise, welches eine herausragende Rolle bei der Identifizierung und Entschlüsselung von verbalen und nonverbalen Botschaften des Gesprächspartners spielt.

Die diesem Konzept zugrundeliegende Idee ist denkbar einfach: Jeder Mensch gibt im Laufe eines Gesprächs auf verbalem und nonverbalem Wege neben inhaltlich-thematischen Aussagen auch eine Fülle an Hinweisen über sich selbst, sein Weltmodell, die Beziehung zum Thema und zum Gesprächspartner etc. weiter. Was läge näher, als einen Versuch zu starten, diese Hinweise systematisch zu entschlüsseln und in einem Modell aufzubereiten?

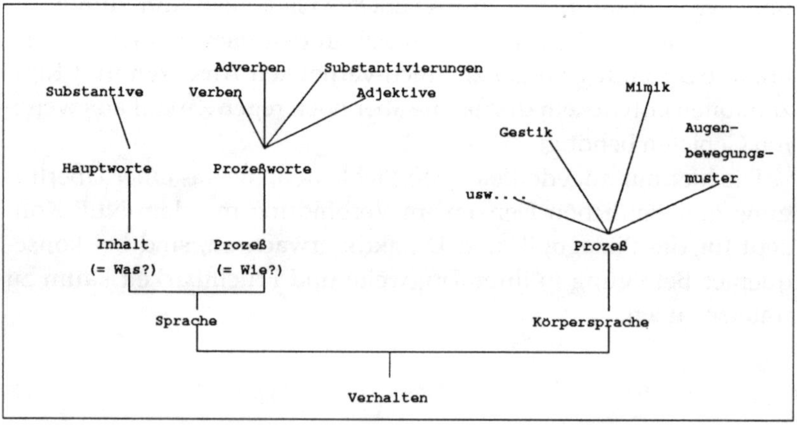

Abbildung 7: Darstellung des Konzepts der Zugangshinweise.

Angesichts der Tragweite und des Anspruchs dieses Konzepts für eine erfolgreiche Gesprächsführung darf es nicht verwundern, daß sich unmittelbar an die Entdeckung und Veröffentlichung des Konzepts auch gleich die Kritik am Anspruch BANDLERs und GRINDERs entzündete, mit Hilfe von einfachen Signalen gehaltvolle und systematische Informationen über ihre Gesprächspartner zu erhalten. Angezweifelt wurde dabei vor allem, ob dieses Konzept wirklich in sich schlüssig sei; viele Kritiker mutmaßten, daß – frei nach dem Motto –, „man sieht nur, was man kennt", plötzlich Augenbewegungsmuster wahrgenommen werden, weil man als Beobachter sie so wahrnehmen will.

Empirische Forschungen im deutschsprachigen Raum haben sich insbesondere mit dem Konzept der Augenbewegungsmuster beschäftigt, die Forschungsergebnisse konnten aber bis heute noch keinen eindeutigen Nachweis liefern.

Wie aus Abbildung 7 ersichtlich, sind von den Autoren Zugangssignale auf das kommunikative Prozeßgeschehen sowohl im sprachlichen als auch im körpersprachlichen Verhalten entdeckt worden. Ausgangspunkt und theoretische Bezugsbasis liefern hierzu wiederum ihre Hypothesen hinsichtlich der Beschaffenheit der Wahrnehmung (Sinnesmodalitäten) und der Repräsentation der Erfahrungen, die ein Mensch im Laufe seines Lebens gemacht hat.

„Wir haben schon darauf hingewiesen, daß die verbale Kommunikation nur ein Aspekt des gesamten Kommunikationsprozesses ist. Nach unserer Meinung stellt sie oft den unbedeutendsten Teil der Kommunikation dar. Eine Riesenmenge an Informationen wird durch die nonverbalen Aspekte (tonal, gestikulatorisch und taktil) unserer Kommunikation mitgeteilt. Diese Art der Kommunikation vollzieht sich typischerweise aber meist unterhalb der Bewußtseinsschwelle der Menschen"[24].

Die effektive Nutzung der von Gesprächspartnern bewußt oder unbewußt gelieferten Informationen steht und fällt mit der eigenen Fähigkeit, die relevanten Signale wahrzunehmen und auch situations-, kontext- und persongemäß zu entschlüsseln. Dazu bedarf es aber verschiedener Hinweise und Hilfestellungen, um die Fülle an möglichen Wahrnehmungsdaten zu sichten und zu ordnen.

---

24 DILTS u. a. 1985, S. 93.

Über die Art der sinnesspezifischen Prozesse geben im verbalen Bereich vor allem die sogenannten Prozeßwörter (Prädikate, d. h. Verben, Adverben, Adjektive und Substantivierungen) Auskunft, weil diese meistens direkt angeben, „ob man es mit dem Vorgang des Sehens, Hörens, Fühlens, Riechens oder Schmeckens zu tun hat“[25].

Wie verbale Aussagen aufgrund unterschiedlicher sinnlicher Leitsysteme voneinander abweichen können, sei anhand einiger Beispiele näher erläutert:

Grundaussage:	„Ich bestätige Ihre Meinung.“
– visuell	„Ich sehe, was Sie meinen.“
– auditiv	„Ich verstehe sehr gut.“
– kinästhetisch	„Ich habe das Gefühl, daß das, was Sie sagen, richtig ist.“

Grundaussage:	„Ich möchte Ihnen etwas mitteilen.“
– visuell	„Ich möchte Ihnen etwas zeigen (ein Bild von etwas).“
– auditiv	„Ich möchte, daß Sie sorgfältig auf das hören, was ich Ihnen sage.“
– kinästhetisch	„Ich möchte, daß Sie mit etwas in Kontakt kommen.“

Grundaussage:	„Verstehen Sie, was ich sage?“
– visuell	„Sehen Sie, was ich Ihnen deutlich machen möchte? “
– auditiv	„Hört sich das, was ich Ihnen sage, für Sie richtig an?“
– kinästhetisch	„Ist das Ihrem Gefühl nach richtig?“

Im Zuge einer Sprachanalyse kann man innerhalb von kürzester Zeit eine lange Liste von Schlüsselwörtern ermitteln, die sich unschwer nach ihrem jeweiligen Wahrnehmungsschwerpunkt (visuell, auditiv, kinästhetisch etc.) gliedern lassen. Mit dieser Überlegung ist auch schon eine Nutzanwendung der oben beschriebenen Entdeckung von BANDLER und GRINDER gegeben. Es ist zum

25 CAMERON-BANDLER 1983, S. 37.

Beispiel eine interessante und neue Perspektive, ein Gespräch einmal unter diesem sinnesspezifischen Aspekt zu analysieren[26].

Im nonverbalen Bereich sind neben den schon erwähnten Augenbewegungsmustern, Gesten, Atemveränderungen, Veränderungen der Körperhaltung und des Muskeltonus, Veränderungen der Stimmlage und des Sprechtempos auch noch viele andere Möglichkeiten als Zugangshinweise zu beachten. Das entscheidende Kriterium für die Umsetzung liegt in der Fähigkeit der betreffenden Person begründet, die mit diesen Signalen arbeiten möchte; ein überdurchschnittliches Maß an Informationsgewinnung und -nutzung wird ja gerade den von BANDLER und GRINDER untersuchten „therapeutischen Zauberern" ERICKSON, SATIR und PERLS nachgesagt.

Das Erkennen der Augenbewegungsmuster ist im Gegensatz zu den anderen nonverbalen Signalen, die sich auch in anderen Kommunikationsansätzen wiederfinden lassen, eine originäre Neuentwicklung von BANDLER und GRINDER[27]. Diese haben bei ihren Untersuchungen festgestellt, daß Personen jeweils „typische Gesichtsausdrücke" zeigten, wenn sie sich in einem bestimmten Sinnessystem (Repräsentationssystem) bewegten: So bewegen Menschen, die sich ein Bild betrachten bzw. eine Szene vor ihrem inneren Auge ablaufen lassen, ihre Augen (genauer: ihre Pupillen) für einen winzigen Moment in eine bestimmte Richtung; diese Richtung unterscheidet sich aber grundsätzlich von der, in die Menschen blicken, wenn sie sich unglücklich oder glücklich fühlen.

Zahlreiche vergleichende Untersuchungen haben schließlich ein Augenbewegungsmuster-Schema ergeben, welches nach Meinung von BANDLER und GRINDER sogar völlig unabhängig von der kulturellen Herkunft eines Menschen seine Gültigkeit besitzt. Als einzige einschränkende Besonderheit verweisen die Autoren auf ein unterschiedliches, seitenverkehrtes Muster für Rechts- und (echte) Linkshänder. Das Grundmuster der Augenbewegungen für einen Rechtshänder (und damit für die überwiegende Mehrzahl aller

---

26 vgl. DILTS u. a. 1985, S. 84 ff. und viele andere Stellen.

27 vgl. BANDLER/GRINDER 1981, S. 42 ff.; CAMERON-BANDLER 1983, S. 39 ff.; DILTS u. a. 1985, S. 96 ff. und viele weitere Stellen.

Menschen) sieht – aus der Perspektive der Person betrachtet – folgendermaßen aus[28]:

* Blick nach oben
- oben links = visuell erinnert
- oben rechts = visuell konstruiert

* Blick in Augenhöhe
- links = auditiv erinnert
- rechts = auditiv konstruiert

* Blick nach unten links = inneres Sprechen, innerer Dialog
* Blick nach unten rechts = inneres Fühlen

An dieser Stelle sei aber auf zwei Feinheiten hingewiesen, die zum Verständnis der Geltungsweite der Zugangssignale von großer praktischer Bedeutung sind:

– Mit Hilfe der Zugangssignale läßt sich nach oben genanntem Zitat zwar entschlüsseln, wie eine Person denkt, d. h. welche Sinnesmodalitäten bei den internen Verarbeitungsprozessen beteiligt sind und welche Strategie von der betreffenden Person bei der Lösung einer Aufgabe angewendet wird; nach wie vor verborgen bleibt jedoch, was eine Person denkt, d. h. zum Inhaltlichen muß sich der Kommunikationspartner nach wie vor äußern.
– Weiterhin sei hervorgehoben, daß es bei der Arbeit mit Zugangssignalen nicht darum geht, Spekulationen über das anzustellen, was der andere wohl tut oder mit seinem Verhalten gemeint haben mag, sondern es soll nur das möglichst präzise beschrieben werden, was wirklich wahrgenommen worden ist. Wahrnehmbar sind z. B. rote Ohren, eine gerunzelte Stirn, Schweißperlen auf der Stirn etc., nicht wahrnehmbar ist die Interpretation, daß ein Mensch „nervös" sei – was immer das sein mag: „Was wir im Grunde tun, ist, wenig Aufmerksamkeit auf das zu richten, was die Leute sagen, daß sie tun, und viel Aufmerksamkeit auf das zu richten, was sie tun"[29].

28 vgl. dazu Abbildung 8.
29 BANDLER/GRINDER 1981, S. 23.

Visuelle Zugangshinweise für einen „normal organisierten" Rechtshänder

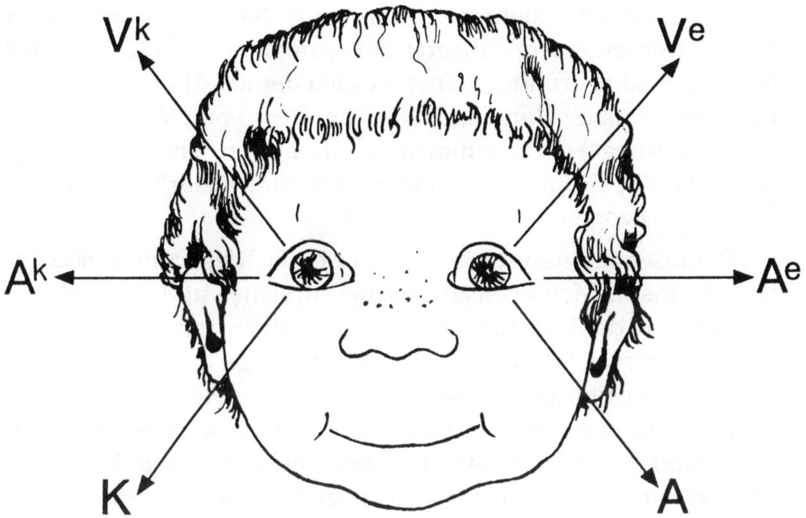

Vk visuelle konstruierte Vorstellungen

Ve visuelle erinnerte (eidetische) Vorstellungen

(„Augen defokussiert und unbewegt" ist ebenfalls ein Hinweis für visuellen Zugang)

Ak auditive konstruierte Klänge/ Geräusche oder Worte

Ae auditive erinnerte Klänge/ Geräusche oder Worte

K kinästhetische Empfindungen (zusätzlich Geruch und Geschmack)

A auditive Klänge/Geräusche oder Worte

Abbildung 8: Das Schema der Augenbewegungsmuster nach BANDLER und GRINDER.

6.2 Das Modell der Repräsentationssysteme

6.2.1 Darstellung des Modells der Repräsentationssysteme

Mit Hilfe des hypothetischen Konstrukts der „Repräsentationssysteme" werden zentrale theoretische Annahmen des NLP-Modells erläutert und begründet; ferner werden daraus Ableitungen wichtiger prozessualer Vorgänge (wie vor allem von „Verhalten" und „Wahrnehmen") vorgenommen und daraufhin Schlußfolgerungen für die konkrete Umsetzung und Anwendung vieler Techniken und Übungen gezogen.

„Repräsentationssysteme sind ganz einfach jene Sinnesmodalitäten, die uns als Menschen zur Verfügung stehen und die wir benutzen, um von der Welt um uns herum zu wissen (sie zu repräsentieren). Wir wissen (repräsentieren, erfahren) von der Welt durch die sensorischen Pforten des Sehvermögens, des Hörvermögens, der Kinästhetik, des Geruchs- und des Geschmackssinns. Alle diese Sinne sind ständig wirksam. Da aber vieles an diesem konstanten Fluß sensorischer Erfahrung (aus vielen Gründen) überflüssig oder redundant ist, beachten wir es überhaupt nicht und entscheiden uns eher dafür, unsere Aufmerksamkeit auf das System oder die Systeme zu richten, welche die für die unmittelbare Erfahrung relevanteste Information übermittelt"[30].

Doch so einfach ist der Sachverhalt nicht, auch wenn David GORDON diesen Eindruck erwecken möchte. Denn dem aufmerksamen Leser wird nicht entgangen sein, daß diese auf den ersten Blick griffige Erklärung sich bei näherer Betrachtung als tautologischer Zusammenhang herausstellt:

Dem einen Aussagenstrang (Repräsentationssysteme – Sinnesmodalitäten – die Welt um uns herum) steht als Erklärung der andere Aussagenstrang gegenüber (die Welt um uns herum – sensorische Pforten – Systeme); beide beschreiben und erklären sich gegenseitig. Doch was ist mit solch einer Definition gewonnen?

30 GORDON 1987, S. 78.

Repräsentationssysteme sind nach DILTS u. a. senso-motorische Komplexe, die jeweils aus einem dreiteiligen, untereinander verwobenen Netzwerk bestehen[31]:

1. **Input** = das Sammeln von Informationen und Erhalten von Feedback aus der (inneren und äußeren) Umwelt (auf analoge und digitale Weise = VAKOG[32] + Sprache);
2. **Repräsentation/Verarbeitung** = das Abbilden der Umwelt und Etablieren von Verhaltensstrategien wie Lernen, Entscheidungen treffen, Informationen speichern etc. (auf modalitätsspezifischem, d. h. analogem und digitalem Wege, d. h. wiederum VAKOG + Sprache) und
3. **Output** = das jeweilige Transformieren des repräsentationsvermittelten Abbildungsprozesses (mittels körpersprachlicher und sprachlicher Äußerungen, d. h. auch hier auf analoge und digitale Weise).

Wie sofort ersichtlich, umschließt diese sehr weite begriffliche Fassung sowohl „Verhalten" als auch „Wahrnehmen" als spezifische Aktivitäten innerhalb des Konstrukts der Repräsentationssysteme.

Verhalten ist danach eine Aktivität, die alle drei Phasen innerhalb eines Repräsentationssystems umfaßt, mithin eine raumzeitliche Veränderung des Menschen bewirkt (etwa im Sinne eines Längsschnitts). Das heißt: „Die Akte des Sehens, Hörens oder Fühlens sind Verhalten, ebenso wie das ‚Denken'. Wenn der Denkvorgang in seine Bestandteile zerlegt wird, dann zeigen sich sensorische Prozesse wie das innere Sehen, das Hören auf den inneren Dialog, über etwas Gefühle haben usw. Jeder Output ist natürlich Verhalten: das reicht von Mikroverhaltensweisen wie Augenbewegungen, Veränderungen der Stimme oder der Atemfrequenz bis zu Makroverhaltensweisen wie Streiten, Erkranken und Fußballspielen"[33].

---

31 vgl. DILTS u. a. 1985, S. 39; GRINDER/BANDLER 1982, S. 13 ff..

32 VAKOG ist eine im NLP-Sprachgebrauch übliche Abkürzung für das Zusammenwirken der einzelnen Sinnesmodalitäten visuell, auditiv, kinästhetisch, olfaktorisch und gustatorisch. Viele NLP-Anwender spechen daher auch vom sogenannten VAKOG-Modell, wenn sie den Wahrnehmungsakt als ganzheitlich-vernetzte Aktivität kennzeichnen wollen.

33 DILTS u. a. 1985, S. 39.

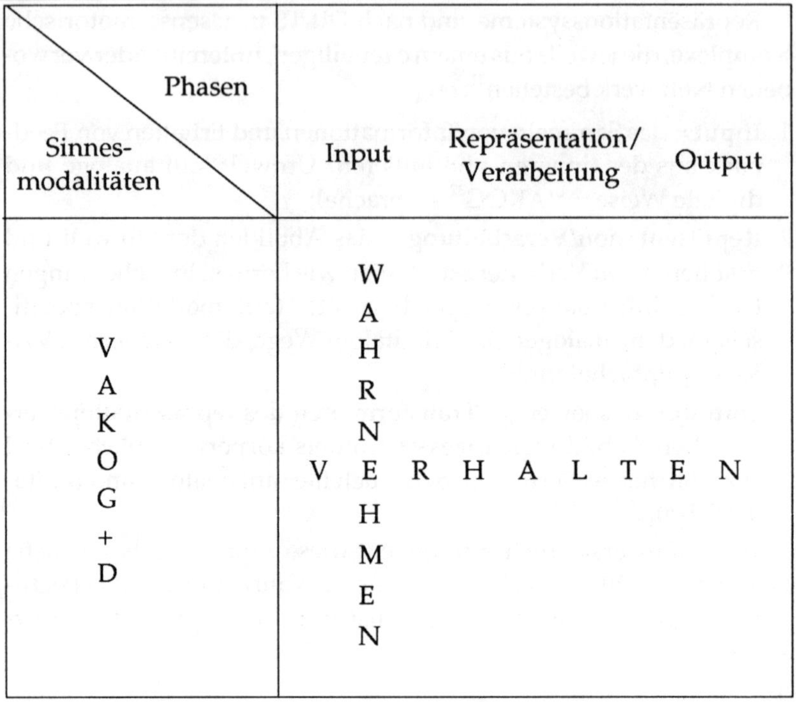

Abbildung 9: „Verhalten" und „Wahrnehmen" als spezifische Aktivitäten innerhalb des Konstrukts der Repräsentationssysteme.

Zwei Anmerkungen dienen zur Ergänzung dieser Begriffserläuterung:

1. Wie aus der Erläuterung des Denkaktes ersichtlich wird, ist Verhalten im Rahmen des NLP-Verständnisses nicht unbedingt an das Beobachtbare als übergreifendes Kriterium gebunden. Auch internale Prozesse wie z. B. das innere Sehen, Hören oder Fühlen werden als gleichfalls relevante Phänomene mitberücksichtigt und erfaßt.

2. In einem Vorgriff auf spätere Zuordnungen können Verhalten und Handeln an dieser Stelle schon in markanter Weise unterschieden werden, indem Handeln als ein spezifizierbares Verhalten interpretiert werden kann, d. h. als ein Verhalten, dem als zusätzliche Komponente ein Ziel (ein Zweck, ein Sinn) zugeordnet wird. Dieses „Ziel" kann dabei bekannt (offengelegt) sein, es kann aber auch – wie oft in kommunikativen Prozessen unterlegt – aus einer bloßen Interpretation, einer Zielvermutung bestehen, z. B. in der Art wie „Er/Sie verhält sich so, weil ..." oder „Er/Sie will offensichtlich ...".

Wahrnehmen ist im Modell der Repräsentationssysteme als eine ganzheitlich-vernetzte Aktivität zu betrachten, die sich vornehmlich im Rahmen der Inputphase abspielt. Ganzheitlich bedeutet in diesem Zusammenhang, daß immer alle Sinne daran beteiligt sind und ein Wahrnehmungsakt gewissermaßen einen Querschnitt durch sämtliche Sinnesmodalitäten darstellt; vernetzt betont zusätzlich, daß es auf neurologischer Ebene miteinander verbundene Netzwerke (Kreuzverbindungen) zwischen den einzelnen Sinneskanälen gibt, „daß die Aktivität in einem Repräsentationssystem die Aktivität in einem anderen System initiiert"[34].

Die wahrgenommenen Phänomene können dabei sowohl aus der Umwelt als auch aus der Erinnerung einer Person stammen und so werden Vergangenes und Gegenwärtiges im Wahrnehmungsakt miteinander verknüpft. Im NLP geht man davon aus, daß im allgemeinen der Reichtum an – unterschwelligen, d. h. der betreffenden Person nicht bewußten – Erinnerungen im Wahrnehmungsakt die dominierende Rolle spielt und in weitaus stärkerem Maße eine handlungsleitende Funktion innehat als dies weithin angenommen wird. Die schon an anderer Stelle zitierte Aussage von BANDLER und GRINDER hat in diesem Zusammenhang eine richtungsweisende Bedeutung für das Verständnis und die Ziele des NLP-Konzepts:

„Der Kontext, auf den (wir Menschen) reagieren, ist in der Regel aus ungefähr neun Teilen internaler Erfahrungen und ungefähr einem Teil externaler zusammengesetzt. Wenn also eine Verhaltensweise bizarr oder unangemessen für euch aussieht oder sich anhört,

34 DILTS u. a. 1985, S. 43.

so habt ihr einen deutlichen Hinweis darauf, daß ein Großteil des Kontextes, auf den die Person reagiert, etwas ist, was eurer unmittelbaren sinnlichen Erfahrung nicht zugänglich ist"[35].

Die oben angesprochene neurologisch fundierte Vernetzung zweier oder mehrerer Sinnesmodalitäten wird im NLP mit dem Begriff der *Synästhesie* umschrieben; eine visuell-kinästhetische Synästhesie liegt zum Beispiel dann vor, wenn einem beim Anblick von Blut schwindlig wird; wenn hingegen der Gesprächspartner einen strengen Ton anschlägt und dies ein unbehagliches Gefühl hervorruft, so hat man es mit einer auditiv-kinästhetischen Synästhesie zu tun; wenn man beim Hören von Musik eine schöne Landschaft vor Augen hat, dann spricht man von einer auditiv-visuellen Synästhesie[36].

Wie aus den Erläuterungen deutlich geworden ist, umgreifen Verhalten und Wahrnehmen als zentrale Begriffe das gesamte, durch das Modell der Repräsentationssysteme aufgespannte Spektrum.

- Das in Kapitel 6.1 erläuterte Modell der Wahrnehmung ist, soweit es den konkreten Wahrnehmungsakt betrifft, ein integraler Bestandteil des Modells der Repräsentationssysteme[37], soweit es hingegen das Phänomen des Wahrnehmens betrifft, eher als ein vorgelagertes Modell zu betrachten[38].
- Auch das im folgenden Kapitel 6.3 noch zu erläuternde Meta-Modell der Sprache erhält seinen Platz innerhalb des Modells der Repräsentationssysteme: Denn auch Worte und Sprache sind Verhalten; sie sind ebenfalls als digitale Verhaltenselemente innerhalb eines spezifischen Repräsentationssystems vorhanden. Gerade durch Sprache erfolgt eine Offenlegung der impliziten Verknüpfungen von Erinnerungen und Erlebnissen, denn Menschen drücken mit ihren Worten aus, was sie tatsächlich im jeweiligen Moment auch erleben[39].

---

35 BANDLER/GRINDER 1981, S. 167.

36 vgl. DILTS u. a. 1985, S. 43.

37 So kann das Konzept der Zugangshinweise ohne weiteres auch als pragmatische Anwendung des Repräsentationsverständnisses interpretiert werden.

38 So fungieren die hier vorgestellten neurologischen, sozialen und individuellen Filter und auch die Aussage KORZYBSKIs, die Landkarte sei nicht das Gebiet selbst, als Erklärungshintergrund für das Repräsentationsmodell.

39 vgl. CAMERON-BANDLER 1983, S. 84.

Als Fazit läßt sich demnach festhalten, daß das Verständnis der Repräsentationssysteme als ein Herzstück des NLP-Konzepts anzusehen ist. Aus diesem Konzept werden nahezu sämtliche praktischen Anwendungsbeispiele und Methoden abgeleitet und begründet. Die NLP-Entwickler empfehlen daher aus pragmatischen Gründen, von einer Existenz von Wahrnehmungs- und Repräsentationssystemen auszugehen und „(die) gesamte aktuelle Erfahrung sinnvoll in der Form (zu kodieren), daß sie aus Kombinationen dieser Wahrnehmungsklassen besteht"[40].

6.2.2 *Erläuternde Anmerkungen zum Modell der Repräsentationssysteme*

Die Darstellung des Modells der Repräsentationssysteme war verschiedentlich mit Schwierigkeiten verbunden, die damit zusammenhängen, daß man praktisch an jeder Stelle des Konzepts „einhaken" kann und erläuternde, zum Teil auch kritische Anmerkungen zu den zugrundeliegenden Annahmen und Prämissen benötigt. Um die in Kapitel 6.2.1 gegebene Darstellung aber nicht unnötig zu erschweren, sollen nun die Anmerkungen nachgetragen werden und das Modell noch einmal Schritt für Schritt auf theoretische Defizite und zum Verständnis notwendige Erläuterungen hin abgeklopft werden.

Ein Grunddilemma des NLP besteht darin, daß die Autoren oft nachlässig mit ihren Begriffen operieren und nur an wenigen Stellen explizit auf terminologische Klärungen eingehen. Dies scheint auf den ersten Blick verwunderlich, wenn man bedenkt, daß als ursprünglicher Ansatzpunkt der Modellentwicklung eine Sprachanalyse stattgefunden hat und daß mit Michael GRINDER ein renommierter Sprachwissenschaftler an der Modellkonstruktion beteiligt ist.

Eine Erklärung könnte aber darin liegen, daß offensichtlich große Unterschiede zwischen den Zielen dieser Untersuchung und der damaligen NLP-Entwicklung bestehen: Hier geht es um eine eher

40 DILTS u. a. 1985, S. 37.

theoriegebundene Explikation, um eine begründete wissenschaftliche Legitimierung des NLP-Konzepts, damals ging es um die Entwicklung eines pragmatischen Modells zur Entschlüsselung von allgemeinen Verhaltens- und Kommunikationsgrundlagen, um daraus abgeleitet Menschen zu neuen Wahlmöglichkeiten und Einsichten verhelfen zu können.

Dennoch lassen sich aus diesen unterschiedlichen Zielsetzungen nicht alle Ungereimtheiten erklären und entschuldigen. Insofern hat manche Kritik – wie noch in Kapitel 8 ausgeführt werden wird – ihre Berechtigung. Eine Diskussion des Modells der Repräsentationssysteme kann aber exemplarisch einige, immer wiederkehrende Mängel aufdecken und beheben helfen.

So besteht schon Uneinigkeit darüber, wie die NLP-Autoren den Begriff *Repräsentation* verstanden wissen wollen. STICKLING hat auf den Widerspruch aufmerksam gemacht, daß zwei unterschiedliche Kontexte vorliegen, wenn

a. „Repräsentation" als psychologischer Begriff sich auf einen „(psychischen) Akt des Sichvergegenwärtigens von Vorstellungen oder Erinnerungen"[41] im Sinne eines „Abrufens, Erinnerns, Sich-Vergegenwärtigens" bezieht,

b. wohingegen eine erkenntnistheoretische Definition den Begriff kennzeichnet als „Sammelbezeichnung für alle Arten von Abbildungen, die ... beim Menschen verwirklicht werden. Repräsentiert, in einem anderen Medium abgebildet sein, können sowohl externe Objekte und Vorgänge als auch ... erlebnishafte Gegebenheiten"[42]; d. h. hier wird Repräsentation in einem erheblich weiter gefaßten Kontext als „Abbildung, Modellbildung" verstanden.

Einige Zitate sollen verdeutlichen, daß beide Unterscheidungen von BANDLER und GRINDER in ihren Abhandlungen gebraucht werden:

Zitat 1:

„Wir als menschliche Wesen wirken nicht direkt auf die Welt ein. Jeder von uns schafft sich eine Repräsentation der Welt, in der wir leben – d. h. wir schaffen eine Landkarte oder ein Modell, welches wir für die Gestaltung unseres Verhaltens verwenden.

41 URBAN in STICKLING 1990, S. 38.
42 KAMINSKI in STICKLING 1990, S. 38.

Unsere Repräsentation der Welt bestimmt weitgehend, wie unsere Erfahrung von der Welt sein wird, wie wir die Welt wahrnehmen werden, welche Wahlmöglichkeiten wir für unser Leben in der Welt sehen"[43].

Zitat 2:

„Wir können auch unsere Augen schließen ... und eine auditive (Geräusch-)Repräsentation erzeugen: das Klopfen fallender Regentropfen, einen fernen Donnerschlag, wie er über die zuvor stillen Hügel rollt, das Quietschen singender Reifen auf einer ruhigen Landstraße oder den Laut einer Taxihupe im ohrenbetäubenden Getöse einer lärmenden Stadt. Wir können auch unsere Augen schließen und uns eine Geschmacksrepräsentation der Säure einer Zitrone oder der Süße des Honigs oder des Salzigen eines alten Kartoffelchips erzeugen ..."[44].

Zitat 3:

„Jedes Repräsentationssystem bildet ein dreiteiliges Netzwerk: 1) Input, 2) Repräsentation/Verarbeitung und 3) Output. ... Repräsentation/Verarbeitung umfaßt die Abbildung der Umwelt und die Etablierung von Verhaltensstrategien wie Lernen, ..."[45].

Die Konsequenzen für eine Interpretation des Modells der Repräsentationssysteme liegen auf der Hand. Ungenau definierte Grundbegriffe werfen einen riesigen Schlagschatten, der unweigerlich alle nachgeordneten Begriffe in seinen Bann zieht und die Wirksamkeit eines Modells zu untergraben vermag. Daher ist eine inhaltliche Präzisierung der nachfolgenden Fragen notwendig:

a. Sind mit dem Modell der Repräsentationssysteme lediglich flexible „Abruf-Modelle" gespeicherter Inhalte gemeint, wie dies aus dem zweiten Zitat implizierbar wäre?

   Dann wäre der ganze Aufwand um die weitgespannte Herleitung überflüssig gewesen und müßte zudem noch durch andere Konzeptbausteine ergänzt werden[46].

---

43 BANDLER/GRINDER 1984, S. 27.
44 GRINDER/BANDLER 1982, S. 14 f..
45 DILTS u. a. 1985, S. 39.
46 vgl. hier auch die irritierende Benutzung des Repräsentationsbegriffs zur Kennzeichnung einer Phase innerhalb des Gesamtmodells Repräsentationssystem bei DILTS u. a. 1985 – drittes Zitat.

b. Oder stellen Repräsentationssysteme, wie auch in der Darstellung geschehen, komplexe Systeme dar, welche die Vorgänge des Wahrnehmens, Verarbeitens/Speicherns und Abrufens in sich vereinen (vgl. erstes Zitat)?

Unter diesen Vorzeichen wäre „Repräsentation" als der komplexe Vorgang zu verstehen, der sich auf die Aktivitäten innerhalb einer Sinnesmodalität bezieht, synonym mit Repräsentationssystem (Singular!), während das „Modell der Repräsentationssysteme" zusätzlich auch das Zusammenwirken (die Vernetzung!) der analogen und digitalen Sinnesmodalitäten untereinander umfaßt.

Es ist mehr als eine Vermutung, die dafür spricht, daß BANDLER und GRINDER in ihrem Konzept das letztgenannte Begriffsverständnis meinten. Denn nur damit lassen sich die vielfältigen Anwendungsmöglichkeiten, die von ihnen aus diesem theoretischen Konstrukt abgeleitet werden, sinnvoll erfassen und begründen. Daher soll es auch als Grundlage für diese Untersuchung dienen.

Desweiteren wird von den NLP-Autoren ein unmittelbarer Zusammenhang zwischen der sinnlichen Wahrnehmung und der Art der internen Speicherung behauptet, d. h. es gibt so etwas wie einen „internen visuellen Speicher", welcher die eintreffenden Informationen „sinn-gemäß" (hier: visuell) ablegt[47]; diese Spezifizierung gilt in gleicher Weise auch für die anderen Sinnesmodalitäten.

Die NLP-Autoren geben aber an keiner Stelle weiterführende Erklärungen, wie dieser Zusammenhang sich im einzelnen abspielen soll bzw. kann. Die diesbezügliche Unklarheit ist sicherlich mit ein wichtiger Grund, weshalb sich die theoretische Vorbereitung und Fundierung empirischer Untersuchungen auf der Basis des NLP-Modells so schwer tun[48].

Es sei jedoch darauf hingewiesen, daß dieses Manko nicht allein dem NLP-Modell angelastet werden kann, sondern zum gegenwärtigen Zeitpunkt noch ein generelles Problem im Rahmen kognitiver Forschungsansätze darstellt; die Fülle an theoretischen Konstrukten und Erklärungsansätzen im Bereich der Wahrnehmung, Speicherung und Verarbeitung ist derart vielschichtig und komplex, daß

47 vgl. dazu Abbildung 10.
48 vgl. dazu exemplarisch die Untersuchung von SCHIERMANN 1987; vgl. Kapitel 8.

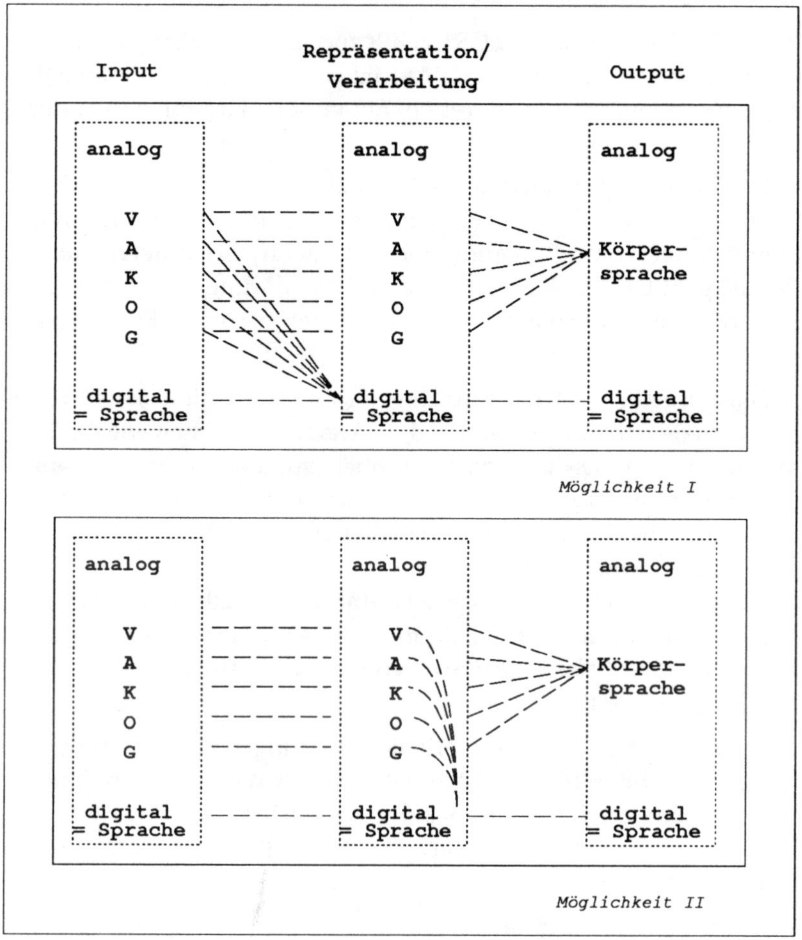

Abbildung 10: Schematische Darstellung der These eines unmittelbaren Zusammenhangs von sinnlicher Wahrnehmung und der Art der internen Speicherung innerhalb des Modells der Repräsentationssysteme.

nahezu jede Interpretation von Sachverhalten und Phänomenen ein angemessenes theoretisches Fundament finden kann.

Da aber BANDLER und GRINDER zudem noch sehr sparsam mit Querverweisen auf verwandte Ansätze umgehen, sind etwaige Bezüge besonders schwer zu treffen. Einige sollen im folgenden kurz angedacht werden.

Das Begriffspaar **„analog/digital"** haben BANDLER und GRINDER von Gregory BATESON übernommen[49]. In seiner Schrift „Probleme in der Kommunikation von Delphinen und anderen Säugetieren" geht BATESON im Rahmen seiner Klärung von transkulturell-kommunikativen Beziehungsstrukturen auf dieses Begriffspaar ein.

Danach stehen sich in der analogen Kommunikation jeweils reale prozessuale Größen gegenüber, d. h. Ausdrucksformen wie Gesten, Mimik etc. können als solche sinnlich aufgenommen und auch dementsprechend gedeutet bzw. wiedergegeben werden; demgegenüber ist die digitale Kommunikation, die verbale Sprache ist fast rein digital, durch einen besonderen Algorithmus („An-Aus-Prinzip") gekennzeichnet, d. h. die Kenntnis der Vokabeln und Grundregeln dieser Sprache (ihrer Algorithmik) sind die notwendige Voraussetzung zur Erfassung derselben und zur Entschlüsselung ihres inhaltlichen Verständnisses.

Grundsätzlich gilt, daß sämtliche Erfahrungen aus den analogen Systemen – die NLP-Entwickler nennen hier die einzelnen Sinnesmodalitäten (VAKOG) – in das digitale System überführt werden können; das Sprachsystem fungiert demnach als übergreifendes, reflexives Meta-System.

Die Stärke des digitalen Systems liegt darin, daß hiermit eine wechselseitige Kommunikation wesentlich schneller und ökonomischer vonstatten gehen kann als mit den analogen Systemen; Voraussetzung ist jedoch – wie gesagt – die Kenntnis der Sprache. Demgegenüber sind die analogen Systeme nicht so spezifiziert, sie haben – das ist ihre Stärke – eher einen grundlegenden, allgemeingültigen Charakter. Das ist auch der Grund, weshalb man sich mit Hilfe von Ausdrucksbewegungen noch einigermaßen, jedoch weit

49 vgl. BATESON 1988, S. 478 ff..

mühevoller verständigen kann, selbst wenn man die Sprache von Menschen nicht beherrscht.

In ihrem Modell der Repräsentationssysteme haben BANDLER und GRINDER in jeder Phase analoge und digitale Systeme installiert[50]. Vor allem haben sie den analogen Bereich mit Hilfe des VAKOG-Konzepts „sinn-gemäß" ausgebaut. In ihren konzeptionellen Umsetzungen nehmen sie sogar noch weiterführende Differenzierungen vor[51].

Aus ihren Thesen, daß erstens eine modalitätsspezifische Wahrnehmung, Kodierung/Speicherung und Abrufung der Informationen in jedem Repräsentationssystem erfolgt, daß zweitens eine vielfache, individuell unterschiedliche Vernetzung der Systeme besteht (Synästhesie) und daß drittens eine Übertragung jedes analogen Systems in das digitale (bzw. in ein anderes analoges) System erfolgen kann (z. B. durch Overlapping), ergeben sich nunmehr weitreichende Schlußfolgerungen für eine pragmatische Anwendung des Modells der Repräsentationssysteme.

Zudem haben sie mit der Unterscheidung „analog/digital" auch lernbiologische Bezüge, insbesondere die der Hemisphären-Theorie, aufgegriffen, indem sie das analoge VAKOG-Modell einer rechtshemispärischen „Bild-Bibliothek" und das digitale Sprachmodell einer linkshemisphärischen „Wort-Bibliothek" zuordnen. SCHIERMANN[52] charakterisiert diese beiden gegensätzlichen, sich aber ergänzenden Ordnungs- und Erlebensprinzipien mit folgenden Bezeichnungen.

---

50 vgl. dazu noch einmal Abbildung 10.
51 vgl. GRINDER/BANDLER 1982, S. 42 ff..
52 vgl. SCHIERMANN 1987, S. 39; vgl. Abbildung 11; vgl. ferner die Ausführungen zur populärwissenschaftlich weit verbreiteten Hemisphären-Idee in Kapitel 2.3.1.

Wort	und	Bild
analytisch		ganzheitlich
diskret		kontinuierlich
digital		analog
vergänglich		permanent
generalisiert		spezialisiert

Abbildung 11: Charakterisierung der „Wort-" und der „Bild-Bibliothek" des menschlichen Gehirns als Versuch einer Anwendung der Hemisphären-Theorie.

Zum Abschluß dieser Diskussion sei noch der Hinweis gestattet, daß mit dem in der einschlägigen kognitionspsychologischen Literatur verbreiteten „**Schema**"-Begriff ein ähnliches Konstrukt wie das der „Repräsentationssysteme" diskutiert wird. Der Ausdruck „Schema" stammt ursprünglich von BARTLETT und wurde in der Folgezeit von vielen Autoren, u. a. von NEISSER und von AEBLI, weiterentwickelt:

„Es scheint", so äußert sich NEISSER, „ kein besseres Wort für die in der Wahrnehmung zentrale Struktur zu geben als BARTLETTs Schema. ... Ein Schema ist jener Teil des ganzen Wahrnehmungszyklus, der im Innern des Wahrnehmenden ist, durch Erfahrung veränderbar und irgendwie spezifisch für das, was wahrgenommen wird. Das Schema nimmt Information auf, wenn sie bei den Sinnesorganen verfügbar wird, und es wird durch diese Information verändert. Es leitet Bewegungen und Erkundungsaktivitäten, die weitere Information verfügbar machen, und wird durch diese wiederum verändert"[53].

53 NEISSER 1979, S. 50; vgl. zum Vergleich beider Begriffe – SCHIERMANN 1987, S. 25.

6.2.3 *Schlußfolgerungen aus dem Modell der Repräsentationssysteme: Leitsysteme und Strategieentwicklungen*

Die Existenz von Leitsystemen[54] ist die konsequente Umsetzung und Anwendung der Idee, daß jeder Mensch bei seinen prozessualen Aktivitäten wie Wahrnehmen, Verarbeiten und Speichern von Informationen unwillkürlich eine bestimmte Sinnesmodalität bevorzugt einsetzt. Es handelt sich hier in der Regel um das im Zeitablauf am weitesten entwickelte Repräsentationssystem eines Menschen. Und dies bringen Menschen auch in Gesprächen zum Ausdruck. Kurz gefaßt: Sie sprechen nicht nur davon, was sie erleben, sondern geben auch laufend Hinweise darüber, wie sie erleben und wie sie sich Erlebnisse zugänglich machen[55].

Die „Vorliebe" für ein bestimmtes Repräsentationssystem braucht der betreffenden Person nicht bewußt zu sein, hat aber für die Kommunikation mit diesem Menschen eine ungeheure Bedeutung. Denn es liegt auf der Hand, daß eine gute Kommunikationsgrundlage, ein harmonisches Miteinander in erheblichem Maße davon abhängt, ob Menschen „auf einer Wellenlänge" miteinander kommunizieren können oder ob dies nicht möglich ist: Wenn ein Mensch – wortwörtlich gemeint – eine positive Entwicklung „voraussieht", dann ist es unter Umständen sinnvoller, ihm eine „glänzende" gemeinsame Zukunft „auszumalen" als mit ihm auf ein „gutes Gefühl" hin „anzustoßen".

Als Leitsystem kommen beim Menschen nur die sogenannten „großen" Sinnessysteme in Betracht, d. h. entweder das visuelle oder das auditive oder das kinästhetische Repräsentationssystem. Denn erstens sind die olfaktorischen und gustatorischen Repräsentationssysteme beim Menschen nicht differenziert genug entwickelt bzw. entwickelbar (wie z. B. das olfaktorische beim Hund), um eine Leitfunktion bei der Erfahrung und Erkundung der Welt ausfüllen zu können, und zweitens liegt die Verarbeitungsgeschwindigkeit der über diese Repräsentationssysteme eintreffenden Informatio-

---

54 Synonymer Ausdruck: Primäres Repräsentationssystem.
55 siehe Kapitel 5.4.5 – Zugangshinweise.

nen zu weit hinter denen der anderen Systeme (Licht – Schall – taktile oder propriozeptive Impulse bzw. beurteilende Meta-Empfindungen) zurück, um ein flexibles und situationsadäquates Handeln aufgrund dieser Informationsbasen gewährleisten zu können[56].

Eine weitere, äußerst wichtige Unterscheidung, die das Verhältnis der Repräsentationssysteme untereinander betrifft, hebt Leslie CAMERON-BANDLER hervor: Es gibt Situationen, in denen das Leitsystem sich nicht mit dem Repräsentationssystem deckt, welches am ehesten geeignet wäre, die eintreffenden Informationen so zu verarbeiten, daß ein volles und befriedigendes Erleben möglich ist.

Als Sexualtherapeutin weist sie auf den in ihrer Praxis häufig anzutreffenden Fall hin, daß das visuelle Repräsentationssystem beim Erleben des Intimverkehrs dem kinästhetischen unterlegen ist und unter Umständen daraus Defizite und Frustrationen resultieren, daß ein in derartigen Situationen visuell ausgerichteter Mensch quasi durch seine Repräsentationsmodalität in eine „Beobachterrolle" gedrängt wird, aus der heraus er nicht mehr zum Erleben Zugang findet[57].

Als Beispiel im pädagogischen Bereich ist der Fall bekannt, daß viele Menschen bei der Abfrage von Lerninhalten sich den Zugang zu ihren Kenntnissen über bildhafte Vorstellungen verschaffen (Zugangshinweis: „Blick nach oben"), ein leichtfertig dahingeworfenes Wort des Prüfers, „Da oben steht's nicht", ihnen unter Umständen diesen Zugang aber verwehren würde.

NLP-Muster, die sich auf das Modell der Repräsentationssysteme stützen und die Modellerkenntnisse konsequent anwenden, sind

56 Desmond MORRIS – vgl. 1986, S. 10 – berichtet, daß bei Naturvölkern der Geruchssinn als das bei wichtigen Entscheidungen dominierende Sinnesorgan eingesetzt wird: Beim Stamm der Nuba im Sudan wird die wichtige Entscheidung der Partnersuche und -wahl getroffen, indem die heiratsfähigen Frauen ihren Genitalbereich dicht an den Kopf des mit geschlossenen Augen knieenden Mannes bringen; für den westlichen Kulturkreis scheint die Bedeutung des Geruchs- und Geschmackssinns geringer zu sein; unter Umständen sind uns aber auch nur die Dinge nicht (mehr) präsent, wo wir uns ähnlich entscheiden; Beispiel: Ich kann Dir riechen – wie der Berliner sagt.

57 vgl. CAMERON-BANDLER 1983, S. 51 ff..

z. B. das Pacing und das Überlappen. Darüber hinaus lassen sich aber zu praktisch jeder weiteren Technik Bezüge herstellen.

Strategien – ein weiterer wichtiger Begriff im NLP – sind formale Muster (= Verhaltens-Sätze), die durch das Ordnen von Erfahrungen in strukturierte Abläufe entstehen. Der Einsatz von Strategien erfolgt auf der Basis von „Landkarten" oder Modellen, d. h. aufgrund der aktuellen subjektiven Sicht der Welt, die eine Person besitzt. Daraus ergibt sich schließlich auch die Steuerung des Verhaltens der betreffenden Person[58].

In Abbildung 12 zeigt eine mehrstufige Hierarchie den gedachten Zusammenhang der einzelnen NLP-Bausteine an, die zur Entwicklung eines subjektiven Weltbildes beitragen. Zugleich ist hiermit eine Einordung des Strategiebegriffes gegeben. BANDLER und GRINDER beschreiben insgesamt vier „strategische Vorgehensweisen", die von ihnen als konsequente Umsetzung des Modells der Repräsentationssysteme angesehen werden[59]. Im einzelnen sind dies die Meta-Taktiken des

1. Erkennens/Identifizierens von Strategien,
2. Angleichens in den Prädikaten,
3. Wechselns der Repräsentationssysteme und
4. Hinzufügens von Repräsentationssystemen.

6.2.4 *Die innere Differenzierung der Repräsentationssysteme durch das Konzept der Submodalitäten*

Submodalitäten sind die untergeordneten Elemente, die innerhalb jeder Sinnesmodalität zur spezifischen Benennung der subjektiven Erfahrungen eines Menschen gebraucht werden. GORDON erläutert ihre Funktion im Rahmen des Modells der Repräsentationssysteme mit folgenden Worten:

„Kein Repräsentationssystem nimmt perzeptive Unterscheidungen auf der Systemebene selbst vor. Statt dessen unterteilt jedes Repräsentationssystem seine perzeptive Organisation in einzelne unterscheidende Einheiten auf, von denen jede für die Kodierung

58 vgl. DILTS u. a. 1985, S. 40.
59 vgl. GRINDER/BANDLER 1982, S. 24 ff..

von Informationen entlang einer bestimmten Dimension der Erfahrung verantwortlich ist. Diese unterscheidbaren Einheiten sind Submodalitäten"[60].

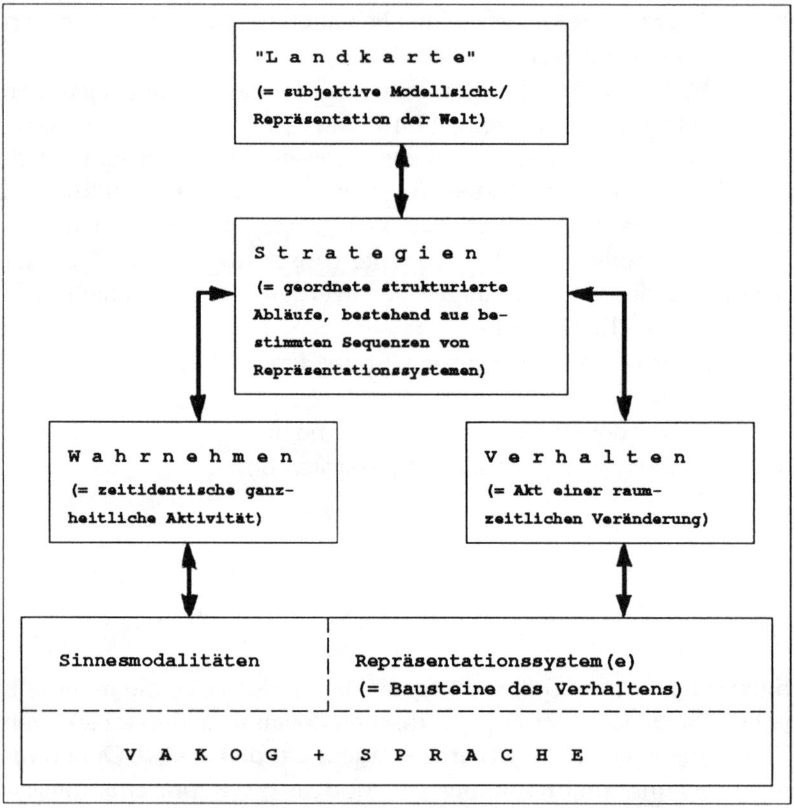

Abbildung 12: Versuch einer hierarchischen Zuordnung der wichtigsten NLP-Begriffe zur Entwicklung eines subjektiven Weltbildmodells.

60 GORDON 1986, S. 97.

Aus dieser Erläuterung folgt, daß Submodalitäten letztlich die strategischen Wirkmuster des NLP sind, mit deren Hilfe die Erfahrungen von Menschen differenziert (modalitätsspezifisch) niedergelegt werden: „Erfahrung findet auf der Ebene der Submodalitäten statt. Werden also Veränderungen auf der submodalen Ebene vorgenommen, wird sich die Erfahrung gleichfalls verändern"[61]. GORDON hat den Wirkungszusammenhang von Erfahrung, Repräsentation, Submodalitäten und „Veränderung" in einem Schaubild skizziert.

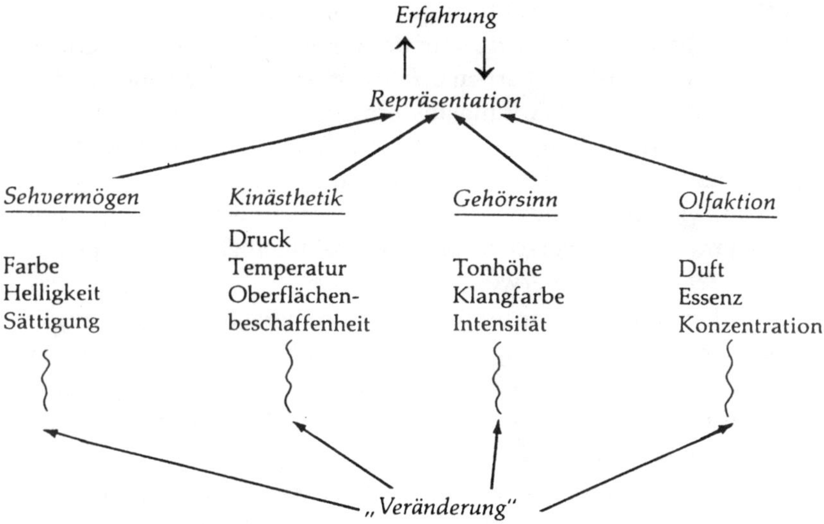

Abbildung 13: Der Wirkungszusammenhang zwischen Erfahrung, Repräsentation, Submodalitäten und „Veränderung".

61 GORDON 1986, S. 98; vgl. Abbildung 13.

Aus dieser Erklärung lassen sich wichtige Schlüsse im Hinblick auf die Stellung der Submodalitäten innerhalb des Gesamtkonzepts der Repräsentationssysteme ziehen:

1. Submodalitäten liefern eine kategoriale Zuordnung innerhalb jedes analogen Repräsentationssystems;
2. aufgrund ihrer sprachlichen Formulierungen sind sie zugleich aber auch als Bestandteile des digitalen Repräsentationssystems anzusehen und
3. stellen daher – als wichtigste Erkenntnis – ein, vielleicht auch das formale Bindeglied zwischen den analogen (VAKOG) und dem digitalen Repräsentationssystem (Sprache) dar.

Der großen Bedeutung dieses NLP-Modells steht aber eine bemerkenswerte Unkenntnis über die grundlegende Arbeitsweise des menschlichen Gehirns sowie über daraus ableitbare Konsequenzen für ein gehirngerechtes Lernen und Arbeiten in nahezu allen beruflichen und privaten Wirkungsfeldern gegenüber: „Die Menschen wenden viel mehr Zeit dafür auf", so beklagt Richard BANDLER, „zu lernen, wie man eine Küchenmaschine bedient, als sich beizubringen, wie sie ihr Gehirn benutzen können. Es wird generell nicht viel Wert darauf gelegt, den eigenen Geist in einer anderen als der gewohnten Weise zu verwenden"[62].

Auf diese Informationslücke machte seinerzeit auch der englische Wissenschaftler Tony BUZAN im Rahmen einer Befragung aufmerksam; er erhielt bei seiner Untersuchung auf jede einzelne der nachfolgenden Fragen von wenigstens 95 Prozent der Befragten ein „Nein" zur Antwort[63]:

* Haben Sie in der Schule etwas über das Gehirn gelernt und darüber, wie das Verständnis seiner Funktionen das Lernen, Erinnern, Denken usw. unterstützen kann?
* Haben Sie etwas darüber gelernt, wie Ihr Gedächtnis funktioniert?
* Haben Sie etwas über spezielle moderne Gedächtnistechniken gelernt?
* Etwas darüber, wie Ihr Auge beim Lernen funktioniert und wie Sie dieses Wissen vorteilhaft nutzen können?

---

62 BANDLER 1987, S. 20.
63 vgl. BUZAN 1988, S. 21 ff.; vgl. auch BACHMANN 1990b, S. 24.

* Etwas über die vielerlei Formen von Studientechniken und wie Sie in den verschiedenen Disziplinen angewendet werden können?
* Etwas über das Wesen der Konzentration und wie man sie im Bedarfsfall aktivieren kann?
* Etwas über Motivation, wie sie Ihre Fähigkeiten beeinflußt und wie Sie sie vorteilhaft nutzen können?
* Etwas über das Wesen von Schlüsselwörtern und Schlüsselbegriffen und welche Bedeutung sie für Aufzeichnungen, Vorstellungen usw. haben?
* Etwas über das Denken? Etwas über Kreativität?

„Aber", so beschreibt Richard BANDLER das Ziel seiner Forschungsarbeiten, „(Menschen können lernen), Ihr Gehirn bedarfsgerechter zu nutzen. Das ist das Wesen des NLP". An einer anderen Stelle formuliert er sein Ziel präziser: „Ich möchte, daß Sie herausfinden, wie Sie lernen können, Ihr eigenes Erleben zu verändern, um etwas Kontrolle über das zu bekommen, was in Ihrem Gehirn tatsächlich passiert"[64].

In der Literatur wird nicht ohne Stolz darauf hingewiesen, daß das Konzept der Submodalitäten eine originäre Eigenentwicklung des NLP darstellt, mithin also weit über den ursprünglichen, vor allem durch die Arbeiten von SATIR, PERLS und ERICKSON vorgegebenen Rahmen hinausgeht und auf der Suche nach einer eigenen Rahmensetzung auch das Tor zu neuen Anwendungsmöglichkeiten und -feldern aufstößt.

Die Beschäftigung mit Submodalitäten kann bei jedem Anwender einen persönlichen Veränderungsprozeß einleiten, der sich an den individuellen, subjektiven Bedingungen des Menschen orientiert. So schreiben ANDREAS und ANDREAS über ihre Veröffentlichung:

„Die Worte in diesem Buch können in zweifacher Weise für Sie nützlich sein. Zum einen haben sie womöglich zur Folge, daß Sie Zugang zu schon gemachten Erfahrungen bekommen, und daß Ihnen neue und sinnvolle Kombinationen, Abfolgen und Wege deutlich werden, wie Sie diese Erfahrungen nutzen können. Zum

64 BANDLER 1987, S. 21 und 20.

anderen können die Worte neue Erfahrungen schaffen, indem sie Sie in spezielle Richtungen führen, die Sie benutzen können, mehr darüber zu entdecken, wie Ihr Gehirn arbeitet"[65].

Die Fülle und Vielfalt der neuentdeckten Submodalitätsinterventionen hat zum gegenwärtigen Zeitpunkt aber noch kein umfassendes und systematisches Konzept ergeben. Dies zeigt sich im Buch von Richard BANDLER „Veränderung des subjektiven Erlebens" (1987), in welchem in acht Kapiteln verschiedene Aspekte der Arbeit mit Submodalitäten vorgestellt werden. Jedoch reift bei der Lektüre des Buches unwillkürlich die Erkenntnis heran, daß die vorgestellten Muster zwar „irgendwie" zusammenhängen dürften, daß aber das Entdecken des „irgendwie" zugleich auch das Problem, die entscheidende Lücke in der Darstellung ist.

Von Connirae und Steve ANDREAS (1988), zwei Schülern von Richard BANDLER, wurden weitere Muster entdeckt und jeweils einzeln konzeptionell aufbereitet, doch auch diese Autoren haben es unterlassen, einen schlüssigen theoretischen Bezugsrahmen für ihre Darstellungen zu schaffen. Ihr Buch knüpft nahtlos an das Werk BANDLERs an und stellt in dieser Hinsicht eine wertvolle Ergänzung und Ausweitung des Grundthemas dar, hört aber ähnlich unvermittelt nach der Darstellung der Interventionstechniken auf wie zuvor auch Richard BANDLER in seinem Beitrag.

Angesichts des komplexen Gegenstands – Erforschung des subjektiven Erlebens – mag dieser Verzicht auf eine umfassende theoretische Einordnung noch akzeptiert werden können, die Hoffnung darauf wird jedoch schon laut als zukünftige Aufgabe geäußert und in dieser Hinsicht das NLP-Modell unter Zugzwang gesetzt[66]. Die Frage, ob eine theoretische Fundierung gelingt, wird zunehmend an Bedeutung gewinnen für die Akzeptanz des Gesamtmodells. So schreiben KIRCHNER und WEISS im Vorwort zu ANDREAS/ANDREAS:

„Die Arbeit mit Submodalitäten könnte für NLP insgesamt als ein möglicher Ausgangspunkt dienen, von dem aus sowohl die Weiterentwicklung einzelner Konzepte als auch die wissenschaftliche und

65 ANDREAS/ANDREAS 1988, S. 18.

66 siehe dazu exemplarisch die von GORDON unternommenen Forschungen im Bereich der Submodalitäten – vgl. 1986, S. 173 ff..

theoretische Fundierung der praktischen Erfolge vor sich geht. Im Moment sieht es so aus, als ob NLP nur den Pragmatismus in der Psychotherapie (und in den anderen Anwendungsfeldern, d.V.) unterstützt. Es könnte aber auch die Grundlage bilden, um das, was in vielen Therapierichtungen und auch im Alltag schon teilweise unbewußt und unsystematisch abläuft, zu systematisieren und deutlich werden zu lassen"[67].

Als einziges schlüssiges Konzept steht zur Zeit der Vorschlag zur Submodalitätsunterscheidung von Richard BANDLER im Raum, den er im Nachtrag seines Buches gegeben hat[68]. Dabei orientiert sich BANDLER an den Hauptmodalitäten, d. h. an den Modalitätsunterscheidungen auf der Repräsentationssystemebene. Sein Kon-

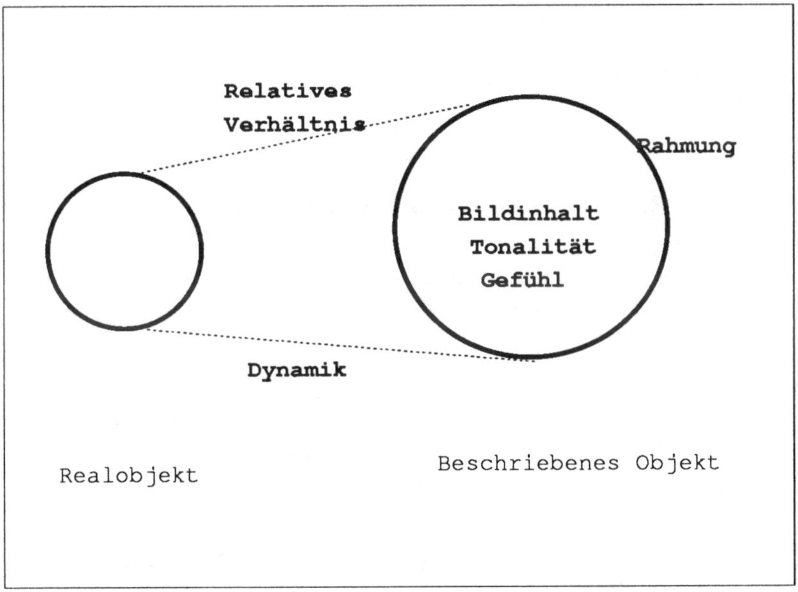

Abbildung 14: Beschreibung der allgemeinen Kategorien als Zuordnungshilfen für die Erfassung von Submodalitäten.

67 KIRCHNER/WEISS in ANDREAS/ANDREAS 1988, S. 10.
68 vgl. BANDLER 1987, S. 183 f..

zept besteht aus einer (von ihm als nicht vollständig ausgewiesenen) Auflistung von Submodalitäten, eine tiefergehende Ordnung innerhalb der groben Kategorien hat er aber nicht vorgenommen.

Da die Auflistung nach wie vor als einziger umfassender Beitrag anzusehen ist und zudem auch in der Praxis auf starke Resonanz trifft, sei an dieser Stelle als Diskussionsbeitrag eine modifizierte Fassung der Submodalitätsunterscheidungen in Anlehnung an BANDLER vorgestellt (siehe auch Abbildung 14).

Visuelles Repräsentationssystem

Kategorien im Überblick:

- Relatives Verhältnis,
- Dynamik,
- Umrahmung,
- Bildinhalt.

Kategorie I: Relatives Verhältnis der Person zum Bild

Blickfeld:

Welche Position nimmt das Bild im Raum ein? – Zeigen Sie mit beiden Händen, wo sich das Bild bzw. die Bilder im Raum befinden.

Perspektive:

Aus welcher Perspektive sehen Sie das Bild? – (Wenn dissoziiert) Sehen Sie sich von rechts oder links, von hinten oder von vorne?

Assoziiert/Dissoziiert:

Sehen Sie sich selbst als Akteur oder sehen Sie die Ereignisse als Beobachter einer Szene?

Entfernung:

Wie weit ist das Bild von Ihnen entfernt? (Fragen Sie nach einer bestimmten, geschätzten Entfernung, wie z. B. zwei Meter.)

Ausrichtung:

Ist das Bild aus der Perspektive des Wahrnehmenden relativ geneigt oder gekippt?

Kategorie II: Dynamik des Bildes bzw. im Bild

Bewegung des Bildes:

Ist das Bild stabil? In welche Richtung bewegt es sich? Wie schnell bewegt es sich?

Bewegung innerhalb des Bildes:

Ist es ein Film oder ein stillstehendes Bild/Standbild? Wie schnell ist die Bewegung, schneller oder langsamer als normalerweise?

Anzahl der Bilder:

Gibt es ein Bild oder mehr als eines? Sehen Sie eines nach dem anderen oder alle zur gleichen Zeit?

Kategorie III: Rahmung des Bildes bzw. der Bilder

Form:

Welche Form hat das Bild, quadratisch, rechteckig, rund? Hochkant oder quer?

Begrenzung:

Gibt es eine Grenze, einen Rahmen um das Bild oder wird es an den Rändern undeutlich? Hat der Rahmen eine Farbe? Wie dick ist der Rahmen?

Größe:

Wie groß ist das Bild? (Fragen Sie nach einer bestimmten, geschätzten Größe, z. B. etwa 25 x 35 cm.)

Kategorie IV: Bildinhalt

Proportionen:

Stehen Menschen und Dinge im Bild im richtigen Verhältnis zueinander und zu Ihnen, oder sind einige von ihnen größer oder kleiner als im wirklichen Leben?

Detailliertheit/Komplexität:

Gibt es Details im Vorder- und/oder im Hintergrund? Sehen Sie die Einzelheiten als ein Teil des Ganzen oder müssen Sie neu fokussieren, um sie zu sehen?

Bildschärfe:

Ist das Bild scharf oder unscharf, etwa verschwommen?

Kontrast:

Hat das Bild viel Kontrast (intensiv, lebendig) oder wenig (blaß)?

Helligkeit:
Ist das Bild in dem betreffenden Kontext heller oder dunkler als normalerweise?
Farbe:
Ist das Bild farbig oder schwarz-weiß? Ist das ganze Farbspektrum vorhanden? Sind die Farben intensiv oder verwaschen-pastellartig?

Auditives Repräsentationssystem

Kategorien im Überblick:
Relatives Verhältnis,
Dynamik,
Beschaffenheit des Tons bzw. Geräuschs.

Kategorie I: Relatives Verhältnis der Person zum Geräuschobjekt
Position:
Hören Sie es von innen oder von außen? Woher kommt das Geräusch (die Stimme, der Ton)?
Mono/Stereo:
Hören Sie es auf einer Seite, auf beiden Seiten oder ist der Klang überall um Sie herum?

Kategorie II: Dynamik
Lautstärke:
Wie laut ist es?
Geschwindigkeit:
Ist es schnell oder langsam?
Dauer:
Ist es stetig oder intermittierend?
Rhythmus:
Hat es einen festen Rhythmus oder eine Kadenz?

Kategorie III: Beschaffenheit des Tons bzw. des Geräuschs
Tonlage:
Ist es in einer hohen oder in einer niedrigen Tonlage? Ist die Tonlage höher oder niedriger als normalerweise?

Tonalität:
Wie ist die Tonalität: nasal, volltönend und klangvoll, dünn, heiser?
Melodie:
Ist es monoton oder gibt es melodische Variationen?
Modulation:
Welche Teile sind betont?

Kinästhetisches Repräsentationssystem

BANDLER empfiehlt zur Unterscheidung kinästhetischer Empfindungen folgende Kategorien:
- ***Taktil*** = die sensorischen Empfindungen auf der Haut;
- ***Propriozeptiv*** = die sensorische Rückmeldung der Muskulatur und andere körperinterne Empfindungen;
- ***Beurteilende Meta-Empfindungen*** = Emotionen, Gefühle oder viszerale Kinästhetik, die gewöhnlich in der Brust- bzw. Bauchgegend oder entlang der Mittellinie des Oberkörpers auftreten. Diese kinästhetischen Wahrnehmungen sind als indirekte Repräsentationen anzusehen, d. h. als von anderen Empfindungen abgeleitet.

Die Zuordnung der Submodalitäten zu den Kategorien ist bislang noch nicht eindeutig geklärt; daher werden im folgenden nur einige Beispiele für kinästhetische Submodalitäten genannt:

Qualität:
Wie würden Sie die Körperempfindungen beschreiben: prikkelnd, warm, kalt, entspannt, gespannt, verkrampft, diffus?
Intensität:
Wie stark ist die Empfindung?
Position:
Wo genau spüren Sie die Empfindung?
Bewegung:
Gibt es eine Bewegung in der Empfindlichkeit? Ist der Bewegungsverlauf kontinuierlich oder kommen darin Wellenbewegungen vor?

Richtung:
Wo beginnt die Empfindung? Wie kommt sie vom Ursprungsort zu der Stelle, wo Sie sich ihrer am meisten bewußt sind?
Geschwindigkeit:
Ist es ein langsamer, gleichmäßiger Verlauf oder bewegt es sich mit einem Sprung?
Dauer:
Ist es stetig oder intermittierend?

Olfaktorisches und gustatorisches Repräsentationssystem

Zur Vervollständigung sei noch auf den Geruchs- und Geschmackssinn eingegangen; Submodalitäten, die sich auf diese Repräsentationssysteme beziehen, sind jedoch nur sehr schwer zu ermitteln. BANDLER drückt sich hier sehr unspezifisch und vorsichtig aus:

„Die Begriffe, die von den Versuchsleitern in der Psychophysik verwendet werden (süß, sauer, salzig, bitter, verbrannt, aromatisch usw.) werden wahrscheinlich nicht nützlich sein. Das Ein- und Ausblenden eines Geschmacks oder eines Geruchs, sofern das in dem Erleben einer Person vorkommt, könnte recht nützlich sein. Geruch und Geschmack sind sehr wirksame Anker für die verschiedensten Zustände“[69].

6.3 Das Meta-Modell der Sprache

Das von BANDLER und GRINDER so bezeichnete „Meta-Modell der Sprache“ ist der erste NLP-Baustein überhaupt, den die Autoren gemeinsam konzipiert haben. „The Structure of Magic, Volume I“[70] wurde von ihnen im Jahre 1975 veröffentlicht und in den darauffolgenden Jahren durch weitere Beiträge konzeptionell ergänzt und sukzessive zu einem umfassenderen Modell ausgebaut.

Ihr erklärtes Ziel war es ursprünglich gewesen, ein Lehrbuch zu schreiben, mit dessen Hilfe Therapeuten ihre auf Klienten bezoge-

---

69 BANDLER 1987, S. 184.
70 Deutscher Titel: „Metasprache und Psychotherapie“ – vgl. 1984.

nen sprachlichen Interventionen vervollkommnen konnten. Daher finden sich neben den theoretischen Hintergrundinformationen zu ihrem Modellansatz sehr ausführliche Anleitungen und Anwendungsbeispiele, damit der Leser die vorgestellten Techniken auch intensiv einüben kann.

Im folgenden werden lediglich die theoretischen Aspekte des Meta-Modells der Sprache betrachtet, um in Verbindung mit den schon dargestellten Modellen der Wahrnehmung und der Repräsentationssysteme eine weitgehend abgerundete inhaltliche Fassung des NLP-Konzepts vorzulegen.

Dieses Vorhaben wird für das Meta-Modell dadurch erleichtert, daß von Leslie CAMERON-BANDLER im Anhang ihres Buches eine ausgezeichnete Zusammenfassung der einzelnen Bausteine des Meta-Modells der Sprache gegeben wird, die dem Zweck dieser Untersuchung vollauf genügt[71].

6.3.1 Die Rahmenbedingungen des Modells

BANDLER und GRINDER weisen zur einleitenden Zuordnung ihres Meta-Modells auf zwei grundsätzliche Arten hin, wie Menschen mit Sprache umgehen[72]:

- Zum einen wird Sprache dazu verwendet, um gemachte Erfahrungen zu repräsentieren. In diesen Kontext fallen Tätigkeiten wie Folgern, Denken, Phantasieren und Einstudieren. – Als gedankliche Vorlagen für ihre Tätigkeiten greifen Menschen dabei auf Modelle (Abbilder) der Welt zurück, die sie im Zuge einer aktiven Auseinandersetzung mit externalen (wahrgenommenen) Vorgängen und internalen (erinnerten) Prozessen entwickeln.
- Zum anderen dient Sprache zu dem Zweck, das Modell bzw. die Repräsentation der Welt anderen Menschen durch diverse Tätigkeiten wie Reden, Diskutieren, Schreiben, Lehren oder Singen nahezubringen. Wird Sprache in diesem Sinne als Kommunikationsinstrument eingesetzt, so führen wir hierdurch anderen

71 vgl. für die nachfolgenden Ausführungen: CAMERON-BANDLER 1983, S. 153 – 165.
72 vgl. BANDLER/GRINDER 1984, S. 43 f..

Menschen buchstäblich unser subjektives Welt-Modell, unsere spezifische Art der Repräsentation vor Augen.

Das Meta-Modell der Sprache war ursprünglich als ein Kommunikationsinstrument für den therapeutischen Bereich entwickelt worden; mit dessen Hilfe sollte ein Therapeut in die Lage versetzt werden, auf bestimmte „Strukturen" in den Klientenäußerungen zu achten und durch gezieltes zur-Sprache-bringen derselben dem Klienten bei der Aufdeckung und Neuorganisation seiner subjektiven Weltvorstellungen zu helfen.

Die grundsätzliche Eignung des Meta-Modells der Sprache auch für kommunikative Prozesse in anderen Bereichen ist von den NLP-Entwicklern schnell erkannt und das Modell dahingehend sukzessive ausgebaut worden. Im Zuge des Ausbaus verdient jedoch ein Aspekt besondere Erwähnung: Eine Übertragung des NLP-Grundverständnisses kann sinnvollerweise nur bei Beachtung der kontextgebundenen Realitäten in den neuen Anwendungsfeldern zum Erfolg führen. Es genügt demzufolge nicht, die Techniken, Vorgehensweisen und Erfahrungen aus dem therapeutischen Bereich z. B. im pädagogischen Kontext anzuwenden, sondern es sind grundsätzliche Überlegungen notwendig, welche Realitäten im neuen Feld beachtet werden müssen.

Im NLP-Sprachgebrauch würde man hier davon sprechen, daß es notwendig ist, „sich zunächst in das neue System hineinzubegeben" (= Pacing), bevor man darin auch zu neuen Einsichten und Erkenntnissen verhelfen kann (= Leading). Bezeichnenderweise mangelt es hier vielen NLP-Anwendern an der notwendigen Einsicht und Sensibilität, eine Fähigkeit, die ja gerade durch NLP gefördert werden soll. Doch dies ist sicherlich weniger dem Modell als den Anwendern zuzuschreiben.

Die Untersuchung soll daher im Zuge der Rekonstruktion des NLP-Modells für den pädagogischen Bereich auch wichtige Hinweise auf pädagogisch-didaktische Rahmenbedingungen geben, d.h. auf Möglichkeiten und Grenzen, die hier beachtet werden sollten.

Nach diesen einleitenden Worten sei im folgenden das theoretische Gerüst des Meta-Modells der Sprache vorgestellt. Als Ausgangspunkt haben sich BANDLER und GRINDER eine alltägliche Betrachtung des Sprachgebrauchs gewählt:

„Wenn Menschen kommunizieren ... sind wir uns normalerweise des Prozesses der Wortwahl für die Darstellung unserer Erfahrung nicht bewußt. Wir sind uns fast nie dessen bewußt, in welcher Weise wir die Worte, die wir aussuchen, ordnen und strukturieren. Sprache füllt unsere Welt so aus, daß wir uns durch sie hindurchbewegen, wie ein Fisch durchs Wasser schwimmt. Obwohl wir uns der Art, in der wir unsere Kommunikation formen, kaum oder gar nicht bewußt sind, ist unsere Aktivität – der Prozeß des Sprachgebrauchs – stark strukturiert“[73].

Die Transformationsgrammatik versucht als wissenschaftlicher Ansatz die der menschlichen Sprache zugrundeliegenden Strukturen zu enthüllen. Als Schlüssel zum Verständnis des menschlichen Sprachgebrauchs gilt dabei die begründete Annahme, daß menschliches Verhalten überhaupt, und damit auch die Sprache im engeren Sinne, als nach bestimmten (sinngebenden) Regeln ablaufend betrachtet wird.

BANDLER und GRINDER bedienen sich für ihre Analyse des Transformationsmodells der Sprache (ein formales linguistisches Modell), welches eine dezidierte Beschreibung des regelgeleiteten Sprachverhaltens geben soll; das Modell dient dazu, die Muster in den Intuitionen der menschlichen Sprachsysteme unter Beachtung dreier Hauptkategorien (Wohlgeformtheit, Konstituentenstruktur und logisch-semantische Relationen[74]) darzustellen.

Insbesondere vermag das Transformationsmodell, und darin besteht auch die herausragende Bedeutung dieses Modells für das Meta-Modell der Sprache, eine differenzierte Zuordnung und Rückführung sprachlicher Aussagen vorzunehmen, indem es einen Be-

73 BANDLER/GRINDER 1984, S. 44.

74 Zum Verständnis der drei transformationstheoretischen Hauptkategorien seien die Definitionen der Autoren angefügt: Es handelt sich danach jeweils um die „durchgängigen Entscheidungen, die wir darüber fällen,
- ob Sprachgruppierungen Sätze unserer Muttersprache darstellen oder nicht (= Wohlgeformtheit), ...
- was als Einheit oder Konstituente innerhalb eines Satzes unserer Sprache zusammengehört (= Konstituentenstruktur),
- (und ob) die in den Sätzen unserer Sprache widergespiegelten logischen Relationen (schlüssig und eindeutig sind) (= logisch-semantische Relationen)“ (vgl. die ausführlichen Erläuterungen bei BANDLER/GRINDER 1984, S. 47 ff.).

ziehungszusammenhang herstellt von den auf der Oberflächenstruktur repräsentierten Aussageinhalten zu der zumeist verborgenen Tiefenstruktur von Aussageinhalten. Dieser komplexe Zusammenhang wird von den NLP-Autoren mit folgenden Worten erläutert:

„Wenn man seine Repräsentation, seine Erfahrung von der Welt, kommunizieren will, bildet man eine vollständige sprachliche Repräsentation seiner Erfahrung; (diese) heißt Tiefenstruktur. Während man zu reden beginnt, trifft man eine Reihe von Wahlen (Transformationen) zur Form, in der man seine Erfahrungen kommunizieren wird. Diese Wahlen sind im allgemeinen nicht bewußt. ... Unser Verhalten bei diesen Wahlen ist aber regelmäßig und regelgeleitet. Der Prozeß, diese Reihe von Wahlen zu treffen (eine Ableitung), ergibt die Oberflächenstruktur – einen Satz oder eine Wortgruppe, die wir als wohlgeformte Wortgruppierung unserer Sprache erkennen“[75].

Das Meta-Modell ist entwickelt worden als ein „explizites Rüstzeug zur Gewinnung von sprachlichen Informationen; es ist dafür gedacht, die Sprache einer Person mit der durch ihre Sprache repräsentierten Erfahrung zu verknüpfen“[76]. Es fungiert gewissermaßen als vermittelnde Instanz zwischen dem Erleben und der Sprache einer Person. Die Notwendigkeit für die Entwicklung eines derartigen Bindeglieds ergibt sich aus der Erkenntnis, daß mit Hilfe der Sprache letztlich nicht die Erfahrung (das Erleben) eines Menschen unmittelbar widergespiegelt werden kann. Sprache vermag lediglich eine Repräsentation im Sinne einer („verkürzten, akzentuierten und verzerrten“) Darstellung der Erfahrung zu geben; nicht mehr, aber auch nicht weniger!

Als Hintergrund für diese wichtige Unterscheidung verweisen die Autoren auf den grundlegenden Redundanzprozeß, der schließlich in die schon wiederholt zitierte Analogie mündet, daß eine Landkarte nicht das Gebiet selbst sei[77].

75 BANDLER/GRINDER 1984, S. 58; Anordnung des Zitats durch den Verfasser.
76 CAMERON-BANDLER 1983, S. 153.
77 vgl. dazu Kapitel 6.1.1.

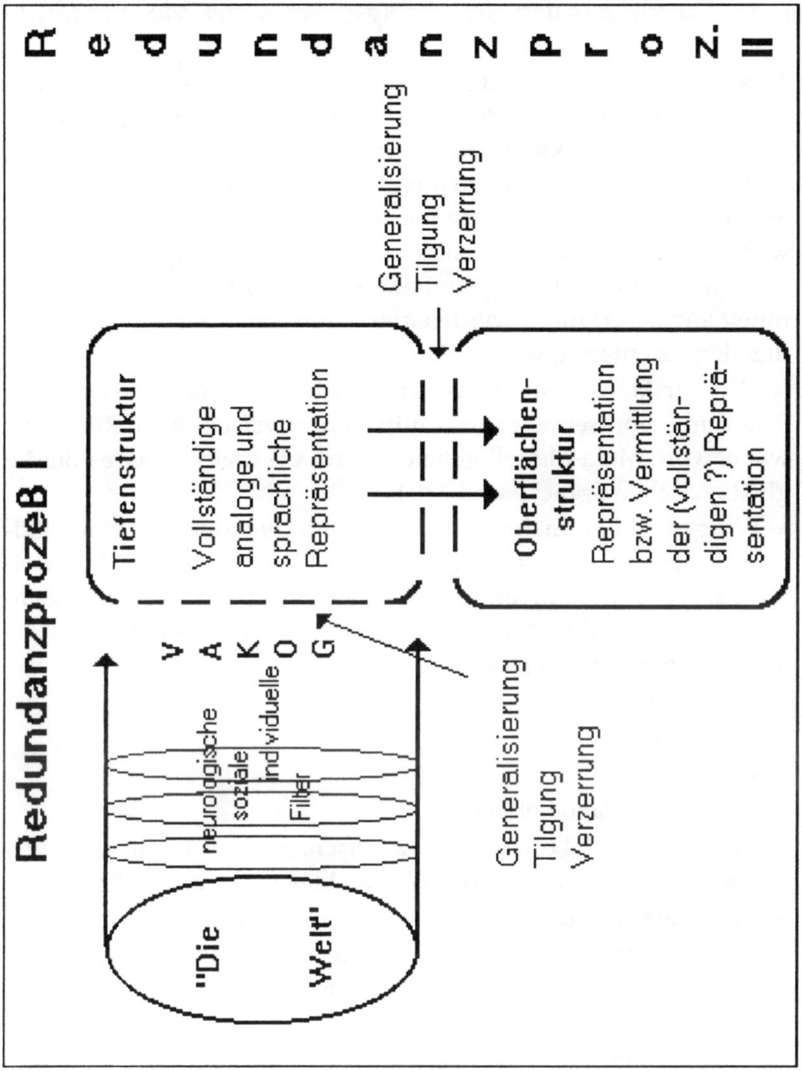

Abbildung 15: Skizzierung des inneren Zusammenhangs der hier erläuterten Begriffe[78].

78 In Anlehnung an BANDLER/GRINDER 1984, S. 59; vgl. dort auch die ausführlichen Erläuterungen.

6.3.2 Die universalen Gestaltungsprozesse der Modellbildung

Aus den oben angestellten Überlegungen ergibt sich, daß nur „Landkarten" als veränderbares Material zur Verfügung stehen, d.h. nur das subjektive Erleben der Welt, nicht jedoch die Welt selbst. Landkarten (subjektive Weltbilder) entstehen aufgrund der aktiven Auseinandersetzung eines Menschen mit seiner Umwelt, wobei internale und externale Prozesse (Erinnerungen und Erfahrungen) vor dem Hintergrund aktueller situativer Gegebenheiten miteinander verknüpft werden und daraus eine „neue", eigenständige Repräsentation wird:

„Da wir Menschen mittels der Sprache die Landkarten unserer Erfahrung repräsentieren und aufbauen, erweist sich ein Rüstzeug, wie es vom Meta-Modell geliefert wird, als unschätzbares Bindeglied zwischen Sprache und Erleben"[79].

Wie geschieht nun der Prozeß der Repräsentation, der Modellbildung aufgrund von Erfahrung? BANDLER und GRINDER verweisen dabei auf drei universale Gestaltungsvorgänge, die hauptsächlich den Prozeß der Modellbildung bestimmen. Im einzelnen handelt es sich um die Prozesse der

- Generalisierung,
- Tilgung und
- Verzerrung,

die Menschen dazu befähigen,

- einerseits „zu überleben, zu wachsen, zu lernen, zu verstehen und den Reichtum, den die Welt zu bieten hat, zu erfahren.
- (Andererseits jedoch, wenn) wir aber unsere subjektive Realität fälschlicherweise mit der äußeren Realität gleichsetzen, schränken uns diese selben Prozesse ein und erdrücken unsere Fähigkeiten, sie zu vollziehen"[80].

Die technischen Voraussetzungen dafür, daß durch eine Modellierung der Gestaltungsprozesse auch eine unmittelbare Veränderung des subjektiven Weltbildes (der „Landkarte") bewirkt wird, ergeben sich aus den Grundannahmen, auf die sich das NLP-Modell beruft[81]:

---

79 CAMERON-BANDLER 1983, S. 153.
80 1983, S. 154; Anordnung des Zitats durch den Verfasser.
81 vgl. dazu die ausführliche Interpretation der vier Grundannahmen in Kapitel 4.

Jeder Mensch trifft die aus seinem Modell der Welt her abgeleitete bestmögliche Wahl. Leider gibt es sehr viele verarmte Modelle, in welchen keine brauchbaren Wahlmöglichkeiten vorhanden sind; darauf deuten zumindest die vielen zwischenmenschlichen und innermenschlichen Konflikte hin. Im Grunde genommen sind Konflikte ein sicheres Zeichen, daß die Wahlmöglichkeiten, die in der Welt vorhanden sind, nicht hinreichend ausgeschöpft worden sind, denn nicht der Welt fehlt es an Wahlmöglichkeiten, sondern dem Modell, welches sich das Individuum von der Welt gemacht hat.

Unter **Generalisierung** (englisch: generalization), dem ersten der drei universalen Gestaltungsprozesse der Modellbildung, verstehen die Autoren den Prozeß, „durch den Elemente oder Teile eines persönlichen Modells von der ursprünglichen Erfahrung losgelöst werden, um dann die gesamte Kategorie, von der diese Erfahrung ein Beispiel darstellt, zu verkörpern"[82].

So kann z. B. die Lernerfahrung, wie man eine bestimmte Tür durch Herunterdrücken der Klinke öffnet, auf sämtliche türähnlichen Objekte übertragen werden. Das Beispiel verdeutlicht, daß durch Generalisierung eine qualifizierte Strategie erworben wird, die ein kompetentes Bestehen in der Welt überhaupt erst ermöglicht.

Im umgekehrten Sinne kann aber auch die Vorstellung, in dunklen Räumen befänden sich immer Gespenster und wilde Tiere, generalisiert werden, d.h. sich zu einem bestimmenden Element eines Weltmodells entwickeln und dadurch die Bewegungsmöglichkeiten eines Menschen auf taghelle oder zumindest beleuchtete Räume stark begrenzen.

Mit **Tilgung** (englisch: deletion) wird ein Prozeß bezeichnet, „durch den wir unsere Aufmerksamkeit selektiv bestimmten Dimensionen unserer Erfahrung zuwenden und andere ausschließen"[83]. Diese modellbildende Fähigkeit erlaubt es, uns bestimmten Personen und Objekten stärker als anderen zuzuwenden.

So kann man sich z. B. in einem Saal voller Leute auf ein bestimmtes Gespräch konzentrieren und die übrige Geräuschkulisse in Grenzen „ignorieren", zumindest so lange bis ein Schlüsselreiz, wie

---

82 BANDLER/GRINDER 1984, S. 35.
83 BANDLER/GRINDER 1984, S. 36.

der eigene Name, ans Ohr dringt. Man kann auch ein Buch lesen, während gleichzeitig der Fernseher oder das Radio läuft. Der Prozeß der Tilgung ist äußerst wichtig, um nicht durch die Fülle an Außenreizen überrollt zu werden, sondern vielmehr die Dinge auszufiltern, die von der betreffenden Person als wichtig eingestuft werden.

Doch auch dieser Prozeß kann sich ins Gegenteil kehren, wenn wichtige Elemente ausgeblendet werden, die für ein umfassendes und situationsadäquates Modell der Welt nötig sind. Dies ist zum Beispiel dann der Fall, wenn man seinen eigenen Anteil am Zustandekommen eines Streits kategorisch „übersieht" und die Schuld am Entstehen ausschließlich dem Kontrahenten zuschreibt.

Mit „**Verzerrung** (englisch: distortion) ist der Prozeß (gemeint), der uns ermöglicht, in unserer Erfahrung sensorischer Einzelheiten eine Umgestaltung vorzunehmen"[84].

Bei jeder auf die Zukunft gerichteten planerischen Aktivität wird diese Fähigkeit gebraucht, sie tritt z. B. in Aktion bei der Vorbereitung und beim gedanklichen Durchspielen von Unterricht; ferner ist sie in jedem Handlungsfeld gegenwärtig, in dem wir die uns umgebende Wirklichkeit für unsere Zwecke verändern; Mikroskope und Fernrohre sind Beispiele für technische Geräte, die Menschen zu diesem Zweck entwickelt haben, Romane und Gemälde sind Beispiele aus dem künstlerisch-kulturellen Bereich für die Fähigkeit, die Wirklichkeit gezielt zu verändern.

Einschränkungen aufgrund von Verzerrungen sind z. B. bei einer Person anzutreffen, die alle an sie gerichteten, wohlgemeinten Botschaften mit stereotypen Reaktionen wie „Ich bin ja sowieso nicht liebenswert" oder „Du mußt mich halt so nehmen, wie ich bin" kontert und damit verzerrt. Infolge solcher Entstellungen koppelt sich die betreffende Person von jeglichen Lernmöglichkeiten ab, die in den an sie gerichteten Äußerungen für ihren eigenen Wachstums- und Veränderungsprozeß enthalten sind.

Eine der tragenden Säulen des NLP besteht in der Annahme, daß diese drei universalen Gestaltungsprozesse immer in den sprachlichen Mustern gegenwärtig sind und mithin mit Hilfe des Meta-Modells gezielt hinterfragt werden können. Dadurch läßt sich dann

84 BANDLER/GRINDER 1984, S. 37.

deren Wirkungsweise im Verhalten einer Person ermitteln und – als Chance für die Person – gegebenenfalls eine lebendige und gestaltungsfähige Verbindung zwischen der Sprache und den repräsentierten Erfahrungen des Menschen aufbauen und/oder beständig erweitern.

Das Meta-Modell der Sprache ist dafür konzipiert, systematisch die Fähigkeit des Zuhörens zu steigern: „Das Meta-Modell ist dafür gedacht, dem Hörer beizubringen, wie er auf die Form der Kommunikation des Sprechers hören und reagieren soll. Der Inhalt mag unendlich variieren, aber die Form der Information ermöglicht es dem Hörer, so zu reagieren, daß er aus der Mitteilung (communication) die vollständigste Bedeutung herausholt"[85].

Die auf der Basis dieser Rahmenbedingungen, vor allem der universalen Gestaltungsprozesse, getroffenen Unterscheidungen des Meta-Modells beziehen sich auf drei Ansatzpunkte für die Entwicklung der Fähigkeiten des Zuhörens. Im einzelnen geht es um folgende Aspekte:

1. Informationen gewinnen,
2. Einschränkungen im Modell des Sprechers erkennen,
3. semantische Fehlgeformtheiten identifizieren.

6.3.3 Darstellung und technische Ansatzpunkte des Meta-Modells

BANDLER und GRINDER haben eine sehr ausführliche Darlegung der einzelnen Techniken gegeben, die jedoch relativ unstrukturiert erscheint; daher sei im folgenden die von CAMERON-BANDLER gegebene Anordnung bevorzugt, die sich auf die wichtigsten Themenkreise des Meta-Modells, unter besonderer Berücksichtigung einer praktikablen Umsetzung, beschränkt hat.

1. Informationen gewinnen

Diese Strategie zielt auf den Aspekt, „eine präzise und vollständige Beschreibung des präsentierten Inhalts durch passende Fragen und

85 CAMERON-BANDLER 1983, S. 156.

Reaktionen zu erlangen"[86]. Innerhalb dieser Kategorie können insgesamt vier Unterscheidungen getroffen werden.

1.1 Tilgung (als sprachlichen Vorgang) aufdecken

Der hier von den NLP-Autoren gemeinte sprachliche Vorgang der Tilgung kann als Sonderfall des umfassenden, modellkonstituierenden Gestaltungsphänomens „Tilgung" angesehen werden[87]. Die gleichlautende Bezeichnung zweier, auf verschiedenen Ebenen angesiedelter Begriffe ist als nicht sehr glücklich zu bezeichnen. Eine Unterscheidung sei daher durch den eingrenzenden Zusatz gegeben.

Im sprachlichen Bereich stellt sich die Aufgabe, zunächst eine Tilgung zu erkennen und anschließend die getilgte Information zurückzuholen, um eine vollständigere Repräsentation zu erhalten; von Nutzen sind in diesem Falle Fragen nach „Wem (Person)?" oder „Was (Objekt)?".

Beispiele:
- Auf die Aussage „Ich verstehe nicht!" kann mit „Was verstehen Sie nicht?" geantwortet,
- auf „Ich bin wütend" mit der Frage „Auf wen oder was sind Sie wütend?" entgegnet werden.

1.2 Den fehlenden Beziehungsindex herstellen

Es handelt sich hier um eine Generalisierung, wenn ein Mensch eine Erfahrung derart absolut setzt, daß diese in keinem gesunden Verhältnis mehr zu den tatsächlichen Gegebenheiten steht. Einen fehlenden Beziehungsindex kann man mit „Wer genau?" oder mit „Was genau?" ermitteln.

Beispiel:
- Die Aussage „Niemand will mich!" läßt als Entgegnung die Frage „Wer genau will Sie nicht?" zu.

---

86 CAMERON-BANDLER 1983, S. 156 f..
87 vgl. BANDLER/GRINDER 1984, S. 85.

1.3 Unvollständig spezifizierte Verben präzisieren

Bei vielen Verben wird die geschilderte Erfahrung nicht ausreichend beleuchtet. So ist z. B. das Verb „küssen" sehr viel spezifischer und genauer als „berühren", wenn jemand sagt, er sei „verletzt", so kann dies durch ein bloßes Ignorieren, durch einen schroffen Blick aber auch durch ein Messer etc. hervorgerufen worden sein. Zur notwendigen Präzisierung der Aussagen wird die Frage „Wie genau?" empfohlen.

Beispiel:
- „Er hat mich abgelehnt!" läßt sich durch die Frage „Wie genau hat er Sie abgelehnt?" spezifizieren.

1.4 Nominalisierungen wieder in einen Prozeß verwandeln

Durch Nominalisierungen, d.h. durch die Verwandlung von Prozeßwörtern (Verben) zu Nomina (Substantive), werden fortlaufende Prozesse in einen Gegenstand oder ein Ereignis umgeformt. Das, was sich vorher „im Fluß" befunden hat und veränderbar schien, wird dadurch zu einer feststehenden Gegebenheit oder Tatsache, zu einem Produkt, das so und nicht anders beschaffen ist.

Das Rückverwandeln einer Nominalisierung in ein Prozeßwort kann nach Ansicht der Autoren für einen Menschen wieder den alten, verschütteten Zugang zur Veränderbarkeit von Gegenständen oder Ereignissen offenlegen. Der Gegenstand oder das Ereignis, welches der Mensch als scheinbar abgeschlossen und damit außerhalb seiner eigenen Kontrolle wähnte, wird wieder in seinen Handlungsspielraum zurückgeholt.

Beispiele für derartige Rückverwandlungen:
- Aus „Beziehung" wird „sich beziehen",
- aus „Ablehnung" wieder „ablehnen",
- aus „Projektion" wird wieder „projizieren".

2. Einschränkungen im Modell des Sprechers erkennen

Durch ein richtiges Hinterfragen der impliziten Einschränkungen im Weltbild des Sprechers kann man eine Person nachhaltig dabei unterstützen, ihr Weltmodell gezielt zu erweitern. Zwei Vorgehensweisen bieten sich dabei an:

2.1 Universalquantoren hinterfragen

Wörter wie „alle“, „jeder“, „nie“ oder „niemand“ kennzeichnen Situationen, mit denen ein Mensch offen bekennt, daß er im Grunde genommen keinen Ausweg, keine andere Möglichkeit für sich selbst sieht. Seiner Ansicht nach stehen außer der einen, durch den Universalquantor gekennzeichneten, keine weiteren Alternativen zur Verfügung. Der Mensch hat nur die Möglichkeit, innerlich zu kapitulieren und diesen einen Weg zu gehen.

Durch ein gezieltes Übertreiben, z. B. durch das Einschieben weiterer, zusätzlicher Universalquantoren, wird der Sprecher unwillkürlich dazu aufgefordert, nach den Ausnahmen von seiner Generalisierung zu suchen. Mit dem Beginn der Suche setzt der Prozeß der Veränderung ein, da jede Ausnahme zugleich einen neuen Weg und damit eine weitere Möglichkeit bedeutet.

Beispiel:
- Die Aussage „Ich mache nie irgendetwas richtig!“ läßt sich treffend überzeichnen und als Generalisierung entlarven: „Sie machen also wirklich absolut nie jemals irgendetwas richtig???“.

2.2 Modaloperationen der Notwendigkeit relativieren

Mit oben genanntem Ausdruck sind Worte und Formulierungen gemeint, die neben sich keine Wahlmöglichkeiten zulassen, wie z. B. „muß“, „kann nicht“, „es ist notwendig“ usw.. Die durch den Gebrauch derartiger Worte selbsterrichteten Mauern können durch Fragen wie „Was hindert Sie?“ oder „Was würde passieren, wenn Sie es dennoch täten?“ als subjektiv gesetzte, willkürliche Beschränkungen entlarvt und damit auch schon ad absurdum geführt werden.

Beispiel:
- Die Aussage „Ich muß mit diesem Kapitel bis nächsten Mittwoch fertig werden!“ läßt sich kontern durch die Frage „Was passiert eigentlich, wenn Du nicht nächsten Mittwoch fertig bist?“.

3. Semantische Fehlgeformtheiten identifizieren

Derartig fehlgeformte Sätze sind Ausdruck von selbstauferlegten Einschränkungen, d.h. von verzerrten Anteilen im Welt-Modell einer Person, die verhindern, daß jemand so handelt wie er sonst handeln würde. Es gibt drei Klassen von semantischer Fehlgeformtheit:

3.1 Das „Gesetz" von Ursache und Wirkung aufheben

Das Ursache-Wirkungs-Konzept lebt von der willkürlichen Annahme, daß ein Mensch sich zu einer bestimmten Emotion oder zu einem inneren Zustand getrieben sieht (= Wirkung), weil ein anderer Mensch eine bestimmte Handlung vollziehen kann oder möglicherweise vollziehen wird (= Ursache). Aus der Sicht der reagierenden Person scheint keine andere Wahl zu existieren als derart (antizipativ) zu reagieren und damit die multiplen Möglichkeiten, die in jeglicher Begegnung enthalten sind, auf nur eine einzige, und in der Regel nicht auf die günstigste, zu reduzieren.

Ein gezieltes Hinterfragen der kausalen Verknüpfung, z. B. durch die Frage „Wie verursacht x denn y?", kann eine Auflockerung der starren Kausalität bewirken und damit den Weg für andere Reaktionsmöglichkeiten freimachen.

Beispiel:

- Die alltägliche Äußerung „Ich bin traurig, weil Du zu spät gekommen bist!" wird durch eine Frage „Wie bewirkt denn mein Zuspätkommen, daß Du Dich traurig fühlst?" als nur scheinbar gegebener Ursache-Wirkungs-Zusammenhang erkannt.

3.2 Formen des Gedankenlesens aufdecken

Das in der alltäglichen Kommunikation weitverbreitete Phänomen des Gedankenlesens impliziert, „daß ein Mensch wissen kann, was ein anderer gerade denkt oder fühlt, ohne daß eine direkte Kommunikation von diesem anderen (ausgegangen ist)"[88]. Hier handelt eine Person offensichtlich aufgrund von eigenen Vorstellungen, die auf einen anderen ungefragt übertragen wurden (= Interpretatio-

88 CAMERON-BANDLER 1983, S. 161.

nen), nicht aber aufgrund von präzisen und wahrgenommenen Informationen oder Befragungen des anderen Menschen.

Die Frage, „Woher im einzelnen wissen Sie, daß X?" legt diese Form der semantischen Fehlgeformtheit offen und führt in der Regel dazu, daß bisher für selbstverständlich erachtete Annahmen bewußt wahrgenommen und somit wieder hinterfragbar werden.

Beispiele:

- Die Annahme „Alle meinen, ich stehle Ihnen zuviel Zeit!" wird wieder ins Bewußtsein gehoben durch „Woher genau wissen Sie, was alle meinen?".
- Auf „Ich bin mir sicher, daß Sie wissen, wie ich mich jetzt gerade fühle!" folgt die helfende Frage „Woher im einzelnen wissen Sie denn, daß ich weiß, wie Sie sich gerade fühlen?".

3.3 Das verlorene Performativ wiederentdecken

Es handelt sich hier zumeist um Urteile des Sprechers, der „Regeln, die für ihn und sein Modell von der Welt gelten, auf andere Leute überträgt. ... Der Zweck der Hinterfragung besteht in diesem Falle darin, dem Sprecher zu helfen, getrost über eigene Regeln und Ansichten zu verfügen und der übrigen Welt ihre eigenen zu lassen"[89]. Bei der Suche nach dem verlorenen Performativ empfehlen die Autoren die Frage „Für wen?".

Beispiele:

- Die unpräzise Aussage „Das ist die richtige Art, es zu machen!" erscheint durch die folgende Frage im neuen Licht: „Das ist die richtige Art für wen, es zu machen?"
- Auch das leichtfertige Urteil „Es ist schlimm, so etwas zu tun!" kann auf diese Weise hinterfragt werden: „Schlimm für wen?".

Das Meta-Modell der Sprache, so wie es sich in seiner ursprünglichen Fassung präsentiert, ist ein Ansatz, welcher ein gezieltes Fragenstellen mit Hilfe von W-Fragen fördern möchte. Es setzt als ungenannte Bedingung bei einem Einsatz vor allem die Fähigkeit

89 CAMERON-BANDLER 1983, S. 162.

des Zuhörens voraus und vermag zugleich diese Fähigkeit gezielt und systematisch zu steigern; Menschen lernen, auf andere Aspekte der Kommunikation zu achten als sie es sonst gemeinhin gewohnt waren.

In dieser Hinsicht ist das Meta-Modell ohne Frage ein zentrales Element in jedem Kommunikationsmodell, als Kommunikationsmodell kann es hingegen aufgrund fehlender Bausteine noch nicht angesehen werden. Denn erst die Erweiterung dieses (therapeutisch-sprachlichen) Interventionskonzepts um die Elemente der Wahrnehmung und der Repräsentationssysteme macht daraus das NLP-Modell und damit ein effizientes und funktionstüchtiges Kommunikationsmodell.

7 Methodische Grundlagen des NLP

Obwohl das NLP seine Wurzeln im therapeutischen Bereich besitzt, ist dessen grundsätzliche Bedeutung für den pädagogisch-didaktischen Raum nie in Frage gestellt worden. Richard BANDLER hat das Modell schon frühzeitig als lernpädagogischen Prozeß charakterisiert; danach verhilft es dazu, das kommunikative Verhalten (in spezifischeren Ausprägungen als Lehren, Lernen, Arbeiten etc. beschreibbar) und insbesondere auch die damit verbundene Nutzung des eigenen Gehirnpotentials in einer spezifischen Art und Weise weiterzuentwickeln[1].

In Kapitel 6 wurden drei Teilmodelle als Theoriebausteine des NLP vorgestellt. Folgt man einem traditionellen Inhalts-Methodenverständnis, dann bestünde nunmehr die vordringliche Aufgabe darin, entsprechende Methoden zu eruieren, mit denen die zuvor beschriebenen Inhalte effizient vermittelt werden könnten. Doch ein derartiges Inhalts-Methodenverständnis würde dem NLP-Konzept sicher nicht gerecht werden.

Denn die vorgestellten inhaltlichen Grundlagen – so wichtig sie auch zum Verständnis des Modells beitragen mögen – bilden letztlich nur die Umrahmung für das, was im eigentlichen Sinne als NLP-Prozeß bezeichnet werden kann und soll. NLP als lernpädagogischer Prozeß läuft zwar innerhalb dieses Handlungsrahmens ab, im Mittelpunkt stehen jedoch andere Aspekte, so vor allen Dingen die bei einem Menschen intendierten Veränderungen von Einstellungen, Körpersymptomen und Verhaltensweisen oder auch der dabei zu durchlaufende Veränderungsprozeß selbst.

Diese, für das NLP charakteristische Unterscheidung ist bisher kaum näher untersucht worden, weil im therapeutischen Kontext in der Regel einfache und überschaubare Beziehungsstrukturen vorherrschen (Therapeut-Klient, ein konkreter Anlaß: „das Problem") und daher kaum die Notwendigkeit bestanden hat, sich didaktische Gedanken über die Natur des Prozesses zu machen.

In vielen pädagogischen Situationen, in denen oftmals mehr als zwei Personen beteiligt sind, müssen hingegen die vielfältigen, zum

1 vgl. BANDLER 1987, S. 19.

Teil auseinanderstrebenden Interessen der einzelnen Teilnehmer berücksichtigt und miteinander kombiniert werden; es ist die Ausnahme, wenn eindeutige Beziehungsgefüge vorherrschen, in denen eine wechselseitige Akzeptanz und ein Interesse am Gesprächsgegenstand (Lehr-Lerninhalt) gegeben sind. In den meisten Fällen sind die Ausgangsbedingungen wesentlich offener, dynamischer, unstrukturierter und in ihrer weiteren Entwicklung nur begrenzt vorhersehbar.

Um bei der Beschreibung der methodischen Grundlagen des NLP die hier vorliegende mehrschichtige Struktur zu vereinfachen und insbesondere auch klare begriffliche Rahmenbedingungen zu setzen, sind in Abbildung 16 drei miteinander verbundene, methodisch relevante Bereiche skizziert worden. Gleichzeitig soll mit dieser Abbildung auch eine Verbindung zu traditionellen didaktischen Begriffen hergestellt werden.

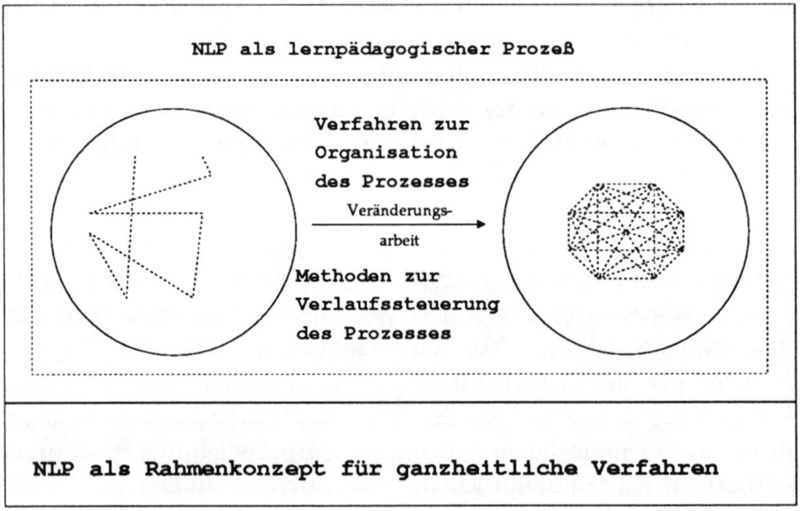

Abbildung 16: Skizzierung der wichtigsten methodischen Elemente und Beziehungsstrukturen, um das NLP als lernpädagogischen Prozeß erfassen zu können.

Wie aus Abbildung 16 ersichtlich, ergibt sich das umfassendste methodische Verständnis dann, wenn man das NLP als lernpädagogischen Prozeß interpretiert. Innerhalb dieses globalen Rahmens sind auf nachgeordneten Ebenen sowohl organisations- als auch verlaufsbezogene Entscheidungen zu treffen. Eine funktionierende und verantwortungsbewußte Veränderungsarbeit, vor allem bei Einsatz des NLP-Modells im pädagogisch-didaktischen Raum, hat immer alle drei methodischen Gesichtspunkte miteinander zu verknüpfen.

Zur begrifflichen Unterscheidung sei im folgenden dann von **„Verfahren zur Organisation des Prozesses"** gesprochen, wenn Vermittlungsformen gemeint sind, die eine situativ-kontextuelle Strukturierung des Lehr-Lernprozesses bewirken durch den gezielten Einsatz spezifischer Aktions- und Sozialformen, Medien etc. (vgl. dazu Kapitel 7.1).

Demgegenüber konzentrieren sich die sogenannten **„Methoden zur Verlaufssteuerung des Prozesses"**[2] auf die Veränderungsarbeit im eigentlichen Sinne, indem sie den im Prozeß zurückzulegenden Weg schrittweise abstecken (vgl. dazu Kapitel 7.2).

Ihre eigene methodische Vorgehensweise erläutern BANDLER und GRINDER an mehreren Stellen. Dabei bezeichnen sie sich als „Modellbauer (modellers)", deren Ziel darin besteht, Modelle zu entwickeln, die das menschliche Verhalten, „das Tun der Leute", zuverlässig abbilden:

„Was wir im Grunde tun, ist, wenig Aufmerksamkeit auf das zu richten, was die Leute sagen, daß sie tun, und viel Aufmerksamkeit auf das zu richten, was sie tun. Und dann bauen wir uns ein Modell von dem, was sie tun. ... Wir haben keine Ahnung von der ‚wirklichen' Natur der Dinge, und wir sind nicht sonderlich daran interessiert, was ‚wahr' ist. Die Funktion der Modellbildung besteht darin, zu Beschreibungen zu kommen, die nützlich sind"[3].

In dieser Hinsicht sind die als Methoden zur Verlaufssteuerung bezeichneten Entwicklungen als die NLP-Methoden im engeren

---

2 In der einschlägigen Literatur (vgl. auch die nachfolgenden Zitate) wird oft von „Techniken" gesprochen; obwohl der Methodenbegriff eher den zugrundeliegenden Intentionen entspricht, werden im folgenden beide Begriffe synonym verwandt.

3 BANDLER/GRINDER 1981, S. 23.

Sinne zu bezeichnen, d. h. als die Instrumente und Werkzeuge (Tools), die von BANDLER, GRINDER und deren Nachfolgern jeweils konzipiert worden sind.

Nimmt man jedoch die eingangs zitierte Interpretation ernst, wonach „**NLP als übergreifender lernpädagogischer Prozeß**" verstanden wird, dann genügen diese singulären Techniken auf keinen Fall, um die bei Menschen intendierten komplexen Veränderungen auch in anderen Kontexten als dem therapeutischen Kontext hinreichend und befriedigend erfassen, beschreiben und bewerten zu können. Auf diese hintergründige Interpretation weisen nahezu alle Autoren immer gegen Ende ihrer Ausführungen hin, wenn sie dem Leser offenbaren, daß „(alle) in diesem Seminar vermittelten Techniken ... in diesem Sinne Krücken und Ressourcen zugleich (sind) und ... sie sind nicht NLP! NLP ist (vielmehr) der Prozeß des Modellierens, des Suchens und Findens von Mustern und der Bildung von Modellen"[4].

„NLP ist nicht eine Reihe von Techniken, sondern eine Einstellung. Es ist eine Einstellung, die mit Neugierde zu tun hat und mit dem Wunsch, etwas über neue Dinge zu lernen, sie zu beeinflussen, und sie vor allem in einer Weise beeinflussen zu können, die nützlich ist"[5].

Aus den hier gemachten Interpretationen zum NLP-Verständnis läßt sich daher auf eine wesentlich komplexere Fassung des NLP-Modells schließen. Das Neurolinguistische Denken und Handeln sei in diesem Sinne als methodisch-prozessuales „**Rahmenkonzept für ganzheitliche Verfahren**" zu diskutieren. In diese Richtung tendieren vor allem NLP-Vertreter, die im Begriff sind, den Sprung vom therapeutischen zum umfassenderen pädagogischen und wirtschaftlichen Sektor zu wagen[6].

Als übergreifendes Kommunikationsmodell verstanden, lassen sich dann auch neuere Methoden und Konzepte wie das Mentale Training, Mind Mapping und Superlearning konzeptionell integrieren und auf diesem Wege vielversprechende Anwendungen des

4 STAHL 1989, S. 402.
5 BANDLER 1987, S. 177.
6 vgl. dazu exemplarisch BEYER/MARWITZ 1989, 1990: „Strategien des ganzheitlichen Lehrens und Lernens"; BIERBAUM 1990: „Mehr als Superlearning"; ORBIT 1990.

Grundmodells in neuen Feldern wie Lehren und Lernen, Beraten und Verkaufen, Visionäres Führen, Konfliktlösen, usw. erproben (vgl. dazu Kapitel 7.3).

7.1 Verfahren zur Organisation des NLP-Prozesses

Die pragmatische Orientierung in jeder Phase der Planung und Entwicklung von Übungen und Methoden durchzieht wie ein roter Faden das Konzept des Neurolinguistischen Programmierens. Die Autoren legen in ihren Seminaren immer sehr viel Wert darauf, daß die Teilnehmer sich erfahrungsorientiert mit dem NLP auseinandersetzen und ihre eigenen Fähigkeiten und Fertigkeiten mit Hilfe der ihnen verfügbaren Techniken und Perspektiven entdecken und erproben. Demzufolge sind grundsätzlich sämtliche Vermittlungsmethoden willkommen, die ein aktives und kritisches Auseinandersetzen mit relevanten Sachverhalten, Phänomenen oder Gegenständen fördern.

Durchleuchtet man die Seminare jedoch etwas genauer, so stößt man immer wieder auf bestimmte methodisch-organisatorische Grundkonstellationen, die besonders gerne herangezogen werden. Die meisten stammen aus dem therapeutischen Kontext, wo mit ihnen offensichtlich gute Erfolge erzielt werden.

Als Einstieg bzw. zur Veranschaulichung sind **Demonstrationen** sehr beliebt, d. h. es erfolgt ein exemplarisches „Vorspielen" mit einem Übungsteilnehmer unter den kritisch-beobachtenden Blicken der anderen Teilnehmer. Die wichtigsten Ziele von Demonstrationen bestehen darin, zum einen die innere Verlaufsstruktur einer Technik vor Augen zu führen und zum anderen die augenscheinlichen Veränderungen im Verhalten einer Person offenzulegen und auf diese Weise die Wirksamkeit einer Technik zu belegen. Da in der Regel der zu verändernde inhaltliche Kontext verborgen bleibt, ist die persönliche Integrität der betreffenden Person gewahrt.

Die Umsetzung und Erprobung des Demonstrierten erfolgt oft in sogenannten **Dreier-Übungs-Gruppen** (auch als **CBA-Technik** geläufig), die je aus einem Übenden (A), einem Anweisunggeber (B) und einem Beobachter (C) bestehen. Im dreimaligen Durchlaufen einer Übung erhält jeder der Teilnehmer die Gelegenheit, je einmal als A, B und C aufzutreten und so die zu trainierende Technik nacheinander aus drei verschiedenen Perspektiven kennenzulernen. Die Aufgabenverteilung in dieser Grundkonstellation sieht vor, daß

- Person A quasi in einem internal vollzogenen Rollenspiel die von seinem Partner B gegebenen Anweisungen auf seine (nur ihm bekannte!) Problemstellung anwenden soll,
- Person B die Reihenfolge der Anweisungen (die innere Struktur der Technik) dem übenden A vorgibt; dabei ist es unbedingt erforderlich, zunächst einen guten Kontakt zu A aufzubauen und diesen im Laufe des gesamten Prozesses beständig aufrecht zu erhalten, indem B das Tempo seiner Anweisungen ganz auf A abstellt; die direkte Verständigung zwischen A und B sollte sich dabei auf ein knappes Nicken von A beschränken, ansonsten ist Person B weitgehend auf seine sinnliche Wahrnehmung der zustands- bzw. situationsgebundenen physiologischen Veränderungen von A angewiesen.
- Person C hat die Aufgabe, sowohl A als auch B zu beobachten und gewissermaßen als Meta-Instanz den Erfolg der Übung zu gewährleisten. So hat C während der Übung dafür Sorge zu tragen, daß die Veränderungsarbeit in geordneten Bahnen abläuft und gegebenenfalls eintretende überraschende Wendungen, vor denen man in der Kommunikation nie sicher ist, in konstruktiver Weise mitzulenken. Im Anschluß an die Übung besteht seine Aufgabe darin, sowohl A als auch B ein sinnesspezifisches Feedback und damit eine wertvolle Hilfestellung bei der Beschreibung und Erklärung der abgelaufenen Prozesse zu geben. Dabei sei jedoch nochmals betont, daß dieses Feedback bzw. die nachträgliche gemeinsame Analyse auf keinen Fall den konkreten Inhalt der Problemstellung von A betreffen, sondern sich lediglich auf einen Austausch über den wahrgenommenen Prozeß konzentrieren sollte.

Die durch diese Übungskonstellation hervorgerufene außerordentliche Intensität und unmittelbare Nähe zum ablaufenden Prozeßgeschehen sowie der von den Teilnehmern abverlangte schnelle und nahtlose Perspektivenwechsel kann gerade unter kommunikativen Gesichtspunkten als sehr effektiv und fruchtbar angesehen werden.

Auf der Suche nach neuen Anregungen, die vor allem auch ganzheitliches Lehren und Lernen bewirken können, sind sog. **Kleine Spiele** (auch Fallstudien, Rollenspiele) als kreativitätsfördernde

Alternativen aufzugreifen. Ähnlich wie auch durch Metaphern, Geschichten, Bilder, Phantasiereisen und Gleichnisse – um an dieser Stelle weiteren Möglichkeiten einer methodisch-konzeptionellen Entwicklungsarbeit vorzugreifen – werden hierdurch assoziativ-ganzheitliche Erfahrungen hervorgerufen und eine umfassende Förderung von Denk- und Handlungsvollzügen bewirkt[7].

Mit der Beschreibung therapeutischer Organisationsformen ist auf keinen Fall die NLP-Methode schlechthin beschrieben; gerade in der Übertragung auf pädagogisch-didaktisches Terrain sind die traditionell vorhandenen vielfältigen Methoden und Konzepte als Anregungen zur konstruktiven Weiterentwicklung des NLP zu einem Kommunikationsmodell aufzugreifen. Geschieht dies nicht, so wird sich unweigerlich eine Erstarrung und Verfestigung des NLP-Konzepts einstellen.

Denn im therapeutischen Kontext ist es für einen Klienten zunächst von sekundärer Bedeutung, inwieweit der Veränderungsprozeß interessant gestaltet werden kann und wird. Im pädagogisch-didaktischen Raum steht und fällt der Erfolg des Vermittlungsprozesses jedoch mit diesem Gesichtspunkt. Für Lernende ist es von zentraler Bedeutung, ob das Interesse am Lernprozeß geweckt und erhalten wird, ob der Lerngegenstand eine anziehende (motivierende) Wirkung für den Lernenden besitzt.

Deshalb stellt die Suche und Aufarbeitung von entsprechenden Methoden und Konzepten eine wichtige Aufgabe für die zukünftige konzeptionelle Entwicklung des NLP als Kommunikationsmodell und als lernpädagogischen Prozeß dar. Denkbar wäre in diesem Zusammenhang die Entwicklung eines NLP-Methodenbuches.

In der einschlägigen didaktischen Literatur scheinen diesbezüglich vor allem handlungsorientierte Didaktikkonzeptionen und diesen nahestehende Methoden und Konzepte wie z. B. Leittext, Lernstatt, Juniorenfirma und kombinierte Unterweisung einen sinnvollen methodisch-organisatorischen Rahmen zu bieten[8].

---

7 vgl. zu diesem Aspekt aus therapeutischer Sicht – WATZLAWICK 1978; aus pädagogischer Sicht – BIRKENBIHL 1988.

8 vgl. dazu im Überblick: BACHMANN 1988; BUNK/ZEDLER 1986.

7.2 Ausgewählte Methoden zur Verlaufssteuerung des NLP-Prozesses

Die Möglichkeiten einer angemessenen Darstellung des NLP-Konzepts mit Hilfe einer Verlaufsbeschreibung einzelner Übungen sind als eng begrenzt anzusehen, da das persönliche und ganz spezifische Erleben und Erfahren von Veränderungen unbedingt der Live-Situation etwa eines Seminars bedarf. Dieses kann durch eine Buchbeschreibung nicht ersetzt werden. Bücher können hier lediglich wichtige Hilfestellungen bei einer grundsätzlichen Vor- bzw. Nachbereitung von Seminarerfahrungen beitragen.

Im folgenden werden aus der Vielzahl der Methoden drei Beispiele ausgewählt, um die situations- bzw. kontextadäquate Verlaufsstruktur von NLP-Veränderungsprozessen aufzudecken. Aus der Fülle wurden exemplarisch ausgewählt, je eine Übung zur persönlichen Zielfindung, ferner eine Übung zum Training der Fähigkeit des Dissozierens und schließlich eine Übung, die den Kontakt mit den eigenen individuellen Ressourcen (Moments of Excellence) herstellen hilft. Im Anschluß daran wird im Zuge eines zielanalytischen Vorgehens die grundsätzliche Verlaufsstruktur ermittelt, um dadurch ein Instrument für die Erarbeitung eigener Methoden zu erhalten.

7.2.1 Übung zur persönlichen Zielfindung (Interviewmodell)

Das Ermitteln und Überprüfen der persönlichen Zielsetzungen ist ein zentrales Anliegen des NLP. Im Rahmen dieser Übung geht es darum, in einem inneren Rollenspiel die eigene Situation und Befindlichkeit in bezug zum eruierten Ziel zu klären und im Klärungsprozeß zugleich die Bedeutung des Ziels für den eigenen Veränderungsprozeß zu überprüfen.

Denn allzu oft verbergen sich hinter einem „offensichtlichen" Ziel völlig andere Ziele, unter Umständen eine ganze Zielhierarchie, die in eine ganz andere Richtung als durch das ursprünglich angepeilte Ziel weist. Die ernüchternde Konsequenz daraus kann dann nur heißen, daß der mit Kraft angestrebte offensichtliche Zielzustand nicht zu dem erhofften Ergebnis geführt hat. Der Prozeß der Zielfindung kann in dieser Hinsicht eine antizipative Klärung bringen und davor bewahren, falsche bzw. vorschnell gesteckte Ziele anzusteuern.

Verlaufsbeschreibungen von Zielfindungsübungen finden sich in vielen NLP-Büchern. Im folgenden sei eine modifizierte Beschreibung gegeben, die als Handlungsanweisung in einem NLP-Seminar verteilt worden ist[9]. Die Übung wird dabei als Interviewmodell in der Ich-Form vorgestellt, grundsätzlich kann diese jedoch auch in der CBA-Konstellation durchgeführt werden:

Übung zur persönlichen Zielfindung und Zielüberprüfung

Ausgangslage:

- Erreichen einer wohlgeformten Zieldefinition: Was will ich erreichen? Was ist mein Ziel?
- Ich stelle mir einen Zielzustand vor; dies kann entweder ein konkretes Arbeitsergebnis, eine eigene ungünstige Eigenschaft oder ein störendes Verhalten etc. sein.
- Zur Klärung der Ausgangslage nehme ich mir vor, den Zielzustand als inneres Signal (Bild, Höreindruck oder plötzlich auftretendes Gefühl) zu beschreiben, d. h. der Zielzustand soll in irgendeiner Weise für mich sinnesspezifisch konkret wahrnehmbar sein, ferner ist er als positives, mit Hilfe meiner Fähigkeiten erreichbares Ziel zu formulieren. Um die Erreichbarkeit eindeutiger zu gewährleisten, sind schließlich auch Vergleiche auszuschließen.
- Nun erst setze ich mich bequem hin und beginne mit der eigentlichen Übung. Ich beantworte mir folgende Fragen:

1. Wie bin ich jetzt im Hinblick auf die Eigenschaft oder das Verhalten (Problem State)?
2. Was möchte ich erreichen? Was möchte ich können? Wie möchte ich sein (Desire State)?
3. Wie kann ich es erreichen? Was brauche ich, um es zu erreichen (Ressource State)?
4. Was wäre ich bereit, dafür zu geben? Wie wird sich mein Leben verändern, wenn ich das Arbeitsergebnis, das Verhalten oder die Eigenschaft erreicht habe (Ökologische Überprüfung, sog. Öko-Check)?

---

9 vgl. BEYER/MARWITZ 1989; vgl. STAHL 1989.

5. Wann möchte ich das gewünschte oder angestrebte Arbeitsergebnis bzw. Verhalten oder die angestrebte oder gewünschte Eigenschaft haben und wann nicht (Kontextualisierung)?
6. Wie weiß ich bzw. wie will ich erkennen, ob ich mein Ziel erreicht habe (visuelle, auditive, kinästhetische Signale als Hinweise; Fremd- und Eigenwahrnehmung)?
7. Zum Abschluß erlebe ich eine Situation, in der ich das angestrebte Arbeitsergebnis oder Verhalten oder die angestrebte Eigenschaft habe. Ich lasse mir jede Zeit dazu (Future Pace).

7.2.2 Übung zur Entwicklung der Fähigkeit des Dissoziierens

Das Dissoziieren und das Assoziieren sind grundlegende Fähigkeiten, mit denen die Bewältigung und Bewertung von erlebten Situationen in konstruktiver und einfacher Weise gelingen kann. Unabhängig davon, ob eine Situation in irgendeiner Weise als angenehm, bereichernd und damit als positiv empfunden oder als unangenehm, beklemmend und damit als negativ bewertet worden ist, ist jeder Mensch dazu gezwungen, aus Erlebnissen Konsequenzen für zukünftige Handlungssituationen und Verhaltensweisen ableiten zu können.

Dazu ist es sinnvoll, bei negativ bewerteten Situationen nicht wieder voll in das Erleben hineintauchen zu müssen, weil damit in der Regel dann eine ähnlich einschränkende Erfahrung – genau wie in der Original-Situation – verbunden ist. Auf der anderen Seite ist es unverzichtbar, entsprechende Lehren aus derartigen Situationen ziehen zu können, um sie zukünftig vermeiden bzw. souveräner gestalten zu können.

Mit Hilfe des Dissoziierens gelingt es, quasi aus der Distanz eines Beobachters Situationen nachzuvollziehen, ohne jedoch die damit verbundene emotionale Betroffenheit und Beklemmung zu erleben. In der nachfolgenden Übung wird eine Möglichkeit aufgezeigt, diese Fähigkeit kennenzulernen und zu entwickeln. Als Grundkonstellation fungiert hier das CBA-Verfahren, d. h. A ist der Übende, B der Sprecher und C der Beobachter. Dabei üben alle drei Personen in sehr intensiver Weise: A übt das innere Dissoziieren, B das sinnspezifische Sprechen und logische Argumentieren und C das blitzschnelle Nachvollziehen und Überprüfen der Handlungsanweisungen von B an A.

Übung zum Dissoziieren

Ausgangslage: Rapport herstellen

- A setzt sich bequem hin und achtet auf genügend Platz um den eigenen Stuhl herum, insbesondere auch zu B und C. A schaut sich noch einmal im Raum um, lauscht auf die eintreffenden Geräusche und vergewissert sich auf diese Weise, daß er im Laufe der Übung die Augen ruhig geschlossen haben kann, weil ihm nichts Bedrohliches passieren kann.
- B beginnt nun mit seinen ruhig gesprochenen Anweisungen und achtet darauf, erst dann den nächsten Schritt einzuleiten, wenn A durch ein Kopfnicken seine Bereitschaft zum weiteren Vorgehen signalisiert hat.

1. Stell Dir vor, Du schwebtest aus Dir heraus – wie auch immer – und stündest neben Deinem sitzenden Ich (Prozeß-Instruktionen im Konjunktiv geben) ...
2. ... und Du schaust von oben auf das sitzende Ich herab und Du siehst ... (Wechsel zum Indikativ; Beschreibung dessen, was A wohl aus seiner Position sehen könnte, z. B. Haaransatz, Brille, Ohr, Hemd, etc. = V-Kontrolle)
3. ... und schwebst durch den Raum und siehst ... (Positionswechsel, flexibles Einnehmen relativer Positionen und Standpunkte im Raum) und trittst schließlich hinter Dich ...
4. ... und faßt Dich an, berührst Deine Schultern, Dein Haar, ... (K-Induktion: Wie ist das Gefühl?)
5. ... und gehst einige Schritte nach rechts zur Seite ... (K-Kontrolle: Sind die Schritte auf dem Boden spürbar?)
6. ... und kehrst schließlich zum Ausgangspunkt zurück, stellst Dich wieder hinter Dich ...
7. ... und schwebst – wie auch immer Du das anstellst – wieder in Dich hinein ... (Re-Integration)
8. ... und spürst wieder, wie Du auf dem Stuhl sitzt, Du hörst die Geräusche im Raum, hörst meine Stimme und kannst – wenn Du willst – wieder die Augen öffnen (Derolling, schrittweises Sich-Annähern an die Realität).

7.2.3 *Übung zur Kontaktaufnahme mit den eigenen Ressourcen: „Moments of Excellence"*

Wie viele andere NLP-Methoden ist auch die Übung „Moments of Excellence" in hervorragender Weise dazu geeignet, auf einfachste Weise eine große Wirkung zu erzielen. Diese Übung bedient sich der Methode des Ankerns und stellt den Zugang zu sog. „Power-Situationen" her, d.h. zu Situationen, in denen man sich als Handelnder erlebte und genoß. Auch diese Übung ist als CBA-Konstellation trainierbar[10].

„Moments of Excellence"-Übung

Ausgangssituation bei Übungsbeginn kalibrieren:

– Kontaktaufnahme (Rapport) herstellen; als A das Umgebungsszenario noch einmal kurz wahrnehmen, um sich anschließend besser auf die Übung konzentrieren zu können; B und C stimmen sich auf den physiologischen Ausdruck von A ein.

1. Ressource-Situationen finden
Erinnere Dich an drei Situationen in Deinem Leben, in denen Dir ein Maximum Deiner Fähigkeiten zur Verfügung standen. Wähle Situationen aus, in denen Du in exzellenter Verfassung warst und zeige mir an, wenn Du die erste, zweite und dritte gefunden hast.

2. Eine bestimmte Situation auswählen
Nun wähle diejenige von diesen drei Situationen aus, die Du im Augenblick am schönsten findest. Die Situation sollte aus Deiner Erinnerung stammen, von Dir aber möglichst auch hier und jetzt dargestellt werden können.

3. Die Situation lebendig herausarbeiten

3.1 Einstieg (A im folgenden im Präsens ansprechen, da die Situation aktuell wirksam werden soll):
Gehe bitte in Deiner Vorstellung in den Moment der Situation, wo sie am schönsten ist. Wo bist Du da?

3.2 Die Situation sinnspezifisch durchleben lassen:
Wie ist Deine Körperhaltung dabei? Was siehst Du, wenn Du in dieser Haltung in dem Moment bist? Was hörst Du, fühlst Du, riechst Du und schmeckst Du? (= VAKOG-Hypothese; dabei empfiehlt es sich, die von A gegebenen Informationen jeweils zu wiederholen und mit „während" eine Verbindung zu Wahrnehmungen im jeweils nächsten Repräsentationssystem aufzubauen)

---

10 vgl. im folgenden STAHL 1989, S. 110 f.

3.3 Durch Prozeßinstruktionen die Ressource-Physiologie herausarbeiten:
Gehe bitte noch einmal in die Situation hinein und vergegenwärtige Dir, was der absolut schönste Moment ist. Du kannst, wenn Du willst, diesen schönsten Moment in Deiner subjektiven Zeit länger machen und ihn dadurch noch intensiver genießen.

4. Schnitt (Separator-State) / Rückkehr in die Ausgangssituation
5. Instruktionsfeedback über die Ressource-Physiologie geben:
   B und C geben A nun eine detaillierte Instruktion über das, was sie physiologisch beobachtet haben; dazu gehören sowohl die dabei von A eingenommene Ganzkörperhaltung als auch kleinste ideomotorische Bewegungen. Das Ziel ist es, A so zu instruieren, daß er jederzeit selbst seine Moment-of-Excellence-Physiologie einnehmen kann und dadurch nunmehr einen bewußt verfügbaren kinästhetischen Selbstanker besitzt.
6. Future Pace (eine Brücke in die Zukunft schlagen)
   Suche Dir eine Situation in der Zukunft aus, wo Du diese Erfahrung gerne zur Verfügung hättest. Und führe ein kleines Rollenspiel durch, um sicherzustellen, daß Du Dich in der betreffenden Situation auch an Deine Ressourcen erinnerst.
7. Die Ökologie der Ressource überprüfen
   Es gibt auch Situationen, in denen es noch nicht ökologisch wäre, diese Moment-of-Excellence-Ressource zur Verfügung zu haben. Diese sind abschließend kontextuell abzugrenzen.

7.2.4 Analyse der vorgestellten Methoden

Im NLP wird nicht von einem problemanalytischen, sondern von einem zielanalytischen Vorgehen gesprochen. Die Zielanalyse ist das herausragende Kennzeichen sämtlicher NLP-Methoden. Deshalb ist die Kenntnis des in der einschlägigen Literatur häufig diskutierten Problemlösungsprozesses zwar hilfreich und Ähnlichkeiten mit der Zielanalyse sicher nicht abzustreiten, aber diese Verfahren sind nicht ausreichend zum Verständnis und zur Durchdringung des NLP-Konzepts.

Der Akzent liegt zu Beginn und am Ende des Prozesses auf dem Zielaspekt, der (Reflexions-)prozeß – etwa denkbar als inneres Rollenspiel, als klärendes Zwiegespräch oder auch als gruppenbezogener Lehr-Lernprozeß – wird vom Ziel her geleitet, alle Kräfte werden vom Ziel her dirigiert und konzentriert und von dort ausgehend der Kontakt zur Gegenwart hergestellt.

Viele Bausteine bzw. Fragen, die in den einzelnen Techniken immer wieder gestellt werden, dienen einzig und allein der Festigung und Vertiefung des Zukunfts-/Ziel-/Gegenwartsbezuges, so z. B. die Fragen

- nach der subjektiven Bedeutung des Zieles: „Will ich wirklich ...?",
- nach der Ökologie: „Ist es gut (für mich / für andere / für meine Umgebung), wenn ich ... kann?",
- nach dem vorliegenden Kontext: „Wo will ich ... können?" und „Wo will ich nicht ... können?",
- nach der sinnesspezifischen Überprüfung: „Woran merke ich, daß ich ... erreicht habe?".

Ausgangspunkt aller Veränderungsprozesse ist ein wohlgeformter Zielsatz, d. h. eine Zielformulierung, die bestimmten Regeln genügt. Der Zielsatz sollte

- positiv formuliert sein, denn wir können zwar „nein sagen", aber nicht „nein denken"[11];
- konkret formuliert sein, d. h. Steigerungen („ich möchte entscheidungsfreudiger werden") und Vergleiche mit anderen Personen („ich möchte so sein wie ...") sind deshalb zu vermeiden, weil sie einen weiten Interpretationsspielraum eröffnen, der die Zielerreichung behindert;
- „sinn-voll" sein, d. h. ich muß mit meinen Sinnen die Erreichung des Zieles wahrnehmen können;
- realistisch sein, d. h. das Ziel muß sich in meinem Handlungsspielraum befinden, weitgehend mit eigenen Anstrengungen innerhalb eines vertretbaren Zeitrahmens erreichbar sein[12].

---

11 Dadurch helfen wir uns und unserem Gehirn, indem wir Handlungsziele und keine Vermeidungsziele formulieren. Denn Vermeidungsziele enthalten einen unlösbaren Widerspruch, der sie als völlig ungeeignet zur Zielformulierung kennzeichnet: Ich müßte auf bestimmte situative Konstellationen achten, die mir anzeigen, daß jetzt solch eine Situation entsteht ... – und bin in diesem Augenblick auch schon mittendrin ... und mein Zielvorhaben gescheitert.

12 Um einem Mißverständnis zu begegnen: Ich kann natürlich überlegen, was ich tun muß, damit andere Menschen mich bei meinem Ziel unterstützen; es wäre jedoch nicht „realistisch", ein Ziel auszuwählen, welches einzig von der Gnade und Willkür anderer Menschen abhängig ist.

Diese Regeln stellen – bildlich gesprochen – die vier Flügel einer Windmühle dar, die nur dann rund und ruhig laufen kann, wenn alle vier Kriterien erfüllt sind. Die Entwicklung einer Zielvorstellung stellt somit schon den ersten Veränderungsschritt dar; sie dient im anschließenden Prozeß als Steuerungsgröße, um der übenden Person das Laufen in den durch die Regeln vorskizzierten Bahnen ermöglichen zu können.

Diese, den Veränderungsprozeß vorbereitenden Übungen[13] sind insofern wichtig, weil in kommunikativen Prozessen immer mit Überraschungen gerechnet werden muß, die unter Umständen zum Verlassen der vorgezeichneten Bahnen nötigen. Die Fähigkeit, gegebenenfalls neue Wege einschlagen und damit flexibel auf Überraschungen reagieren zu können, ist äußerst wichtig; entscheidend ist aber in diesem Zusammenhang, daß es dem Handlungssubjekt bewußt wird, daß er sein Ziel zugunsten eines anderen aufgibt. Ein etwaiger Zielkonflikt kann ihm jedoch nur dann bewußt werden, wenn er schon zu Beginn eine tragfähige Zielvorstellung besitzt.

Denn sollte sich ein Mensch keine ausreichende Zielvorstellung gebildet haben, dann wird er auf jede Überraschung hereinfallen,

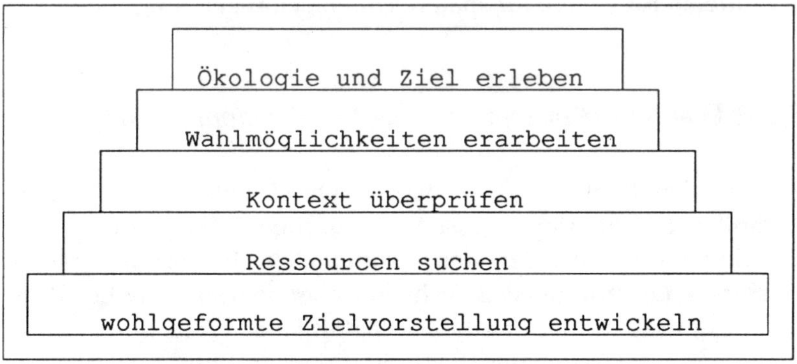

Abbildung 17: Die Bauelemente der NLP-Veränderungsarbeit.

13 Wenn man es genau nimmt, dann hat mit den ersten Gedanken zur Zielformulierung schon der Prozeß begonnen.

dann ist jeder Weg für ihn der richtige; seine ursprünglich vorhandene „Zielidee" wird er jedoch oft nur „zufällig" und mit unnötig großen Anstrengungen erreichen.

Die wichtigsten Bauelemente der NLP-Veränderungsarbeit sind in Abbildung 17 zusammengefaßt.

7.3 Das NLP als modernes ganzheitliches Konzept

In jüngster Zeit tauchen in der beruflichen Weiterbildungspraxis viele Ansätze auf, die neue Ideen, Gedanken und Betrachtungsperspektiven aufgreifen und auf diese Weise zu überraschenden, ja oftmals auch zu befreienden Lösungen gelangen.

An dieser Stelle sollen einige Anknüpfungspunkte aufgezeigt werden und die Wesensverwandtschaft mancher Ansätze zum NLP-Konzept als lernpädagogischen Prozeß herausgestellt werden. Die aufgezeigten Verbindungslinien sind sicherlich noch eingehender zu durchleuchten, insbesondere mangelt es noch an Untersuchungen zur pädagogisch-didaktischen Verwertung. Hier geht es gewissermaßen um das Legen eines prätheoretischen Rahmens, der als Orientierungshilfe für spätere Untersuchungen fungiert.

7.3.1 Das NLP-Konzept und das Mind Mapping

Die von dem Engländer Tony BUZAN entwickelte Aufzeichnungstechnik des Mind Mapping ist eine neuartige Variante, die sich als attraktive Alternative zu den traditionellen Techniken versteht. Während die traditionellen Techniken eher dem strukturellen Prinzip des Linearen, der „Kette", verhaftet sind, versucht das Mind Mapping in konsequenter Weise die „Netzstruktur" als Aufzeichnungsform zu entwickeln.

Ketten sind – so ein altes Sprichwort – nur so stark wie ihr schwächstes Glied; wenn Aufzeichnungen in der seit der Erfindung des Buchdrucks in unserem Kulturkreis geläufigen linearen Form von links oben nach rechts unten Schritt für Schritt einer Argumentationskette folgen, dann besteht leicht die Gefahr, „irgendwo" ein wichtiges Glied zu übersehen und damit den „roten Faden" zu verlieren. Dies gilt sinngemäß sowohl für aufnehmende (z. B. Lesen, Hören) als auch für reproduzierende (Vortragen, Mitschreiben, Zusammenfassen, Entwickeln) Tätigkeiten.

Die durch das Mind Mapping anvisierte „Netzstruktur" hingegen – so die zentrale Argumentation der Vertreter – entspräche eher der Arbeitsweise des menschlichen Gehirns[14] und würde dadurch neue konstruktive und kreative Impulse bei der Bewältigung der täglichen Informationsfülle geben. Im einzelnen sind folgende Vorteile damit verbunden:

- Im Mittelpunkt jedes Mind Maps steht ein sämtliche Notizen zentrierender Begriff, von diesem ausgehend verzweigen sich die Gedanken in einzelne Äste und Zweige[15]. Durch diese Grundstruktur ist immer der unmittelbare Bezug zum eigentlichen Thema gewährleistet, die Gedanken werden eng auf das Thema bezogen,
- ohne jedoch den Ideenreichtum einzuengen, und dadurch kreative Problemlösungen zu behindern, denn im Prozeß des Mind Mapping „sollte der Geist möglichst frei gehalten werden. ... Sie sollten alles, woran Sie im Zusammenhang mit der Zentralidee denken, festhalten"[16], das „Nachdenken", Ordnen oder Organisieren der Aufzeichnungen wird auf einen späteren Zeitraum verschoben;
- durch das Verknüpfen von Worten mit Formen, Farben, Bildern, Dimensionen oder eigenen Phantasien ist in den Aufzeichnungen eine „Synthese von sprachlichem und bildhaftem Denken"[17] möglich;

14 „Damit das Gehirn effizient auf eine Information reagieren kann, muß die Information so strukturiert sein, daß sie möglichst „funktionskonform" ist. Da das Gehirn primär mit Schlüsselbegriffen in einer verknüpften und integrierten Weise arbeitet, sollten unsere Aufzeichnungen in den meisten Fällen in dieser Struktur abgefaßt sein und nicht in traditionellen „Linien" – BUZAN 1988, S. 102; vgl. auch BEYER/MARWITZ 1989, S. 15 ff..

15 In diesem Zusammenhang werden immer sog. „Schlüsselwörter" bzw. „kreative Wörter" gesucht, d. h. Begriffe, die möglichst viele „Haken" besitzen, an denen sich andere Wörter anhängen können, so daß ein komplexes, erinnerungsfähiges Gedankengefüge entsteht (vgl. BUZAN 1988, S. 90 f.).

16 BUZAN 1988, S. 104.

17 KIRCHHOFF 1988, Untertitel.

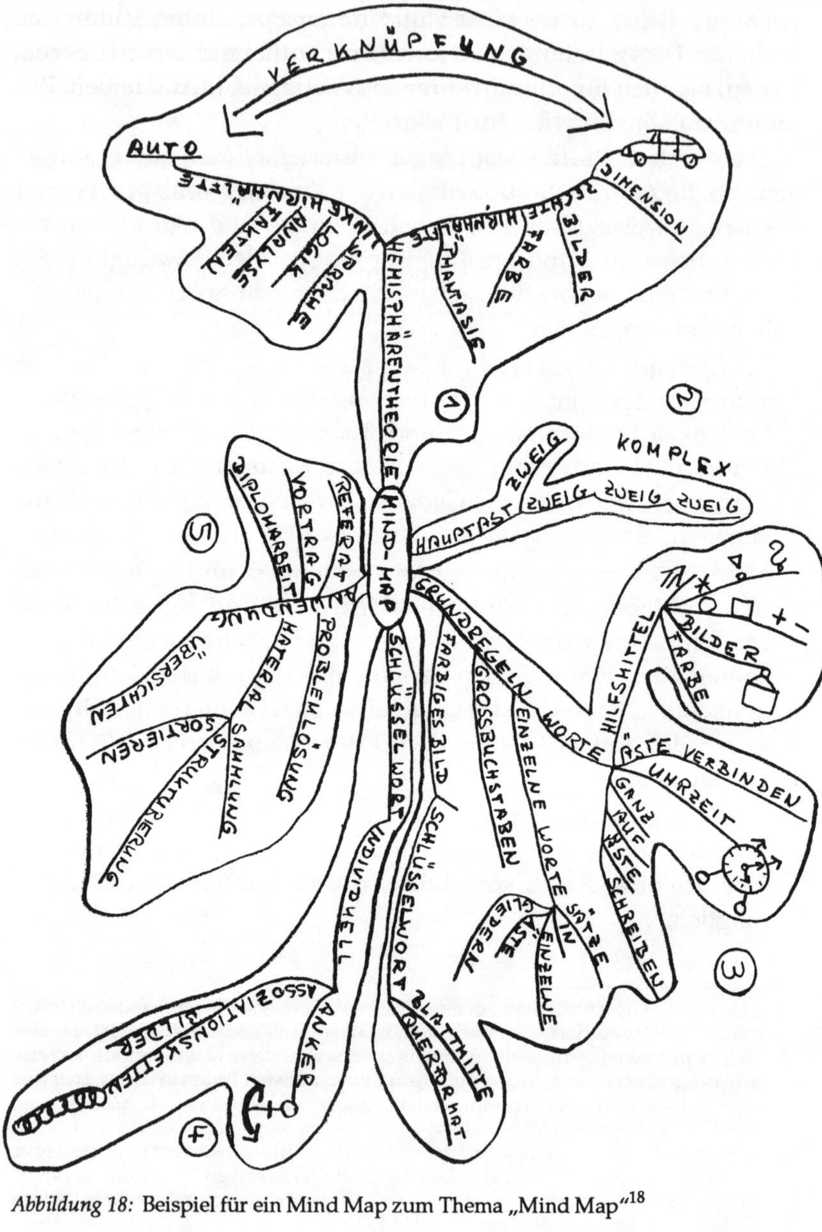

Abbildung 18: Beispiel für ein Mind Map zum Thema „Mind Map"[18]

18 vgl. FRIEDRICH 1990.

- es entsteht mit jedem Mind Map eine ganz persönliche (individuelle oder gruppenbezogene, situative, kontextgebundene) Struktur, die allen am Entscheidungsprozeß Beteiligten das Behalten und Wiedererkennen erleichtert;
- zugleich ist mit der Empfehlung, „nur Wörter – keine Sätze" zu verwenden, ein hilfreicher Zwang zur Reduzierung auf das Nötigste verbunden,
- wodurch im Zuge eines schnellen, assoziativen Notierens von Ideen eine gewaltige Steigerung der Verarbeitungsgeschwindigkeit insgesamt erzielt[19] und dadurch das Zu-Papier-Bringen auch komplexer Sachverhalte entscheidend gefördert wird.

Als theoretischen Hintergrund beruft sich das Mind Mapping auf die auch im NLP-Kontext geläufige **„Hemisphärentheorie"**[20]; mit Hilfe dieses Ansatzes wird vor allem eine Förderung rechtshirniger Denk- und Handlungsvollzüge begründet und damit zugleich Kritik geübt an traditionellen, zumeist als linkshirnig kritisierten Methoden und Vermittlungsformen[21].

Das im Prozeß des Mind Mapping sich vollziehende, Wort und Bild wieder miteinander verknüpfende, ganzheitliche Denken und Handeln läßt vielfältige Anwendungsmöglichkeiten zu:

- Mind Maps eignen sich zur schnellen Planung von Vorträgen, Artikeln, Unterricht etc.,

19 Wie oft haben wir eine gute Idee, die sich dann aber beim Niederschreiben plötzlich verflüchtigt ...; dies liegt daran, daß wir – gehirnbiologisch gesehen – ungeheuer schnell und komplex „denken" können, diese Ideen aber nur wesentlich langsamer und weniger vielschichtig „aussprechen" und noch langsamer und begrenzter „notieren" können. Der hier zu beobachtende „Abbremsvorgang" führt in der Regel zu einer hoffnungslosen kognitiven Überlastung und damit verbunden zu einer sog. „Denkblockade". Mind Mapping scheint ein Weg zu sein, diese Blockaden zu überwinden (vgl. FRIEDRICH 1990).
Zu den Geschwindigkeitsvorteilen des Mind Map gegenüber sog. Standardnotizen – vgl. BUZAN 1988, S. 93.

20 vgl. ausführlich zu den Hintergründen der Hemisphärentheorie – Kapitel 2.3.1.

21 vgl. BUZAN 1988, S. 122 f.; vgl. BEYER/MARWITZ 1989, S. 17; vgl. Abbildung 19.

Linke Hemisphäre verwaltet:	Entsprechungen im Mind Map:
Reihenfolgedenken	Wertigkeit der Zweige und Linien
Hierarchien	Reihenfolge und Ansatz der Linien
Lineares Denken	Liniensystem
Elemente	Buchstaben, Schlüsselwörter
Einzelnes	Zeichen
Strukturen	Aufbau
Rechte Hemisphäre verwaltet:	**Entsprechungen im Mind Map:**
Farbe	farbige Inhaltsfelder
Räumlichkeit	Anlage der Linien(-felder)
Bilder	Zeichnungen, Skizzen
Ganzheitlichkeit	visuelle Vernetzbarkeit
Besonderes	Unterscheidungen in Farbe, Stil, Schrift, Größe
Assoziationsdenken	Schlüsselwörter, Bilder

Abbildung 19: Hemisphärentheoretische Erkenntnisse und ihre Entsprechungen im Mind Map.

- ferner zum Anfertigen von Aufzeichnungen jeder Art, seien es Buchzusammenfassungen oder das direkte Mitschreiben von Vorträgen;
- sie fördern aufgrund ihrer immer einzigartigen, unverwechselbaren Struktur (jedes Mind Map ist anders) das Behalten und Erinnern der beschriebenen Sachverhalte;

- bei allen kreativ anspruchsvollen Fragestellungen erleichtert die nach allen Seiten offene Grundstruktur eine flexible, individuelle Ideenfindung und -integrierung derselben;
- nicht zuletzt kann das Mind Mapping als Gruppenarbeitstechnik zur „Live"-Strukturierung und Veranschaulichung von Arbeitsergebnissen in Besprechungen, Meetings oder als „Tafelbild" in Lehr-Lernprozessen eingesetzt werden[22].

Es fällt nicht schwer, aus der Darstellung des Mind Mapping einige Elemente herauszugreifen, die diese Technik und das NLP-Konzept gemeinsam haben. Unter anderem können aufgezählt werden,
- das Bemühen um eine gehirngerechte Erarbeitung von Inhalten,
- das starke Betonen des subjektiven Erlebens bzw. des persönlichen, assoziativ-einmaligen Charakters eines Mind Maps,
- der hohe Wert, welcher der Kreativität im Entwickeln und Gestalten beigemessen wird, und schließlich
- die intendierte enge Verknüpfung von Wort- und Bild-Bibliothek und damit der ganzheitliche Anspruch beider Konzepte.

7.3.2 *Das NLP-Konzept und das Konzept der Suggestopädie (Superlearning)*

Als Begründer der Suggestopädie ist der bulgarische Mediziner, Psychologe und Pädagoge Georgi LOZANOV weltweit bekannt geworden. Das lange Jahre im Ostblock „geheim" gehaltene Konzept ist erst in den siebziger Jahren in den Westen gelangt und weckte in der Folgezeit u. a. unter dem reißerischen Namen „Superlearning" große, zum Teil völlig unrealistische Erwartungen hinsichtlich der durch das Konzept realisierbaren Lernmöglichkeiten[23]. Heutzutage findet man eine Vielzahl verschiedener Konzepte, die sich allesamt unter den beiden, mittlerweile synonym gebrauchten Oberbegriffen subsumieren lassen[24].

---

22 vgl. FRIEDRICH 1990; vgl. auch BUZAN 1988, S. 121 ff.
23 Unrealistische Erwartungen wurden vor allem durch das Buch von OSTRANDER/SCHROEDER (erste Auflage 1979) geweckt.
24 zur Geschichte der Suggestopädie und anschließenden konzeptionellen Ausfor-

Als wissenschaftlicher Hintergrund der Suggestopädie bzw. des Superlearning sind von LOZANOV in erster Linie neurophysiologische und lerntheoretische Erkenntnisse herangezogen worden, die konsequent in einem „Modell ganzheitlichen Lernens" bzw. zu einer „effektiven Lehrmethode" zusammengefaßt wurden[25]. Dabei stehen zwei Aspekte im Vordergrund:

1. Um die Lerneffizienz zu steigern, müssen im Zuge einer horizontalen Integration beide Hirnhemiphären, d. h. die eher logisch-rationale linke und die eher musisch-intuitive rechte Hemisphäre, aktiviert und im – als ganzheitlich bzw. holistisch verstandenen – Lernprozeß miteinander kombiniert werden. Zugleich sind in einer vertikalen Integration auch bewußte und parabewußte Anteile des Erlebens und Verarbeitens miteinander zu verbinden[26].
   Methodisch geschieht dies durch einen gezielten Musikeinsatz, durch Projektionen und Suggestionen[27] im Zusammenspiel mit herkömmlichen Darbietungsformen des Unterrichts (Vokalisierung, Lesen, Schreiben, etc.).
2. Der für den Lernprozeß jeweils günstigste Aktivitätszustand wird aus einer Analyse der menschlichen Gehirnwellen[28] abgeleitet und be-

---

mungen – vgl. EDELMANN 1988, S. 34 ff.; für eine klare begriffliche Abgrenzung der ursprünglichen suggestopädischen Konzeption von den späteren Adaptationen tritt PHILIPOV ein – vgl. 1989, S. 30 f..

25 vgl. PHILIPOV 1986, S. 18 f.; SCHUSTER/GRITTON 1986, S. 9 f.. – Die vielen, durch den Lehrenden zu setzenden Rahmenbedingungen lassen dabei eher auf eine Lehr- als auf eine Lernmethode schließen.

26 vgl. dazu Abbildung 21.

27 vgl. die Herkunft des von LOZANOV geprägten Begriffs „Suggestopädie": „Der Wortteil „Suggesto" zeigt die große Bedeutung von Suggestion in diesem System an, während der Anteil „pädie" auf ihren Einsatz in Erziehung und Unterricht hinweist" – SCHUSTER/GRITTON 1986, S. 30.

28 Gehirnwellen werden nach ihren Frequenzbereichen in vier Gruppen unterschieden (vgl. MEHLHORN 1989):
Beta-Wellen (ca. 13 – 30 Hertz) entstehen im gewöhnlichen Wachsein; sie entsprechen einem konzentrierten, gespannten Bewußtseinszustand, es dominiert die Verarbeitung äußerer Sinneseindrücke, oft verbunden mit Unruhe, Streß, Reizbarkeit und Furcht.
Alpha-Wellen (ca. 8 – 12 Hertz) entsprechen einem entspannten, gelassenen, streßfreien Zustand; sie treten besonders im Stadium zwischen Wachen und Schlafen auf.
Theta-Wellen (ca. 4 – 7 Hertz) können im Schlaf und während tiefer Meditationen registriert werden; in diesen Phasen sind ein plastisches Erinnerungsvermögen, Lernfähigkeit, assoziativ-bildhafte Vorstellungen, Inspirationen und Traumsequenzen zu verzeichnen.
Delta-Wellen (ca. 1 – 3 Hertz) entstehen im Tiefschlafzustand in Begleitung von traumlosem Schlaf, Trance und Tiefenhypnose. Sie sind vor allem für Heilungsvorgänge von Bedeutung.

gründet; im „Alpha-Zustand", welcher vor allem während der Phase des passiven Lernkonzerts angestrebt wird, ist der Körper völlig entspannt, hingegen der Geist verstärkt aufmerksam und aufnahmebereit.
Eine gezielte Herbeiführung des Alpha-Zustands kann positiv über eine aktive Gestaltung der Lernumgebung erreicht werden; LOZANOV hatte zu diesem Zweck vor allem den Wert bestimmter Musikstücke (Barockmusik) erkannt. Er beobachtete, daß sich der Herzrhythmus und die Gehirnwellen langsam dem durch die Musik vorgegebenen Rhythmus annäherten.

Weitere Prinzipien bzw. Elemente des suggestopädischen Ansatzes, z. B. das Ansprechen verschiedener Lerntypen, spezifische Entspannungs- und Atemtechniken, gymnastische Übungen, gruppendynamische Aktivitäten und vieles mehr[29], werden in den einzelnen Konzepten unterschiedlich stark betont, sind aber mit wesentlichen Teilen schon in den oben genannten beiden Aspekten impliziert.

Der suggestopädische Lernprozeß findet in drei aufeinanderfolgenden Phasen statt, die in ihrem Zusammenschluß als sog. **„suggestopädischer Zyklus"** bekannt geworden sind[30]:

1. Phase: **„Verstehen"**
   Der Lernstoff wird zunächst vorgestellt und in groben Zügen umrissen. Die Lernenden sollen sich bewußt und kritisch mit ihm auseinandersetzen, Unklarheiten werden gemeinsam diskutiert, auf diesem Wege auch Motivation und Verständnis für den Stoff geweckt. Auftretende Lernblockaden können durch das Hineinschlüpfen in eine andere Identität überwunden werden.
   Gegen Ende dieser Phase werden zuweilen Entspannungs- bzw. Atemtechniken oder leichte körperliche Betätigung eingesetzt, um einen zwanglosen Übergang zur 2. Phase zu erreichen.

2. Phase: **„Aufnehmen"**
   Unter Musikbegleitung wird sich der Lernstoff in zwei Schritten angeeignet:

---

29 vgl. die von EDELMANN 1988, S. 53 f. aufgezählten Merkmale der Suggestopädie.
30 Die in der Literatur auch vorfindliche Einteilung in vier Phasen ergibt sich dann, wenn man das aktive und das passive Lernkonzert als eigenständige Phase akzeptiert – vgl. die Übersicht über verschiedene Ansätze bei EDELMANN 1988, S. 42 ff..

2a **Das aktive Lernkonzert:**
Bei begleitender Musik, die der Schaffung einer Atmosphäre entspannter Konzentration dient, wird der Lernstoff vorgelesen, eingespielt oder präsentiert; die Lernenden lesen oder sprechen mit bzw. werden in Gruppen- und Rollenspielen aktiv.

2b **Das passive Lernkonzert:**
Der Stoff wird verbal dargeboten, wobei durch die Art der Musikintonation (meistens getragene Barockmusik) die Lernenden in einen völlig entspannten Alpha-Zustand gelangen. Vor allem in dieser Phase prägt sich der Stoff ein.

3. Phase: **„Anwenden"**
Durch spielerisches Umgehen mit dem Gelernten wird die in der Konzertphase erzeugte positive Grundstimmung erhalten; Assoziationsübungen dienen dabei einer flexiblen, und damit auch langfristigen Erinnerung des Gelernten.

Auf der Suche nach Gemeinsamkeiten des NLP-Konzepts und des suggestopädischen Ansatzes fällt zunächst der annähernd **gleiche wissenschaftliche Hintergrund** der Entwickler auf; so wird Georgi LOZANOV in verschiedenen Quellen auch als Psychotherapeut bezeichnet, welcher in den fünfziger Jahren auf das Phänomen der **suggestiven Hypermnesie** (= der Beobachtung überdurchschnittlicher Gedächtnisleistungen unter dem Einfluß suggestiver Lehrverfahren)[31] aufmerksam wurde und aus seinen Erkenntnissen schließlich auch Anwendungsmöglichkeiten für Therapie und Unterricht ableitete. In gleicher Weise haben auch Richard BANDLER und John GRINDER über Beobachtungen im psychotherapeutischen Feld die generelle lernpädagogische Bedeutung ihres Ansatzes erkannt.

Zudem nennen SCHUSTER und GRITTON in ihrem grundlegenden Werk „Suggestopädie in Theorie und Praxis" Georgi LOZANOV in einem Atemzug u. a. mit Virginia SATIR, Milton ERICKSON und Fritz PERLS, die allesamt als herausragende Therapeuten

31 vgl. EDELMANN 1988, S. 34; FLOTHOW 1988, S. 17.

„Konstrukte geschaffen (haben), denen bestimmte Elemente gemeinsam sind"[32].

Auch inhaltlich finden sich bedeutsame Ähnlichkeiten, wenn man an die starke Position der **Hemisphärentheorie** als Erklärungshintergrund für pädagogische Maßnahmen denkt (rechte – linke Hemisphäre, bewußte – parabewußte Ebenen) oder die große Bedeutung der **Suggestionen** als Schlüssel zu den mentalen Reserven (im NLP würde man von Ressourcen sprechen) betont.

Dennoch finden sich auch unterschiedliche Akzentsetzungen, die dafür plädieren, eine Öffnung des suggestopädischen Ansatzes und damit einhergehend eine Einbindung in das NLP-Konzept als Rahmenkonzept vorzunehmen.

Hinweise auf eine notwendige Öffnung ergeben sich u. a. aus der ursprünglichen Problemstellung LOZANOVs, der bei seiner Untersuchung der suggestiven Hypermnesie einige, aus forschungsmethodischen Gesichtspunkten zu rechtfertigende Abgrenzungen vorgenommen hat, welche aber die generelle Übertragbarkeit seines Ansatzes auf den pädagogischen Bereich erschwert haben. Dies zeigt sich indirekt schon daran, daß einige Bereiche stark von diesem Ansatz durchdrungen wurden (Fremdsprachen lernen!), während die Akzeptanz und Umsetzung in anderen Bereichen äußerst schwer fiel.

Eine Öffnung des Modells kann in der Weise erfolgen, daß „nicht mehr das Dogma der reinen Lehre LOZANOVs (im Vordergrund stehen soll), sondern die Stabilisierung der Lernerfolge auch unter ungünstigen Bedingungen, in inhomogenen Gruppen, bei ausgefallenen Themen"[33]. In die gleiche Richtung zielt auch EDELMANN mit seinem Fazit, daß „außerhalb des Fremdsprachenlernens ... nicht so sehr die suggestopädische Methode von Interesse (sei), sondern (vielmehr) die beschriebenen suggestopädischen Lehr-Lern-Prinzipien"[34].

---

32 SCHUSTER/GRITTON 1986, S. 33; vgl. den tabellarischen Vergleich der Ansätze auf den Seiten 36f..

33 BEYER/MARWITZ 1989, S. 23. Selbst Elisabeth PHILIPOV als engagierte Verfechterin der nach LOZANOV und ihr benannten suggestopädischen Methode hat in ihrem Ansatz einige Ausweitungen vorgenommen, wenn sie vom „Ganzheitlichen Lernen" spricht bzw. die kognitive Verarbeitung der Lerninhalte stärker als im ursprünglichen Ansatz vorgesehen propagiert – vgl. 1989, S. 30 f.

34 EDELMANN 1988, S. 125.

In einer sehr weiten Ausdeutung wäre Superlearning dann als eine Lernmethode zu betrachten, „die gezielt die menschlichen Lernressourcen (Energiequellen) wachruft und einsetzt, um uns ein schnelles, wirksames und angenehmes Lernen zu ermöglichen“[35]. Eine Integration des Superlearning in das NLP-Konzept würde

- eine gezielte Konzentration auf die Rahmenbedingungen bedeuten, d. h. auf das dynamische Wechselspiel von äußeren (Lernatmosphäre, z. B. durch Musik) und inneren (entspannter Zustand) Zusammenhängen;
- Lernblockaden können durch eine positive innere Einstellung und das Ausräumen negativer Umwelteinflüsse „entsuggeriert“ werden[36];
- ganzheitliches Lernen – als dritter Akzent – würde dann gleichfalls mit einem verlagerten Schwerpunkt weniger das entspannte Aufnehmen des Lernstoffes im „Lernkonzert“ zum methodischen Mittelpunkt wählen als vielmehr die interessante und lebendige Darbietung und Verarbeitung desselben, etwa durch Phantasiereisen, Theater- oder Rollenspiele, geistige Landkarten zeichnen, und vieles mehr[37].

7.3.3 Das NLP-Konzept und das Mentale Training

Hinter dem aktuellen Modewort „Mentales Training“ verbergen sich viele unterschiedliche Ansätze, die eine ganzheitlich-kognitive Analyse und Verarbeitung von situativ-kontextuell bedeutsamen Sachverhalten und Verhaltensweisen zum Gegenstand haben. In den Mittelpunkt des allgemeinen Interesses ist das Mentale Training durch seine großen Erfolge in der Weltraumforschung und im Spitzensport gerückt. Vor allem im sportlichen Bereich, wo die körperlich-konditionellen Möglichkeiten der Athleten weitgehend ausgereizt scheinen, werden durch das Ausspielen der „psycholo-

35 BIERBAUM 1990, S. 153.

36 vgl. PHILIPOV 1989, S. 30 f.: LOZANOV wollte „alle negativen Umfeld-Einflüsse, die zu Lernblockaden geführt und das Vertrauen in die eigenen Fähigkeiten unterminiert haben“ überwinden.

37 vgl. BIERBAUM 1990, S. 159 und 165.

gisch-mentalen Karte" entscheidende Vorteile gegenüber der „gleichstarken" Konkurrenz erworben.

Was liegt näher, als diese Variante eines „Supertrainings"[38] auch auf andere Bereiche zu übertragen, in denen gleichfalls (persönliche) Spitzenleistungen von Menschen gefordert werden? Insbesondere die Berufs- und Arbeitswelt, allen voran der Managementsektor, ist von diesem Gedanken beeindruckt und brennend an Umsetzungsmöglichkeiten für den eigenen Horizont interessiert[39].

Die Ansatzmöglichkeiten für ein Mentales Training sind dabei sehr unterschiedlicher Natur; so wird es in einem Seminar dazu verwendet,

- „um Verhalten in der Zukunft zu verändern
- um innere Kraftquellen zu nutzen
- um schwierige Situationen erfolgreich zu bewältigen
- um zu einer konstruktiven Grundhaltung zu kommen
- um belastende Erinnerungen aus der Vergangenheit zu beseitigen
- um Visionen ... zu entwickeln
- um persönliche Ziele greifbar zu machen"[40].

Diese Vielfalt an Zielvorstellungen kann man auf zwei globale Ziele zurückführen; Mentales Training dient zum einen dazu, **Mentale Sperren** (Denkblockaden) zu überwinden, und zum anderen dazu, die **richtige Einstellung** zur gerade anstehenden Aufgabenstellung zu gewinnen.

1. Die Gewöhnung an bzw. der alltägliche Umgang mit (subjektiven) Einteilungs- und Ordnungskriterien[41], ferner die Tatsache, etwas Wichtiges „zum ersten Mal" tun zu müssen bzw. „als erste

38 So lautet der Titel eines Buches von Fritz STEMME und Karl-Walter REINHARDT, welches sich mit dem Erzielen von Spitzenleistungen durch Mentale Techniken befaßt – vgl. 1989.

39 vgl. den Bericht über ein „Supertrainings"-Seminar von SAPPER 1989; vgl. auch ORBIT 1990.

40 ORBIT 1990, S. 3.

41 „Runde" Summen oder „symbolträchtige" Zahlen (Schnapszahlen, Magische Zahlen etc.) vermitteln den subjektiven Eindruck eines außergewöhnlichen Schritts, z. B. von 98 über 99 nach 100 gegenüber 136, 137, 138, obwohl die Abstände zwischen den Zahlen objektiv als gleich definiert sind. – In der Preisgestaltung wird psychologisch mit der „knapp unter"-Barriere (1,99 DM statt 2,00 DM) ebenfalls darauf angespielt. – Nur runde-Geburtstage-feiern wären ein weiteres Beispiel für dieses Phänomen.

Person überhaupt" eine Leistung, ein Ziel erreichen zu können[42], führt dazu, daß Menschen sich – zumeist ohne sich dessen bewußt zu sein – Mentale Sperren aufbauen.
Mentale Sperren spielen gerade auch im lernpädagogischen Bereich eine bedeutende Rolle, wenn z. B. Vorurteile („Mathe lerne ich nie!") kommentarlos akzeptiert werden und sich schließlich selbstverstärkend zu einem geschlossenen „Teufelskreis" verfestigen.

2. Die richtige innere Einstellung als zweiten Schwerpunkt des Mentalen Trainings erreicht man durch eine Zielantizipation und

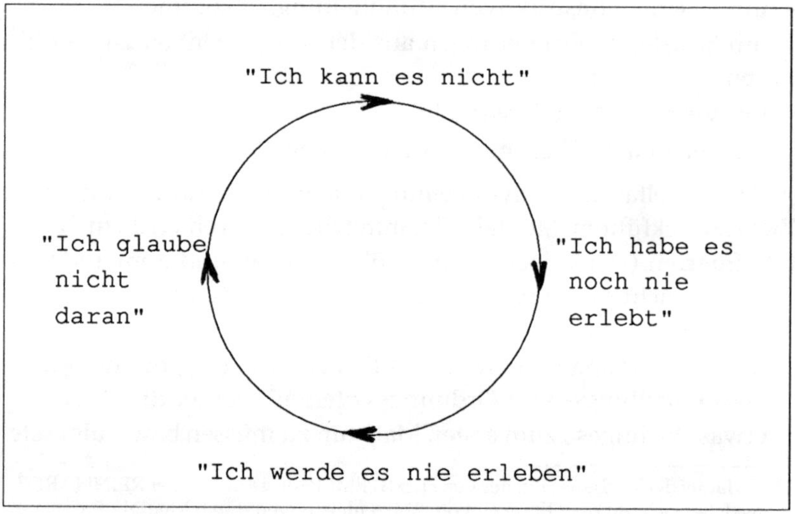

Abbildung 20: Beispiel einer lernpädagogischen Mentalen Sperre: Die sich-selbst-erfüllende-Prophezeiung.

42 Die 4-Minuten-Grenze für die Meile war lange Jahre für Mittelstreckenläufer eine magische Grenze, bis sie schließlich der Brite Roger BANNISTER als erster unterbot und in seinem Gefolge dann in kürzester Zeit auch eine Reihe anderer Läufer – vgl. STEMME/REINHARDT 1989, S. 19 f..

-reflexion in Verbindung mit einer positiven Grundausrichtung (bevor ich anfange: Wie bin ich? – Wo bin ich? – Wohin will ich?).

Mentales Training markiert einen „sanften" Veränderungsprozeß; es ist nicht dafür geeignet, „mit aller Macht" einen Weg zu beschreiten und ein Ziel zu erreichen, hier wird vielmehr eine „innere Gelassenheit", „positive Selbstprogrammierung" und „visionäre Zielfocussierung" propagiert, die auf eher spielerische Weise sich einem Ziele annähert. Auf den folgenden Seiten sind einige Fähigkeiten genannt, die durch ein Mentales Training sukzessive entwikkelt werden können.[43]

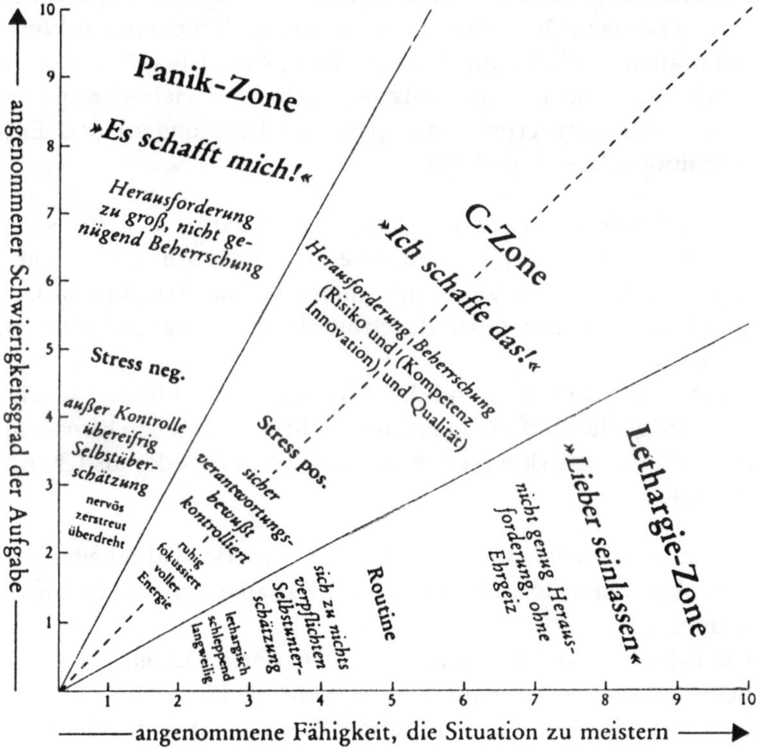

Abbildung 21: Charakterisierung der C-Zone als anzustrebendes Verhaltensprofil in Abgrenzung zur A- und B-Zone[44].

43 vgl. zu den folgenden Ausführungen: STEMME/REINHARDT 1989.
44 In Anlehnung an KRIEGEL, zitiert in STEMME/REINHARDT 1989, S. 128.

- Aus einer Analyse des Verhaltens von Menschen in Streßsituationen wird eine langfristige Ausrichtung auf ein sog. **„Typ-C-Verhalten"** eingeübt, d. h. die Fähigkeit, „Spitzenleistungen unter Druck, aber ohne die gesundheitsschädlichen und frustrierenden Begleiterscheinungen"[45] zu erbringen.

- Ein regelmäßiges **Sich-Entspannen**, etwa durch Klangmusik, durch Autogenes Training oder andere Entspannungstechniken (z. B. JACOBSEN-Entspannung) verhilft dazu, sich aktiv gemäß dem eigenen inneren Biorhythmus zu verhalten und dadurch in bestimmten Situationen über wertvolle Energiereserven verfügen zu können. Diese Fähigkeit darf natürlich nicht in der Weise mißbraucht werden, auf den täglichen „Arbeitsberg" von vornherein zusätzliche Lasten aufzulegen; hier sei vielmehr an eine innere Harmonisierung von Spannung (Leistungen) und Entspannung (Pausen) gedacht.

- Ein weiterer wichtiger Baustein besteht darin, **sich** für seine Tätigkeit **positiv zu programmieren** und die vorhandenen eigenen Energien schon zu Beginn quasi in eine Art „Vorstartzustand" zu versetzen und dadurch auf das Ziel hin ausgerichtet zu bündeln.
  Im Prozeß selbst, während der Tätigkeit werden immer wieder Schwierigkeiten auftauchen; dabei steht es im eigenen Ermessen, ob ich diese Schwierigkeiten dann als Störung oder als Chance bewerte... .

- Ein ganz entscheidender Zug ergibt sich aus den Fähigkeiten, ein komplexes Ziel möglichst präzise zu **visualisieren und zu focussieren.**
  Die Fähigkeit des Visualisierens besteht darin, sich ein Ziel möglichst präzise und lebendig „ausmalen" zu können, so daß der (eigentlich in der Zukunft liegende) Zielzustand schon als „realisierte Erinnerung" in der Gegenwart präsent ist.
  Die Fähigkeit des Focussierens besteht darin, den Prozeß „vom Ziel her" bis zur Gegenwart in seinen einzelnen Phasen beschreiben zu können; auf diese Weise werden wichtige Markierungen

45 STEMME/REINHARDT 1989, S. 125.

auf dem Weg zum Ziel präsent und die Gefahr des Abweichens vom bzw. Verzettelns auf dem vorgegebenen Pfad minimiert.

- Zuletzt sei noch die Fähigkeit des **„Träumens“**, des **„Sich-Verrückens“**, der **„visionären Zeitsprünge“** genannt, die es ermöglicht, auch noch gar nicht realisierbar scheinende, fiktive Sachverhalte oder Ereignisse zu durchdenken, absurd scheinende Phänomene zuzulassen und so die Bereitschaft zu entwickeln, aus den eigenen Denkkategorien und Beschränktheiten auszusteigen[46].

Eine Einbindung des Mentalen Trainings in das NLP-Konzept liegt auf der Hand. Zu ähnlich sind die Zielsetzungen und die bei beiden Ansätzen vorfindlichen Methoden. Das NLP-Konzept ist aufgrund seiner offenen Struktur eher als Rahmenkonzept geeignet; insbesondere gewinnen dadurch die einzelnen Bausteine des Mentalen Trainings, von denen hier nur eine Auswahl vorgestellt wurden, eine gemeinsame Struktur. Denkbar wäre in diesem Zusammenhang etwa eine konzeptionelle Zuordnung nach den drei Fähigkeitskategorien, die nach BANDLER und GRINDER herausragende Kommunikatoren besonders auszeichnen: Erstens eine hohe Wahrnehmungssensibilität, zweitens Flexibilität und Kreativität im Denken und Handeln und drittens eine starke Zielorientierung[47].

---

46 Es gibt tausend Möglichkeiten, eine Sache zu tun: Wir haben uns aber im Laufe der Zeit eine bestimmte Verfahrensweise angewöhnt und tun daher diese Sache immer auf diese ganz spezielle Weise. Wir haben „Routine“ erworben. Diese Routine spart uns Zeit, Kraft und Nerven ...
Wir tun tausend Dinge immer in der gleichen Art und Weise, tagaus und tagein. Auch bei diesen Dingen haben wir „Routine“ erworben und sparen dadurch Zeit, Kraft und Nerven ...
Tragisch wird die Entwicklung jedoch, wenn wir eine „Routine durch Routine“ erworben haben, weil wir dadurch Gefahr laufen, Veränderungen der Umwelt oder auch der eigenen Person gar nicht mehr wahrnehmen zu können: schließlich wenden wir diese „Meta-Routine“ gegen unseren eigenen und den Widerstand der Umwelt an und vergeuden nunmehr Zeit, Kraft und Nerven an eine „liebgewordene Gewohnheit“. Fazit: Wir haben den Zugang zum eigentlichen „Leben“ verloren ...

47 vgl. BANDLER/GRINDER 1981, S. 74.

7.4 Zusammenfassung

In diesem Kapitel erfolgte eine Bestandsaufnahme des methodischen Einsatzes des NLP-Konzepts im therapeutischen Kontext. Dabei ließen sich drei unterschiedliche Bereiche festlegen:

1. Es werden methodisch-organisatorische Entscheidungen getroffen, z. B. in Form von Demonstrationen, CBA-Konstellation, Kleine Spiele, um einen günstigen Orientierungsrahmen für die Veränderungsarbeit zu erreichen.
2. Die eigentlichen NLP-Methoden sind als verlaufsbezogene methodische Elemente klassifiziert worden; im Rahmen dieses Kapitels sind drei Bausteine exemplarisch vorgestellt, und
3. ist als umfassendster methodischer Verständnisrahmen das NLP-Konzept als lernpädagogischer Prozeß beschrieben worden; in diesem Zusammenhang können auch neuere Ansätze wie das Mind Mapping, Superlearning oder Mentale Training aufgegriffen und methodisch eingeordnet werden.

Für eine Übertragung auf den pädagogisch-didaktischen Sektor genügen die hier aufgezeigten methodischen Elemente nur in eingeschränktem Maße den Anforderungen. Neben diesen Bauelementen sind insbesondere auch ihr Verhältnis zu traditionellen pädagogisch-didaktischen Elementen zu diskutieren. In dieser Untersuchung ist nur eine grundsätzliche Übersicht erstellt worden, eine weiterführende Auseinandersetzung hätte jedoch den Rahmen gesprengt. Vielmehr sei hier an die kreative Energie aller NLP-Entwickler und -Anwender appelliert, auch Möglichkeiten zur interessanten und motivierenden Entdeckung des NLP-Konzepts zu erarbeiten.

8 Kritische Stimmen und empirische Überprüfung des NLP-Konzepts

Kritik kann man in sehr unterschiedlicher Weise üben. Man kann einzelne Elemente aus einem Konzept herauslösen und diese punktuell auf ihre Gültigkeit hin überprüfen, man kann sich mit dem konzeptionellen Rahmen (Modellannahmen) beschäftigen und man kann auch mögliche Auswirkungen, die bei einem etwaigen Einsatz des Konzepts anfallen würden, gedanklich vorwegnehmen und auf diese Weise Einfluß auf potentielle Leser bzw. Anwender ausüben. Das NLP-Konzept wurde und wird aus allen hier aufgezeigten Perspektiven kritisch betrachtet und – je nach theoretischem Standpunkt des Betrachters – empfohlen oder abgelehnt.

Als Einstieg in die kritische Analyse sei daran erinnert, daß es im Rahmen der hier behandelten Thematik (im Bereich kommunikativer Phänomene, wenn man das NLP-Konzept als Kommunikationsmodell versteht) nicht um eindeutige Stellungnahmen im Sinne von schwarz oder weiß, richtig oder falsch gehen kann (und darf), sondern jede Aussage als mehr oder weniger zutreffend akzeptiert werden sollte. Jede hier vertretene Position kann demnach auch für sich zumindest „ein Fünkchen Wahrheit" beanspruchen und sollte daher im Konzert der übrigen Stimmen und Meinungen Gehör finden.

Wie schon Titel und Darstellung dieser Untersuchung verdeutlichen, ist der Verfasser selbst von den im NLP-Konzept steckenden Möglichkeiten positiv beeindruckt und kann daher mit gutem Gewissen eine intensive Auseinandersetzung mit diesem Konzept empfehlen. In diesem Kapitel sollen nunmehr auch einige Untersuchungen betrachtet werden, die auf „Grenzen" des NLP-Konzepts aufmerksam machen wollen. Die Palette reicht dabei von kritischen Stellungnahmen zum Wissenschaftsverständnis der NLP-Autoren bis hin zu den „Gefahren", die sich dann ergeben, wenn z. B. das NLP als wirksames „Machtinstrument" zur Disziplinierung NLP-Unkundiger eingesetzt wird.

8.1 Empirische Überprüfung von Elementen des NLP-Konzepts am Beispiel des Modells der Zugangshinweise

Wenn im Zusammenhang mit NLP das Stichwort „empirische Überprüfung" fällt, dann denkt man unwillkürlich an das Modell der Augenbewegungsmuster. Dies ist einerseits verwunderlich, da es sich hier nur um einen verhältnismäßig kleinen Baustein des NLP-Gesamtkonzepts handelt. Als mögliche Ursache mag aber andererseits gelten, daß dieses – im wahrsten Sinne – „augenfällige" Modell für empirische Untersuchungen besonders geeignet scheint und auch im deutschsprachigen Raum schon wiederholt Gegenstand von wissenschaftlichen Untersuchungen geworden ist[1]. Im folgenden sei daher als Beispiel für eine empirische Studie die wissenschaftlich anspruchsvolle Untersuchung von Jens U. SCHIERMANN zum Modell der Zugangshinweise eingehender betrachtet und die anderen Beiträge ergänzend hinzugezogen.

8.1.1 „Die Repräsentation anschaulicher Information" – Die empirische Studie von SCHIERMANN

Jens SCHIERMANN hat seine mit „**Die Repräsentation anschaulicher Information**. Eine experimentelle Studie zur kognitiven Psychologie über die Identifizierung modalitätsspezifischer Repräsentationssysteme" betitelte empirische Untersuchung in drei Teilen aufgebaut:

– In „Teil I: Von der Wahrnehmung zur Repräsentation" gibt er zum einen eine kurze themengebundene Einführung zum Neurolinguistischen Programmieren (NLP), zum anderen bereitet er unter dem übergeordneten Komplex „Kognitive Theorien" in einer Literaturumschau die thematisch relevanten Erkenntnisse zum Lernen, Wahrneh-

1 vgl. die unveröffentlichten Diplomarbeiten von RINGELBAND 1983 („Repräsentationssysteme und Blickrichtungen. Eine empirische Untersuchung zum NLP". Universität Hamburg) und SINN 1984 („Empirische Untersuchungen zu Konzepten des NLP, Teil 3: Das Augenbewegungsmodell". Universität Tübingen), vgl. ferner die Beiträge von BLIEMEISTER 1987, 1988 (Universität Kiel) und vor allem die Dissertation von SCHIERMANN 1987 (Universität Hamburg).

men, Gedächtnis, anschaulichen und/oder abstrakten Denken, zu Sprache und Blickbewegungen als Indikatoren auf.

- In „Teil II: Eine empirische Studie" ist das gesamte Versuchsdesign beschrieben, angefangen von der Hypothesenformulierung über den Versuchsplan, die Art der Auswertung der Protokolle bis hin zu den mit Berechnung und Aufbereitung der Ergebnisse zusammenhängenden Fragen.
- In „Teil III: Ergebnisse" hat SCHIERMANN schließlich seine Hypothesen mit den eruierten Daten verglichen und die dabei ermittelten Ergebnisse diskutiert, zum einen in ihrer Bedeutung für das NLP im engeren Sinne, zum anderen in ihrer Relevanz für die kognitive Forschung als übergeordneten Ansatz.

Eine Diskussion der von SCHIERMANN erarbeiteten Forschungsergebnisse kann an mehreren Stellen ansetzen. Aus NLP-Sicht sind von besonderem Interesse,

1. wie er das NLP-Konzept dem Leser vor Augen stellt,
2. welche Hypothesen er im einzelnen entwickelt und zu welchen Ergebnissen er gelangt, und – in engem Zusammenhang damit –,
3. wie er seinen Versuchsaufbau, die methodische Umrahmung der Untersuchung, konzipiert.
4. Darüber hinaus kann diese Studie jedoch auch grundsätzlich Aufschluß darüber geben, welche Probleme bei der Entwicklung eines ganzheitlichen Forschungsdesigns auftreten. In diesem Rahmen sind die in 1. bis 3. angesprochenen Aspekte auch daraufhin zu befragen, ob die hier gefundenen „Antworten" wirklich die konzeptionelle Relevanz und Tragweite besitzen, die ihnen SCHIERMANN beimißt.

zu 1.

SCHIERMANN stellt das Konzept des Neurolinguistischen Programmierens (NLP) nur soweit dar, „als es zum Verständnis der hier geprüften Hypothesen notwendig erscheint"[2]. Dazu zählen zum ersten die Beschreibung der visuellen, auditiven und kinästhetischen Repräsentationssysteme in enger Verbindung mit dem Modell der Augenbewegungsmuster, zum zweiten das entweder durch die Identifizierung von Prädikaten und/oder die Registrierung von Blickbewegungen ermittelbare primäre Repräsentationssystem ei-

2 SCHIERMANN 1987, S. 9.

ner Person und zum dritten ein kurzer Hinweis auf die „(antiempirische und allzu pragmatische?) Haltung" der beiden Modellbauer BANDLER und GRINDER, die „als Vertreter der gestalttherapeutisch-hypnotherapeutischen Richtung ... traditionell wenig Interesse an empirisch-experimenteller Überprüfung der von ihnen aufgestellten Hypothesen haben"[3].

SCHIERMANN begründet und erläutert sein wissenschaftliches Forschungsinteresse damit, daß „in dem Modell implizit und explizit (dies allerdings weniger) Vermutungen und Hypothesen enthalten sind, mit denen sich viele kognitive Psychologen intensiv beschäftigen"[4] und deshalb eine empirische Beweisführung dringend geboten sei.

zu 2.

Die forschungssystematische Grundaussage,

> „Prädikate sind geeignete und zuverlässige Indikatoren (Zugangshinweise) für das Primäre Repräsentationssystem einer Person"[5],

wird von ihm in vier Hypothesen aufgespalten, um dadurch die von BANDLER und GRINDER behaupteten und vermuteten Zusammenhänge besser erfassen zu können:

Hypothese I:

> Menschen benutzen beim Nachdenken über und beim Erinnern an Erlebtes ein bestimmtes Repräsentationssystem systematisch und signifikant häufiger als die anderen.

Hypothese II:

> Es gibt nachweisbare, signifikante Zusammenhänge zwischen dem benutzten Repräsentationssystem und den Blickrichtungen während des Erinnerns.

---

3 SCHIERMANN 1987, S. 17.

4 SCHIERMANN 1987, S. 18. Als Kontrapunkt ist daher die anschließende Umschau in der Kognitiven Theorie gedacht, in welcher etablierte Theoriebeiträge Stellung beziehen sollen zu dem von BANDLER und GRINDER behaupteten direkten, linearen Zusammenhang zwischen der sinnlichen Wahrnehmung und der verbalen Repräsentation.

5 S. 67 f.; dort sind auch die vier Hypothesen aufgelistet.

Hypothese III:

Die Zusammenhänge zwischen Primärem Repräsentationssystem und Blickrichtung sind zeitkonstant. Deswegen ist es sinnvoll, von visuellen, auditiven und kinästhetischen „Typen" zu sprechen.

Hypothese IV:

Ein geschulter Beobachter (Therapeut) kann das Primäre Repräsentationssystem eines anderen Menschen (Klient) mit Hilfe verbaler und/oder nonverbaler Zugangshinweise zuverlässig identifizieren, ohne explizit danach zu fragen.

Die „Prüfung der Hypothesen" läßt im Grunde genommen nur ein klares, verneinendes Gesamturteil zu, denn bis auf die mit Einschränkungen versehene Bestätigung der Hypothese II kommt er bei allen übrigen zu dem Ergebnis, daß die unterstellten Zusammenhänge nicht bestätigt werden können[6].

zu 3.

Eine schlüssige Bewertung eines kommunikativen Prozesses – und dieser wird auch mittels dieser empirischen Studie erzeugt – läßt sich jedoch erst dann vornehmen, wenn man den vorliegenden Kontext genau kennt, in welchem die Ergebnisse ermittelt worden sind. SCHIERMANN hat sich viel Mühe gegeben, mit Hilfe eines detaillierten Versuchsplans die Vergleichbarkeit der eruierten Befragungen zu gewährleisten. Es wurden insgesamt 31 Personen gemäß dem nachfolgenden standardisierten Versuchsablauf unterzogen:

> „Die Versuchsperson (VP) saß auf einem Stuhl mit Kopflehne, um unnötige Kopfbewegungen zu vermeiden. Ihr gegenüber saß der Versuchsassistent (VA) und in einem Nebenraum der Versuchsleiter (VL). Der VL kontrollierte auf einem Monitor die Videoaufzeichnungen der Augenbewegungen der VP. Außer Videoaufnahmen wurden zusätzlich Tonbandprotokolle erstellt. ...
>
> Jedes Interview lief nach diesem Schema ab:
>
> 1. Verlesen einer standardisierten Einführung.
> 2. Besprechung von Fragen, die zur Durchführung des Interviews wichtig waren (keine Antwort auf Sinn-Fragen).

6 vgl. 1987, S. 95 f..

3. Verlesen einer Probefrage und Besprechung der Antwort. Klären von Mißverständnissen.
4. Verlesen und Beantworten der 30 Fragen.

Jedes Interview dauerte ca. 20 – 30 Minuten. Fragen nach dem Sinn der Untersuchung wurden erst nach dem zweiten Interview beantwortet“[7].

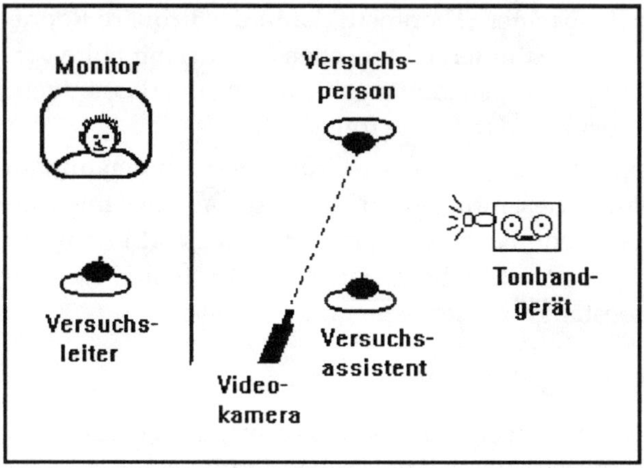

Abbildung 22: Versuchsanordnung im Rahmen der empirischen Studie von SCHIERMANN.

Die Versuchsanordnung und der Versuchsablauf lassen erste Zweifel an der Gültigkeit der hier eruierten Ergebnisse aufkommen. Denn es ist mehr als fraglich, ob die hier konstruierte Laborsituation wirklich dem Untersuchungsgegenstand angemessen ist. Das NLP-Konzept ist ein Verhaltens- und Kommunikationsmodell und müßte demnach auch in einem angemessenen Rahmen geprüft werden. Im Kontext dieser konstruierten Situation ist aber von den Versuchspersonen gar nicht „Kommunikation“, sondern lediglich – ja

7 SCHIERMANN 1987, S. 69 f.; weitere Informationen über den Versuchsaufbau finden sich in der Untersuchung.

fast ausschließlich – „Reaktion" auf Fragen erwünscht. Einige Aspekte sollen diesen Gedankengang untermauern helfen:

– In dieser Studie wird zunächst der Kontext, der Bezugsrahmen weitgehend ausgeblendet: Dies geschieht durch die zwar im Vorfeld beschriebene Versuchsanordnung, die aber im weiteren Verlauf der Untersuchung nicht wieder thematisiert wird. Äußerungen von Menschen sind jedoch immer an den Kontext gebunden. Die implizite Annahme, wonach ein standardisierter Kontext bei Menschen zu ähnlichen Äußerungen führt, unterschätzt die Verhaltensmöglichkeiten von Menschen[8].
– Darüber hinaus sind den Versuchspersonen erhebliche Verhaltenseinschränkungen auferlegt worden, ohne jedoch deren „Sinn" zu erklären. So wird durch den Stuhl mit Kopflehne und die Aufforderungen,
 a. den Kopf möglichst wenig zu bewegen,
 b. sich durch die Künstlichkeit der Situation nicht beirren zu lassen und
 c. keine Sinn-Fragen beantwortet zu erhalten[9],
 gerade die Neugier von Menschen geweckt, sich eigene Gedanken über die Situation und die vorfindliche Konstellation zu machen. Damit wird eine nicht erfaßbare „Störgröße" produziert, die die Untersuchungsergebnisse in erheblichem Maße beeinflußt haben dürfte. Ein unbefangenes Auftreten ist dadurch nahezu unmöglich gemacht worden – dies gerade ist jedoch eine wichtige Forderung und Voraussetzung für erfolgreiche Kommunikation mit NLP.

zu 4.

Die Argumentationsstruktur „Laborsituation vs. lebendige Kommunikation" läßt sich auch noch auf ein weiter gestecktes Feld übertragen. Die von SCHIERMANN untersuchten Repräsentationssysteme und das Modell der Augenbewegungsmuster sind sicherlich nicht mit dem NLP-Konzept gleichzusetzen. Dies gibt SCHIERMANN indirekt zu, wenn er gegen Ende behauptet, daß die von ihm ermittelten Ergebnisse „sicher auch für weitere NLP-Techniken (Gültigkeit besitzen dürften), die aufgrund ähnlich schwer überprüfbarer Thesen entwickelt wurden"[10]. In seiner gesamten Untersuchung finden sich aber keine Hinweise geschweige denn

8 zur Bedeutung des Kontextes im NLP – vgl. BANDLER/GRINDER 1981, S. 153; BACHMANN 1990b, S. 36: „Und Menschen reagieren – so lautet eine Grundaussage des NLP – eher auf die ‚Umrahmung', den Kontext (= Beziehungsaspekt) als auf den Inhalt".
9 vgl. SCHIERMANN 1987, S. 69 f.; S. 121.
10 SCHIERMANN 1987, S. 100.

Darstellungen, welche „Techniken" er denn sonst noch dem NLP zuordnet, und wie etwa ein Zusammenhang der „nicht genannten" Techniken zu den von ihm „diskutierten" besteht.

Dieser – von SCHIERMANN nicht geklärte – Zusammenhang kann jedoch im Blick auf eine effiziente und lebendige Kommunikation ohne weiteres, z. B. durch das Herstellen eines guten Rapports (Kalibrieren, Pacing und Leading) und einer Kongruenz im Verhalten, angenommen werden. Eine technische Ausstattung[11], ferner die stereotypen Anweisungen zur Einführung des Fragebogens (Standardisierung) und das Bemühen des Versuchsassistenten, möglichst „neutral" die Fragen vorzutragen, können mit Erlaub einen „unbefangenen" Gesprächspartner nicht ersetzen. Darüber hinaus wird auch das „Neutrum Versuchsassistent" von den Testpersonen immer noch als Mensch angesehen werden, der durch sein Verhalten, sein Aussehen, seine Stimme, seine eigenen Blickbewegungen etc. ein emotionales Klima schafft, dem sich die Testpersonen nicht zu entziehen vermögen[12].

SCHIERMANN mag auch von seinen eigenen Ergebnissen überrascht worden sein, denn er meldet in der abschließenden Diskussion mehr Zweifel an als die verhältnismäßig „eindeutigen" Ergebnisse zulassen. Denn wie ist sonst sein Eingeständnis zu interpretieren, daß die fehlende Bestätigung der Hypothesen unter Umständen nicht an den „unhaltbaren" Aussagen BANDLERs und GRINDERs, sondern letztlich an der künstlich geschaffenen Atmosphäre gelegen haben mag: „Die Ergebnisse lassen ... nicht die Aussage zu, daß es keine Zusammenhänge in der von BANDLER und GRINDER vermuteten Art gäbe. Wir denken, daß es Zusammenhänge zwischen den Strukturen des Erinnerns und den parallel ablaufenden Blickbewegungen gibt"[13].

Doch er geht noch einen Schritt weiter, wenn er die Überlegung anstellt, „ob therapeutische Techniken wie das Neurolinguistische

---

11 „Benutzung statistischer Prüfmethoden und modernster Großrechenanlagen" bei der Eruierung der Ergebnisse – vgl. SCHIERMANN 1987, S. 98.

12 So kann z. B. ein Einfluß des „wissenden" Versuchsassistenten auf die Blickbewegungen der Versuchspersonen nicht ausgeschlossen werden – vgl. BLIEMEISTER 1988, S. 26.

13 SCHIERMANN 1987, S. 97.

Programmieren überhaupt mit experimentellen Methoden angemessen untersucht werden können"[14].

Dieser Gedankengang könnte in zwei Richtungen weiter verfolgt werden. Zum einen sei die Frage gestellt, ob nicht psychotherapeutische Techniken zu einem großen Teil weniger Technik/Methode/Inhalt als vielmehr interaktionelle Rahmenbedingungen/Prozeß darstellen[15].

Dies würde bedeuten, daß unter Umständen das gesamte Forschungsdesign von SCHIERMANN hinfällig wäre, weil er zwar Antworten auf seine gestellten Fragen erhalten hat, aber gegen Ende seiner Untersuchung gar nicht mehr sicher ist, ob er überhaupt die „richtigen" Fragen gestellt hat. Auf seine Untersuchung angewendet: Er hat Antworten auf seine Hypothesen bezogen auf das Modell der Zugangshinweise, angewendet in einer Laborsituation, erhalten. Die Antworten belegen, daß *in dieser Situation* seine Hypothesen nicht bestätigt werden konnten. Die zentrale Frage besteht nun darin, *ob dieses Ergebnis auch auf sämtliche anderen Situationen übertragen werden kann und darf*[16]. Dies darf mehr als nur bezweifelt werden ...

Denn, das gibt er zum anderen zu bedenken, in der täglichen Praxis bewirken Menschen (Therapeuten, Lehrer, Ausbilder etc.) auf der Basis von unvollständigen Modellen über psychische Zusammenhänge „positive" Veränderungen bei anderen Menschen. Sollten diese Erfolge deswegen abgelehnt werden, nur weil die Theorie (noch) keine stichhaltigen empirischen Befunde dafür vorzulegen vermag, ob die hier postulierten Zusammenhänge in dieser Konstellation überhaupt existieren?[17]

Im übrigen ist hiermit ein grundsätzliches Problem ganzheitlicher Ansätze angesprochen; denn bis zum jetzigen Zeitpunkt sind

---

14 SCHIERMANN 1987, S. 99.

15 vgl. SCHIERMANN 1987, S. 100.

16 Gerade in der behavioristischen Lernforschung bestand ja ein wichtiges Axiom darin, die Übertragbarkeit ungeachtet des gewaltigen Grats zu postulieren, von mit Ratten in Laborsituationen durchgeführten Lernexperimenten auf menschliches Lernen und Handeln.

17 „Der Gedanke entsteht, daß zwar Zusammenhänge existieren ..., daß sie aber nur unzureichend mit den postulierten Begriffen und Modellen beschrieben werden können, ja daß die „wahren" Zusammenhänge anderer Art sind – daß die wesentlichen Faktoren in diesen multifaktoriellen Strukturen nicht deutlich werden" – SCHIERMANN 1987, S. 99.

auch die handlungstheoretischen Grundlagen des Lehrens und Lernens noch in keiner angemessenen empirischen Untersuchung belegt und fundiert worden[18]. Dennoch arbeiten schon viele Praktiker erfolgreich mit diesem und anderen ganzheitlichen Ansätzen.

SCHIERMANN gelangt zum Abschluß seiner Diskussion zu der Frage, ob nicht unter Umständen ein „heimlicher Lehrplan" existiert, d. h. eine durch die NLP-Vermittlung eingeleitete „heimliche Unterwanderung" bewährter psychotherapeutischer Konzepte und Praxis:

„Wir glauben", so faßt er seine Forschungsarbeit zusammen, „daß man aufgrund der in dieser Untersuchung gefundenen Ergebnisse eine Anwendung der Techniken in der psychotherapeutischen Praxis *unter Ursache-Wirkungs-Prinzipien* eher skeptisch betrachten sollte.

Insbesondere eine Integration dieser NLP-Techniken in *das klientenzentrierte Konzept* scheint uns nicht angebracht, solange die diesen Techniken zugrunde liegenden Annahmen sich empirisch nicht deutlicher bestätigen lassen.

(Unter Bezugnahme auf kognitive Theorien fügt er hinzu:) Die von BANDLER und GRINDER vermuteten Zusammenhänge ... sind nach unserer Ansicht – wenn überhaupt – so schwer nachweisbar und mit soviel Unsicherheit in Definition und Voraussage behaftet, daß wir meinen, daß dieser Ansatz in dieser Form *für die kognitive Forschung* wenig fruchtbar ist"[19].

---

18 Die Schwierigkeiten der experimentellen Fundierung handlungstheoretischer Konzepte sind identisch mit denen des NLP-Konzepts – vgl. dazu BACHMANN 1988, S. 29 f..

19 SCHIERMANN 1987, S. 100 und 101; durch die Kursivschrift sind einige der von SCHIERMANN gemachten, aber nicht explizit ausgewiesenen Vorannahmen seiner Studie hervorgehoben worden:
– Das lineare Kausalitätsprinzip (Ursache-Wirkung) soll gerade durch ganzheitliche Ansätze überwunden werden. Insofern stellt die erneute Verwendung dieses Kriteriums eine forschungsmethodische Zwangsjacke dar, in die das NLP als ganzheitliches Konzept gepreßt wird.
– Es ist fraglich, ob das klientenzentrierte Konzept selbst dem wissenschaftlichen Anspruch genügt, der an das NLP gestellt wird, nämlich die empirische Überprüfung der zugrunde liegenden Annahmen. Meines Wissens ist dies noch bei keinem psychotherapeutischen Konzept zweifelsfrei gelungen.
– Es ist zwar legitim, ein Konzept dahingehend zu befragen, ob es für eine Forschungsrichtung einen Fortschritt bedeutet. Das NLP ist jedoch keineswegs mit diesem Anspruch angetreten, daher ist auch diesem abschließenden Urteil nur eine begrenzte Relevanz beizumessen.

Achtet man in SCHIERMANNs Stellungnahme auf die impliziten Einschränkungen, so kommt man um die Frage nicht herum, ob bei ihm nicht etwa auch ein „heimlicher Forschungsplan" vorgelegen hat, der unweigerlich zu den Ergebnissen gelangen mußte, die schließlich auch vorlagen. Diese Annahme läßt sich z. B. darauf gründen, daß in seiner Stellungnahme plötzlich und unvermittelt eine „Beurteilungsperspektive", das klientenzentrierte Konzept, auftaucht, welche im gesamten Verlauf der Untersuchung nicht zutage getreten ist.

An dieser Stelle ist zu bedauern, daß sich SCHIERMANN von Anfang an unmittelbar in sein Thema „gestürzt" hat und keine Aussagen über seine eigene wissenschaftstheoretische Herkunft getätigt hat. In dieser Hinsicht lassen sich nur aus der Art und Weise der literarischen Aufbereitung und der empirischen Versuchsanordnung darauf schließen, daß er eher als ein klassisch-analytischer Forschertyp bezeichnet werden kann und mit ganzheitlich-vernetzten Denk- und Forschungsstrukturen weniger vertraut scheint. Die Einzeldarstellungen, vor allem im theoretischen Teil sind verständlich und klar gegliedert aufbereitet, eine Zusammenschau der Einzelphänomene fehlt aber weitgehend. Vor allem wird das NLP-Konzept nur aus dem durch den Forschungsansatz begrenzten Horizont diskutiert und so dem Leser kein Eindruck von der Ganzheitlichkeit und Vielschichtigkeit dieses Ansatzes vermittelt.

Trotz der aufgezeigten konzeptionellen Mängel überragt die Studie von SCHIERMANN die übrigen empirischen Untersuchungen zum NLP, insbesondere zum Augenbewegungsmodell. Die ausführliche Diskussion zeigte deutlich, daß neben der Beachtung NLP-spezifischer Besonderheiten auch grundsätzliche Fragen der Entwicklung eines ganzheitlichen Forschungsdesigns auftauchten. In diesem Zusammenhang ist SCHIERMANNs Ansatz beispielhaft, weil er durch seine sorgfältig dargestellte Konzeption gerade den Blick auf seine eigenen Umsetzungsschwierigkeiten zuließ. Dies ist bei empirischen Untersuchungen nicht immer der Fall.

8.1.2 Die empirische Studie von BLIEMEISTER

Joachim BLIEMEISTER hat in zwei Aufsätzen eine eigenwillige empirische Studie zu – mit seinen eigenen Worten – „Grundannahmen" bzw. „zentralen theoretischen Konstrukten" des NLP vorgelegt. Hinter diesen globalen Ausdrücken verbirgt sich seiner Ansicht nach das sog. Augenbewegungsmodell. Da sein methodologisches Vorgehen stark dem von SCHIERMANN ähnelt, kann direkt auf die „Brennpunkte" der Untersuchung eingegangen werden. BLIEMEISTER konstruiert eine noch ausgeprägtere „Laborsituation", indem er eine Versuchsanordnung ohne Versuchsleiter wählte:

> „Die Versuchspersonen, die die Information erhalten hatten, das Experiment solle den Zusammenhang zwischen Denkprozessen und der Gesichtsmimik überprüfen, saßen in einem reizneutralen Raum in einem Sessel mit hoher Lehne, der ein entspanntes Sitzen bei unveränderter Kopfhaltung ermöglichte. In einem Abstand von drei Metern stand eine Videokamera, die die Versuchspersonen filmte. Über einen Monitor im Nebenzimmer konnte der Versuchsleiter die Reaktionen und Antworten der Versuchspersonen verfolgen und ihnen die Fragen über Kopfhörer einspielen, wenn die jeweils vorhergehende beantwortet war"[20].

Als Ausgangspunkt wurde von BLIEMEISTER interessanterweise eine Null-Hypothese formuliert, wonach „keinerlei Zusammenhang zwischen einerseits Blickbewegungen und Erinnerungen oder Vorstellungen bzw. Phantasien visueller, akustischer oder kinästhetischer Art ... und andererseits den beim Beantworten dieser Fragen verwendeten Prozeßworten"[21] besteht.

Wenn man sich angesichts dieser Konstellation die Fragen näher ansieht, auf welche die Versuchspersonen „unwissend und unbefangen" reagieren sollten, dann verwundert das Testergebnis („nicht eine der überprüften Annahmen des NLP kann Anspruch auf empirische Gültigkeit erheben"[22]) keineswegs. Denn ein im Sinne des Augenbewegungsmodells stimmiges Ergebnis – unabhängig vom mangelnden Rapport zur Versuchsperson, von der Fehlinformation über die Versuchszusammenhänge, etc. – wäre

20 BLIEMEISTER 1988, S. 26.
21 BLIEMEISTER 1987, S. 400.
22 BLIEMEISTER 1988, S. 29.

angesichts der exemplarisch vorgelegten Fragen höchst erstaunlich gewesen. So formuliert BLIEMEISTER u. a. folgende geschlossene Fragen, die „die Versuchspersonen in ihrer Antwort auf eine bestimmte Sinnesmodalität festlegen"[23] sollen:

- „Stell dir vor, wie es sich anfühlt, als Du Deinen letzten Sonnenbrand hattest und beschreibe das Gefühl" (als geschlossen eidetisch kinästhetischer Typ).
- „Stell Dir genau vor was wäre, wenn Bäume reden könnten; beschreibe, wie sich ihre Stimme anhören würde" (als geschlossen konstruiert auditiver Typ)[24].

Zusammengefaßt sind den empirischen Studien zum Konzept der Zugangshinweise insgesamt folgende methodologische Fehler vorzuwerfen:

1. Sie nehmen einen Teil für's Ganze, indem sie z. B. das Modell der Augenbewegungsmuster mit dem NLP-Konzept nahezu gleichsetzen;
2. die Auswahl und Zuordnung der Versuchspersonen nach Rechts- und Linkshändern ist als willkürlich zu bezeichnen, wenn man bedenkt, daß – wie bei BLIEMEISTER geschehen – als Einteilungskriterium lediglich darauf geachtet wird, mit welcher Hand die jeweilige Versuchsperson schreibt;
3. der Versuchsleiter nimmt keine individuelle Kalibrierung vor; dies wäre aber eine wichtige Voraussetzung, die von allen Anwendern des Konzepts der Zugangshinweise immer wieder gefordert wird;
4. die Versuchspersonen werden in Unkenntnis darüber gehalten, was im einzelnen untersucht werden soll, wie die wahren Zusammenhänge aussehen;
5. ungeachtet dessen sollen sie sich aber laut Anweisungen in den geschaffenen „Laborsituationen" völlig zwanglos verhalten, wobei das Mitteilen von „Halbwahrheiten" (es würde der Zusammenhang zwischen Denkprozessen und Gesichtsmimik untersucht) kein Gewicht erhalten soll.

---

23 BLIEMEISTER 1988, S. 25.

24 vgl. BLIEMEISTER 1988, S. 26; hier handelt es sich keineswegs um modalitätsspezifische Fragen, da mit „Stell Dir vor" zunächst jeweils das visuelle Repräsentationssystem angesprochen wird bevor die kinästhetischen oder auditiven Typen greifen.

8.2 Kritik an der formal-wissenschaftlichen Modellkonstruktion: Das NLP-Konzept im Wandel der Zeit

In wissenschaftlichen Studien, die sich kritisch mit dem Neurolinguistischen Programmieren (NLP) befassen, trifft man zuweilen auf erstaunliche emotionale Reaktionen, die als Ausdruck einer gewissen Hilflosigkeit dem Konzept gegenüber interpretiert werden können. So bekennen BÖKE und Mitautoren:

„Nahezu allen Beteiligten an dieser Studie fielen Phänomene, wie das Aufkommen von Wut und Aggression, Ohnmacht beim Versuch, das Ganze in Worte zu fassen, sowie die Tendenz, das Gelesene schon bald wieder zu vergessen, auf. Auch bei dem (NLP-) Workshop regten sich bei uns Ängste, Aggressionen, aber auch Allmachtsphantasien und zuletzt das Bestreben, das Ganze als lächerlich zu verwerfen"[25].

Desweiteren gehen die Meinungen doch sehr weit auseinander, ob das NLP-Konzept nun wirklich empirisch überprüft werden kann. Dazu zwei gegensätzliche Stellungnahmen:

„Insgesamt imponiert die Phantasie und Vielseitigkeit der therapeutischen Interventionsmöglichkeiten ebenso wie der Anspruch auf Validität der Verfahren – die beide bisher ohne jede systematische Forschung dastehen. Dabei sind sowohl die theoretischen Ausführungen wie die praktischen Anleitungen konkret genug formuliert, um einer empirischen Überprüfung zugänglich zu sein"[26].

„Abschließend sei darauf verwiesen, daß BANDLER und GRINDER es Forschern nicht leicht machen, ihre Behauptungen zu überprüfen, falls sie überhaupt Interesse daran haben. Einerseits sind ihre Annahmen außerordentlich komplex und mit einer großen Anzahl von ‚Ausnahmen' versehen. Andererseits bleiben die Autoren vage und schwammig, sie operationalisieren nicht nur nicht eines ihrer Postulate, sondern betreiben eine Immunisierungsstrategie, die eine mögliche Falsifikation ihrer Aussagen schon vorab entkräftet, indem sie sie als unvermeidlich und unwesentlich darstellen. ‚Glaubt ihr das? Es ist gelogen. Alles, was wir euch hier erzählen werden, ist gelogen. Alle Generalisierungen sind Lügen.

25 BÖKE u. a. 1987, S. 390.
26 REVENSTORF 1985, S. 268.

Da wir keinen Anspruch auf Wahrheit und Exaktheit haben, werden wir euch in diesem Seminar fortwährend belügen'"[27].

- Wie sind diese emotionalen Reaktionen und die einander widersprechenden Stellungnahmen der Wissenschaftler auf einen gemeinsamen Nenner zu bringen?
- Was sind die Dinge, die vor allem am Konzept von BANDLER und GRINDER aufstoßen?
- Wie ist der offensichtliche Widerspruch zu verstehen, daß – mit den Worten BÖKEs u. a. – die therapeutischen Praktiker diese Bücher mit Begeisterung aufnehmen[28], während eine wissenschaftliche Analyse dieser Werke bei den Wissenschaftlern ganz offensichtlich zu Ernüchterung, Frustration und ähnlichen emotionalen Reaktionen führt?
- Könnte es sein, daß Praktiker und Wissenschaftler hier völlig unterschiedliche Maßstäbe an die einzelnen Werke legen und daher auch automatisch zu sehr differierenden Werturteilen gelangen?

Zum Verständnis der Hintergründe ist es äußerst wichtig, sich genau daran zu erinnern, was BANDLER und GRINDER mit ihren Büchern ursprünglich erreichen wollten. Ihr Ziel bestand darin, ein **Lehrbuch für die therapeutischen Praktiker** zu schreiben, in welchem sie ihre aus der Verhaltensbeobachtung von PERLS, SATIR und ERICKSON u. a. gewonnenen Erkenntnisse zur sprachlichen Kommunikation innerhalb des therapeutischen Prozesses (Struktur der Magie, Teil I) und später zur nonverbalen Kommunikation (Struktur der Magie, Teil II) niederlegten.

Im Rahmen ihrer Werke berufen sie sich dabei u. a. auf viele Methoden der vorgenannten Therapeuten und ziehen darüber hinaus auch andere wissenschaftliche Ansätze, so von MILLER u. a., CHOMSKY, VAIHINGER und BATESON hinzu. Ganz entscheidend ist dabei aber das Gedenken daran, daß sich durch die Adaption wissenschaftlicher Theorien nicht automatisch die vorgenannte

27 BLIEMEISTER 1988, S. 29 f; Zitat im Zitat: BANDLER/GRINDER 1981, S. 35.
28 vgl. BÖKE u. a. 1987, S. 366; vgl. auch BLIEMEISTER 1988, S. 22 – ähnliche Zeugnisse von Praktikern werden dem NLP-Konzept in nahezu jeder Einleitung ausgestellt.

Zielgruppe geändert hat: Ihnen ging es nach wie vor um pragmatische und nützliche Lösungen für die therapeutische Praxis. Und in diesem Feld besteht auch heute noch ein erheblicher Bedarf an umsetzbaren und leicht handhabbaren Methoden.

BANDLER und GRINDER haben den aufgetretenen Theorie-Praxis-Konflikt möglicherweise erkannt – so könnte man z. B. auch ihre oft wiederholte Bemerkung verstehen, sie seien keine Theoretiker sondern Modellbauer –[29], aber es lag nicht in ihrem Interesse, diesen Zwiespalt aufzulösen. Insofern ist die von wissenschaftlicher Seite vorgebrachte Kritik nicht von der Hand zu weisen, das Zitieren „von wissenschaftlich akkreditierten Autoren habe eher die Funktion eines Feigenblatts"[30]. Aus ihrer eigenen, pragmatischen Perspektive betrachtet, nämlich Modelle – keine Theorien – entwickeln zu wollen, besteht jedoch kein Hinderungsgrund, auch anerkannte theoretische Konzepte für ihre eigenen Belange aufzugreifen und entsprechend zuzuschneiden. Und der erzielte Erfolg scheint ihnen ja Recht zu geben[31].

Ich gebe ferner zu bedenken, daß Theorien keine ehernen Denkmäler darstellen, die nur so und nicht anders verwendet werden können und dürfen. Das geflügelte Wort, „Die Wahrheiten von heute sind die Irrtümer von morgen", trifft auf viele wissenschaftliche Erkenntnisse der Vergangenheit zu und wird sicherlich auf für manche Erkenntnis der Gegenwart gelten. Im übrigen ist zur Zeit sowohl in den Natur- als auch in den Gesellschaftswissenschaften eine Umbruchphase zu beobachten, wo das gegenwärtige Wissenschaftsverständnis grundlegend neu hinterfragt und definiert wird[32].

---

29 „Ein Modell ist einfach eine Beschreibung, wie etwas funktioniert, ohne Festlegung darauf, warum es so sein mag. Eine Theorie hat die Aufgabe, eine Rechtfertigung dafür zu liefern, warum verschiedene Modelle anscheinend mit der Realität übereinstimmen" – GRINDER in DILTS u. a. 1985, S. 18.

30 REVENSTORF 1985, S. 254.

31 Desweiteren wäre es auch unredlich von den Autoren gewesen, große Teile aus anderen Theorien zu übernehmen ohne deren Ursprünge offengelegt zu haben. Das hätte mit Erlaub sicherlich einen Sturm der Entrüstung angefacht.

32 vgl. dazu die Überlegungen von Gregory BATESON zu den „Krankheiten der Erkenntnistheorie" – 1988, S. 614 ff. –, vgl. ferner das merkwürdige Phänomen, daß die scheinbar so exakten Naturwissenschaftler wieder „philosophieren" (MATURANA/VARELA; PRIGOGINE und viele andere), wohingegen manche Geisteswissenschaftler (Pädagogen) immer noch dem Exakten, dem „Operationali-

Ich möchte nicht ausschließen, daß sich im Laufe der Zeit – vor allem auch durch den nicht vorhersehbaren Erfolg ihres Konzeptes beflügelt – die Zielsetzungen der NLP-Autoren den veränderten Rahmenbedingungen anpassen müssen. Denn es ist ein erheblicher Unterschied, ob das NLP als ein Baustein innerhalb anderer psychotherapeutischer Konzepte oder als eigenständiges psychotherapeutisches Konzept oder sogar darüber hinaus als Kommunikationsmodell und Modell des menschlichen Verhaltens angesehen wird; mit jeder Erweiterung des Geltungsanspruchs, vor allem aber mit jedem neuen Anwendungsfeld müssen sowohl Zielsetzungen als auch Zielgruppen erneut überprüft und den geänderten Rahmenbedingungen angepaßt werden.

Und mit dem allmählichen Erscheinen des neuen Zielhorizonts werden auch die Beziehung zu Wissenschaft und Wissenschaftlern neu definiert werden müssen; im Rahmen dieser Untersuchung soll dies dadurch zum Ausdruck gebracht werden, daß nicht mehr vom NLP-Modell sondern vom NLP-Konzept gesprochen und dadurch der Prozeß der Theoriebildung eingeleitet wird. Die NLP-Autoren haben gleichfalls Schritte in Richtung „Wissenschaftlichkeit" getan, wenn sie das NLP als „Wissenschaft vom subjektiven Erleben" bezeichnen und damit einerseits erstmals explizit einen wissenschaftlichen Anspruch im engeren Sinne erheben, andererseits aber durch die Bezeichnung ihres Forschungsgegenstands, des „subjektiven Erlebens", deutlich machen wollen, daß dieser Gegenstand nicht (nur) in den Kanon traditioneller Forschung gehört und daher einer eigenen Methodik bedarf.

Wenn man unter den gerade ausgeführten Vorgaben die Kritiken am Wissenschaftsverständnis des NLP analysiert, so wird offensichtlich, daß viele Autoren sich noch vorrangig mit dem ursprünglichen Zielhorizont (NLP als psychotherapeutisches Konzept) auseinandergesetzt haben und – dies dürfte jetzt auch kein Erstaunen mehr hervorrufen – ein erhebliches Theoriedefizit sowie auch

---

sieren" nachjagen; vgl. die neueren lernbiologischen Erkenntnisse, die sicherlich auch das Lehren und Lernen in einem anderen Licht erscheinen lassen und – nicht zuletzt – das Aufkommen der sog. „Chaos-Forschung" als Antwort auf die durch klassisch-analytische Methoden nicht erfaßbare Welt des Komplexen (vgl. dazu als Einstieg das Sonderheft GEO-WISSEN, Heft 2/1990).

grundsätzliche Probleme bei der empirischen Fundierung des Neurolinguistischen Programmierens konstatierten[33].

Von den Praktikern auf die Werke von BANDLER und GRINDER verwiesen, wenn sie um „wissenschaftliche Grundlagen" nachsuchten[34], mußten sie sich in mehrfacher Weise mißverstanden und an der Nase herumgeführt fühlen. Denn abgesehen davon, daß diese Bücher nicht für sie geschrieben worden waren, konnten sie ihr traditionelles Instrumentarium nicht in der gewohnten Weise anwenden: Empirische Studien scheiterten an der Komplexität, Offenheit und Unbestimmtheit des Konzepts, wissenschaftliche Konzeptanalysen waren deshalb unmöglich, weil zu dem frühen Zeitpunkt noch gar kein „NLP-Konzept" in dem Sinne vorhanden war[35]. Für die Wissenschaftler entstand die paradoxe Situation, vor einer Analyse überhaupt erst einmal den Analysegegenstand selbst schaffen zu müssen, d. h. eine Modellrekonstruktion vorzunehmen.

Die dabei entstandenen Modelldarstellungen unterscheiden sich erheblich voneinander. Zudem kapitulieren viele Autoren vor der Sisyphusarbeit, zunächst das Konzept aus seinen verschiedenen Teilen zusammenfügen zu müssen; als eleganter Ausweg bot sich an, von vornherein nur einzelne Teile des Modells zu erstellen. Zum besseren Verständnis der bisherigen Ausführungen seien zwei kritische Stellungnahmen zum frühen NLP skizziert, um die Spannweite wissenschaftlicher Modelldiskussion zu demonstrieren.

8.2.1 Die „Kritik des Neurolinguistischen Programmierens (NLP)" von BÖKE und Mitautoren

BÖKE u. a. gründen ihre Kritik auf eine Zusammenfassung dreier Bücher von BANDLER und GRINDER[36], die sie im ersten Teil ihrer Untersuchung isoliert voneinander inhaltlich beschreiben und an-

33 DILTS u. a. wäre das einzige frühe NLP-Werk, welches auch einen wissenschaftlichen Hintergrund besitzt; es ist erstaunlich, daß es aber z. B. von BÖKE u. a. 1987 oder von BLIEMEISTER, 1987 und 1988, gar nicht herangezogen wird.

34 vgl. BÖKE u. a. 1987, S 366.

35 vgl. dazu die näheren Ausführungen in Kapitel 3.

36 Im einzelnen haben sie untersucht: „Die Struktur der Magie", Band I und II sowie „Neue Wege der Kurzzeit-Therapie".

schließend diskutieren. Ihr Hauptinteresse gilt dabei zum einen dem analysierenden Vergleich, ob und inwieweit die von BANDLER/GRINDER angeführten Autoren, wie z. B. CHOMSKY oder BATESON[37], wirklich „korrekt" übernommen worden sind. Hier stellen sie erhebliche Ungenauigkeiten in der Übertragung fest. Zum zweiten werden von BÖKE u. a. in – durchweg emotionalpointierter Weise[38] – einzelne Modellbausteine des NLP herausgegriffen und auf ihre inhaltlich-logische Stringenz hin befragt.

Im zweiten Teil ihrer Kritik kündigen sie eine Überprüfung der beschworenen Effektivität sowie der Passagen an, die in den Büchern keine Erwähnung gefunden haben. Im einzelnen verstehen sie darunter

- die „Metatheorie", oder – wie sie im Titel ergänzend anfügen –, der Frage nach dem Weltbild, welches sie hinter der Flut von Beispielen, Dialogen und Geschichten vermuten (hier werden von ihnen die Begriffe der Realität, des Unbewußten und der Freiheit im NLP-Konzept diskutiert);
- den therapeutischen Prozeß als zweites Hauptelement sehen sie durch die besondere Rolle des Therapeuten und die der Sprache im NLP charakterisiert, und zuletzt
- die gesellschaftliche Relevanz des NLP führe „nicht (zu) Aufklärung über die gesellschaftliche Situation des Klienten mit der Möglichkeit verstärkter Umweltkontrolle, sondern einzig (zu einer) optimalen Anpassung des einzelnen an die von ihm vorgefundenen gesellschaftlichen Gegebenheiten"[39].

Für einen interessierten Leser ist nicht ersichtlich, wie sie den Sprung aus den Teilbetrachtungen der einzelnen Bücher zu den globalen Kategorien, mit denen sie abschließend das NLP-Konzept konfrontieren, bewerkstelligt haben. Offensichtlich sind im Laufe der dreisemestrigen intensiven Auseinandersetzung mit dem NLP-Konzept gruppeninterne Prozesse abgelaufen, die jedoch als Zwischenschritte unbedingt notwendig sind, um überhaupt nachvollziehen zu können, wie z. B. ein derart globales „gesellschaftliches

---

37 vgl. dazu BÖKE u. a. 1987, S. 372 ff. bzw. 379 ff..

38 Als Beispiele seien griffige Überschriften wie „Textverarbeitung als Psychotherapie", „Die Grammatik der Gefühle", die „Fiktion vom Prinzen" oder „Psychopathologie für Anfänger" genannt, mit denen sie sogleich ihre emotionale Betroffenheit wie die Richtung ihrer Kritik vor Augen führen.

39 BÖKE u. a. 1987, S. 395.

Relevanzziel" als Beurteilungskategorie sich herausschälen konnte[40].

Daher kann eine konkret-inhaltliche Diskussion der Modellanalyse von BÖKE u. a. gar nicht stattfinden, zumal sie ja auch kein Modell als Analysegegenstand entwickelt haben. Haften bleibt von der Kritik in erster Linie die emotionale Betroffenheit der Seminarteilnehmer, die diese auch in kritischen Bemerkungen zum Ausdruck gebracht haben. Als Konsequenz aus diesem Artikel sei deshalb die Aufforderung gezogen, sich um eine möglichst griffige Konzipierung des NLP zu bemühen und damit eine tragfähige Diskussionsbasis, auch für wissenschaftliche Untersuchungen, zu schaffen.

8.2.2 Kritik der „Struktur der Magie" von Dirk REVENSTORF

Eine wissenschaftlich anspruchsvolle Analyse hat Dirk REVENSTORF vorgelegt. Mit seiner, sich auch auf den psychotherapeutischen Kontext beziehenden Kritik hat er eine theoretische Basis geschaffen, die empirisch durch eine Reihe von Diplomarbeiten untermauert worden ist[41].

Das von ihm als mentalistisches Handlungsmodell bezeichnete NLP versteht er als einen Versuch, „effektive Psychotherapie explizit und z. B. die Wirkung hypnotischer Suggestionen, gestalttherapeutischer Dialoge und bestimmter Konditionierungen neu verständlich zu machen und auf ein gemeinsames theoretisches Fundament zu stellen"[42].

Die von ihm vorgelegte Modellskizze ist ein interessanter Versuch einer ganzheitlichen Sicht des NLP-Konzepts; sein Ansatz sei in kurzen Sätzen skizziert:

---

40 Ferner werden von den Autoren keine Angaben zu ihrem eigenen wissenschaftlichen Hintergrund gemacht, welches Einordnung und Verständnis ihrer engagierten Kritik nahezu unmöglich macht.

41 vgl. die in den Jahren 1983 und 1984 entstandenen unveröffentlichten Diplomarbeiten von BÄRSCH, IBACH, SENZ und SINN – zitiert in REVENSTORF 1985.

42 REVENSTORF 1985, S. 238.

- Die in Sinnesqualitäten (nonverbal: V-A-K-O; verbal: Sprache) repräsentierte Erfahrung gibt nur einen begrenzten und subjektiven Ausschnitt der uns umgebenden Welt wieder; jeder Mensch muß sich ein überschaubares Modell der Welt errichten, dieses wird durch den Einsatz von Mechanismen wie Verzerrung, Auslassung und Generalisierung begünstigt. Im „Umformungsprozeß" können dabei qualitative Veränderungen und Lücken auftreten, wenn die (parabewußte) vollständige Repräsentation des Erlebens, die im verbalen Bereich als Tiefenstruktur existent sei, durch die o.g. Mechanismen auf der (bewußten) Ebene (augenblickliches Erleben und verbale Oberflächenstruktur) nicht angemessen wiedergegeben werden[43].
- Zugangshinweise, d. h. nachprüfbare Verhaltensindikatoren, können Außenstehenden Aufschluß über den jeweiligen kognitiven Prozeß[44] der beobachteten Person geben; als sprachliche Indikatoren werden Prädikate, als weitere Indikatoren z. B. Klang der Stimme, Merkmale der Atmung, die Körperhaltung und vor allem die Augenbewegungen untersucht.
- Der kognitive Handlungsentwurf eines Menschen entsteht aus dem permanenten Abgleichen von verbal und nonverbal kodierten Erfahrungen mit den aktuellen Wahrnehmungen; dabei können für jedes Individuum typische, d. h. intraindividuell konstante Handlungssequenzen (Schemata, Strategien) ermittelt werden, die zudem als weitgehend unabhängig von konkreten Inhalten existieren[45].
- Das sprachliche Meta-Modell hat innerhalb des Konzepts die Funktionen, etwaige blinde Flecken im Denken aufzuspüren und Formulierungsangebote zu unterbreiten, die es Klienten erleichtern, eine Modellrevision vorzunehmen.
- Aus den multiplen (sprachlichen und körpersprachlichen) Botschaften, die Personen unablässig senden, kann auf die innere Kongruenz geschlossen werden. Die Fähigkeit zur Integration und Versöhnung einander widerstreitender Botschaften ist schließlich ein letztes Modellelement, welches REVENSTORF beschreibt.

Dieser Modellaufriß bildet die Basis für die anschließende Diskussion therapeutischer Strategien; dabei sucht REVENSTORF je-

---

43 vgl. dazu Abbildung 23.

44 genauer: über das jeweils von der Person benutzte bzw. vorrangig verwendete Repräsentationssystem.

45 Als Vorteile einer inhaltsunabhängigen Theorie kognitiver Prozesse sieht REVENSTORF, daß 1. Lösungen nicht inhaltlich neu gelernt zu werden brauchen, 2. Kompetenz sich als Besitz erfolgreicher Strategien äußert, und 3. ein Außenstehender unbemerkt die Strategien einer Person abzulesen vermag.

weils Bezüge zu ähnlichen, aus der Literatur bekannten therapeutischen Ansätzen herauszuheben. Im einzelnen nennt er folgende vier Kategorien:

- Rapport: Folgen („Pacing"),
- Suggestion: Führen („Leading"),
- Erweiterung von Erfahrung, darunter faßt er die Überlappung, Dissoziation und Komplettierung von Repräsentation, sowie
- Mobilisierung von Ressourcen, d. h. das Verschmelzen von Ankern und die imaginative Umstrukturierung (Reframing).

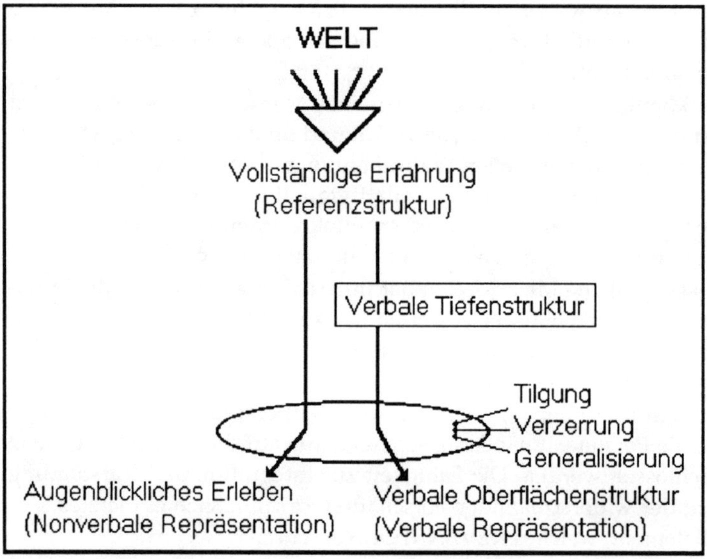

Abbildung 23: Verschiedene Repräsentationen von Erfahrung im NLP-Modell[46].

46 REVENSTORF 1985, S. 241.

In einer zusammenfassenden Diskussion macht er noch einmal auf die seiner Meinung nach gravierenden Schwächen des NLP-Konzepts aufmerksam. Er bemängelt, daß das NLP

- aus anderen Ansätzen bekannte therapeutische Interventionen übernommen hat, ohne sich eingehender mit deren Hintergründen befaßt zu haben,
- in manchen Teilen anerkannten Ergebnissen der Kognitiven Therapie widerspricht,
- den (empirischen) Nachweis der Effektivität bislang schuldig geblieben ist, und
- insgesamt nur – verglichen mit dem Anspruch – eine unzureichende theoretische Bezugsbasis besitzt[47].

8.3 Fazit

Eine umfassende wissenschaftliche Darstellung und Begründung des Gesamtkonzepts ist aufgrund der gewachsenen Ansprüche an das NLP als Kommunikationsmodell unumgänglich. Diese Untersuchung versteht sich als Versuch einer Antwort auf die kritischen Stimmen nach einer wissenschaftlichen Bezugsbasis. Dabei sei aber ausdrücklich hervorgehoben, daß die hier vorgelegte Untersuchung mit dem NLP ein „Phänomen" beschrieben hat, welches sich sowohl konzeptionell als auch inhaltlich und methodisch noch „im Fluß" befindet und von daher weitere Modifikationen in Zukunft erwartet werden können und müssen.

47 vgl. REVENSTORF 1985, S. 267 f..

9 Versuch einer formalen Einordnung des NLP in handlungsorientierte Konzepte

Die Tatsache, daß im Ausdruck „NLP“ der Begriff „Programmierung“ als wesentlicher Bestandteil enthalten ist, verleitet zu der Annahme, hier handele es sich möglicherweise um ein Element einer kybernetisch-informationstheoretischen Didaktik. Diese Interpretation wird auf den ersten Blick durch die Betonung des Prozesses, d.h. von Verlaufskategorien, und die weitgehende Ausklammerung inhaltlicher Aussagekategorien gestützt. Ferner geht es im Rahmen der Anwendung von NLP-Interventionen immer um die Beschreibung von tatsächlichen Ereignissen und nicht um die Erklärung bzw. Interpretation von Empfindungen.

Wenn trotz dieser offenkundigen Entsprechungen eher eine Einordnung in handlungsorientierte Zusammenhänge sinnvoll erscheint, dann deshalb, weil die Methoden des NLP an vielen Stellen den gesetzten Rahmen einer kybernetischen Didaktik sprengen und von sich aus einen weiteren, metatheoretischen Rahmen anstreben.

9.1 Die Handlungstheorie als konzeptioneller Bezugsrahmen für handlungsorientierte Ansätze

Die Grundlage handlungsorientierter Konzepte bildet die Handlungstheorie. Diese dient als heuristisches Schema bzw. als Rahmentheorie zur Aufdeckung etwaiger Schwachstellen und Lücken in eigenen Ansätzen, aber auch bei anderen Theorien. Die auf Basis der Handlungstheorie entwickelten Handlungsmodelle sind als „mehr oder weniger komplexe gedankliche Schemata (aufzufassen), mit deren Hilfe bestimmte Wirklichkeitsausschnitte, ... beschrieben und interpretativ aufgeschlossen werden (können)“[1].

Der dadurch erzielte wissenschaftliche Fortschritt zeigt sich im unmittelbaren Vergleich mit konkurrierenden Ansätzen; im pädagogisch-didaktischen Kontext stellt z. B. eine handlungsorientierte

1 KAMINSKI 1983, S. 37.

Didaktik ein geeigneteres Erklärungsmodell des menschlichen Lernens zur Verfügung.

Diesen Vorzug haben MILLER u.a. schon frühzeitig erkannt, wenn sie in ihrem bekannten Werk „Strategien des Handelns" darauf hinweisen, daß die „Lücke zwischen Wissen und Handlung kleiner (erscheint) als die vom Reiz zur Handlung. Sie ist jedoch immer noch da und ist unendlich groß"[2].

Da sich mittlerweile handlungstheoretische Modelle in vielen Wissenschaftsdisziplinen großer Beliebtheit erfreuen, gibt es eine Vielzahl unterschiedlicher Ansätze und Konzeptionen. Gemeinsam

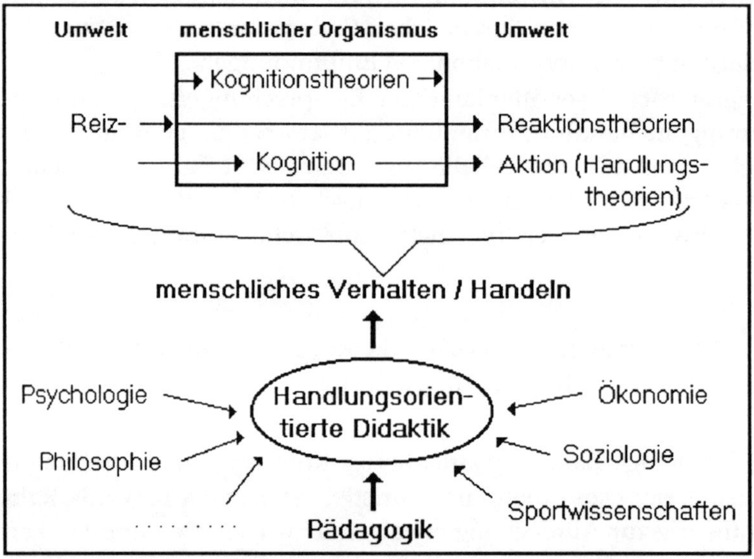

Abbildung 24: Der Stellenwert einer handlungsorientierten Didaktik
a) als theoretisch anspruchsvolles Konzept zur Beschreibung und Erklärung des menschlichen Verhaltens bzw. Handelns;
b) als integratives Konzept zur Verarbeitung von Erkenntnissen anderer wissenschaftstheoretischer Disziplinen.

2 MILLER u.a. 1973, S. 19.

sind allen Modellen jedoch die Begriffe des „Handelns“ bzw. der „Handlung“ als Grundkategorien, Unterschiede bestehen im jeweiligen forschungssystematischen Erkenntnisinteresse und damit auch in der jeweils vorgenommenen Akzentuierung des Handlungsbegriffs[3].

9.2 Der Begriff der „Handlung“ und seine pädagogisch-qualitativen Ausprägungen aus NLP-Sicht

Als „Handlung“ wird die kleinste psychologisch bzw. pädagogisch verwertbare Einheit der menschlichen Tätigkeit bezeichnet, die sich durch eine eindeutige Ausrichtung auf ein bestimmtes Ziel abgrenzen läßt; der darauf bezogene, synonyme Begriff „Handeln“ kennzeichnet das aktive, zielgerichtete Tätigsein eines Menschen. Eine inhaltliche Bestimmung des Handlungsbegriffs kann mit Hilfe einer Beschreibung qualitativer Merkmale erfolgen, die in jeder Handlung zumindest in minimaler Ausprägung enthalten – und damit nachweisbar – sein müssen.

In Anlehnung an STRATENWERTH, der ein pädagogisch-didaktisches Strukturmodell der Handlungssituation entworfen hat, lassen sich vier Qualitätsmerkmale zur näheren Bestimmung einer Handlung anführen[4]. Diese sollen jeweils kurz erläutert und im Anschluß daran in ihrer inneren Beziehung zu Grundaussagen des NLP diskutiert werden.

---

3 vgl. dazu die Darstellung unterschiedlicher Definitionen des Handelns in BACHMANN 1988, S. 31 ff..

4 vgl. Abbildung 25.

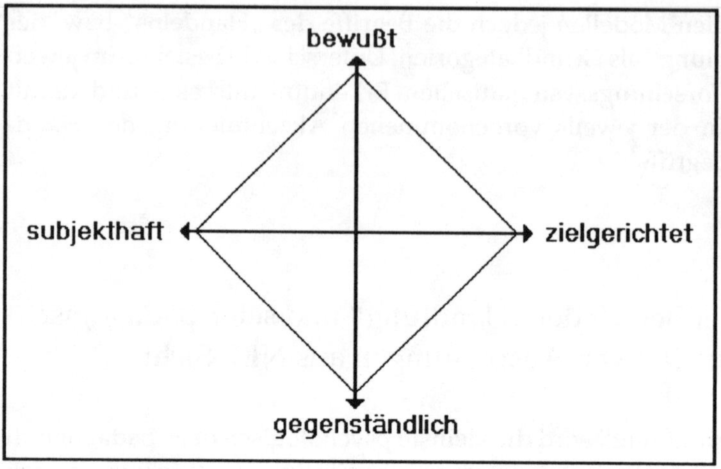

Abbildung 25: Die Qualitätsmerkmale einer Handlung.

9.2.1 Handeln ist ein zielgerichtetes Tun[5]

Dieses Merkmal hebt besonders hervor, daß Handlungen auf das Erreichen eines subjektiv als wertvoll angesehenen und erlebten Endzustands (Soll-Zustand) hin ausgerichtet sind. Die Zielgerichtetheit im Handeln durchzieht dabei wie ein „roter Faden" die gesamte Handlung.

---

5 vgl. die Kontroverse zwischen wissenschaftsorientiertem und handlungsorientiertem Zielverständnis: Wer genau „weiß", wohin er will, läßt sich unter Umständen die Chance entgehen, andere Ziele anstreben zu können. Wer glaubt zu wissen, wohin die Reise geht, schränkt sich selbst und die ihm anvertrauten Menschen ganz erheblich ein (Drill, minutiöse Planung als Belastungen); ein Verhaltensziel sollte demnach weniger als Punktziel und mehr als Zielstrich (Zielkontinuum) verstanden werden, nach dem Motto: Ich weiß, wohin ich will, aber ich kann nicht genau bestimmen, wo ich die Ziellinie überschreite... – Dies entspräche auch eher dem Charakter eines handlungsorientierten Zielverständnisses, und ist kompatibel mit einem ganzheitlich-systemisch-vernetzten Handlungsverständnis.

Die hervorragende Bedeutung, die Zielfragen generell im didaktischen Raum einnehmen (man denke an Robert MAGERs plakative Äußerung: „Wer nicht weiß, wohin er will, braucht sich nicht zu wundern, wenn er ganz woanders ankommt"), wird im handlungstheoretischen Kontext noch besonders nachhaltig durch die eingehende Analyse der beiden wichtigen Handlungsformen, des Lehrhandelns und des Lernhandelns, unterstrichen. DULISCH hat die Lernhandlung mit besonderer Bezugnahme auf das Merkmal der Zielgerichtetheit folgendermaßen umschrieben:

„Das Lernhandeln ist ... als eine Aktivität charakterisiert worden, die von der bewußten Zielvorstellung geleitet wird, die eigenen Handlungsvoraussetzungen in einer spezifischen Weise weiterzuentwickeln. Dem hier entwickelten handlungstheoretischen Lernverständnis liegt somit die Annahme zugrunde, daß das Individuum die zur Realisierung einer späteren Tätigkeit notwendige Wissensstruktur vor dem eigentlichen Wissenserwerb – zumindest umrißartig – antizipiert"[6] und im weiteren Verlauf einer Handlung die antizipierten Zielvorstellungen seine Lernaktivitäten steuern und kontrollieren.

Das NLP ist sehr zielorientiert. Es geht darum, eine möglichst sinnlich-konkrete Vorstellung vom angestrebten Zielzustand oder Zielverhalten zu erhalten, nur dann wird dieses Ziel auch von der betreffenden Person erreicht werden können.

Die Schritte zur Zielpräzisierung sind gewissermaßen die ersten Aufgaben, welche im Rahmen von NLP-Seminaren gelernt und umgesetzt werden. Der hohe Anspruch, ein Ziel so lange zu bearbeiten, bis es sinnlich wahrnehmbar wird, führt oftmals schon zur Lösung des anstehenden Problems; wenn dies nicht der Fall ist, wird so lange an dem Ziel „herumgefeilt" (im Sinne von Thies STAHL „penetrant nachgefragt"), bis eine zufriedenstellende Zielformulierung gefunden worden ist, die als Ausgangshypothese für den nachfolgenden Prozeß genügt.

Die Aufgabenstellung, „mach Dir Dein Ziel, Deine Vision sinnlich konkret", umfaßt dabei in Anlehnung an STAHL[7] folgende Schritte: Das Zielverhalten bzw. der Zielzustand soll

---

6 DULISCH 1986, S. 181.
7 vgl. STAHL 1989, S. 72; vgl. zur Zielfindung – Kapitel 7.2.1.

1. durch die betreffende Person selbst initiierbar und aufrechterhaltbar sein
(ein Beispiel für eine dementsprechende Leitfrage wäre: Angenommen, es gäbe etwas für dich neu oder besser zu lernen, das die Wahrscheinlichkeit erhöht, daß dieser Wunsch in Erfüllung ginge, was wäre das?),
2. in einen situativen Kontext eingefügt werden können
(Beispiel: Wenn du dein Ziel erreicht hast, wo und wann, in welcher Situation, wirst du dich dann wem gegenüber wie verhalten?),
3. sinnesspezifisch-konkret formuliert sein
(Beispiel: Woran wirst du erkennen, wie wirst du wahrnehmen, d.h. sehen, hören, fühlen, schmecken, riechen, ..., wenn du dein Ziel erreicht hast?),
4. positiv formuliert sein und keinen Vergleich enthalten, weil eine Negativformulierung von einem Menschen sinnlich ja nur vor dem Hintergrund eines Positivums erfaßt werden kann; ein Vergleich würde zudem eine konkret nachvollziehbare Formulierung des Zieles verhindern;
5. im Hier und Jetzt demonstrierbar bzw. antizipierbar sein, d.h. es soll jetzt schon eine spürbare, durch das Ziel bewirkte physiologische Veränderung (nach STAHL ein Wechsel von der Problem- zur Zielphysiologie) hervorgerufen werden; in den gleichen Zusammenhang fällt auch die Forderung nach einem kurzen Feedbackbogen im Rahmen der Zielformulierung und -präzisierung.

Diese kurze Erläuterung des Zielverständnisses im NLP macht deutlich, daß mit Blick auf pädagogisch-didaktische Lehr-Lernsituationen sowohl Handlungstheorie als auch NLP wechselseitig voneinander profitieren können, indem eine Erweiterung der personalen Handlungskompetenz, gerade auch über die Komponente der Zielpräzisierung, durch verbesserte situative Wahrnehmungsfähigkeiten, einen präziseren und anschaulicheren Gebrauch von Sprache, ferner das Schaffen einer positiven inneren Einstellung zu sich selbst und zu den Kommunikationspartnern, und nicht zuletzt eine Ermutigung und ein Weg zu einem erweiterten Verhaltensrepertoire herbeigeführt wird[8].

---

8 Eine Meta-Regel des NLP besagt: „Wenn das, was ihr gerade macht, nichts bringt, verändert es. Tut etwas anderes." – BANDLER/GRINDER 1981, S. 87.

9.2.2 Handeln ist ein gegenständliches Tun

Mit diesem Merkmal ist der anthropologische Grundsachverhalt angesprochen, daß es schlichtweg kein Denken und Handeln unabhängig von Raum und Zeit gibt. Menschliches Denken und Handeln ist immer auf irgendwelche „Objekte" hin ausgerichtet, die es zu verändern gilt, mit denen es sich auseinandersetzt, die dem Tun gegenüber Widerstand („Gegen-Stand") leisten; dabei ist es unerheblich, ob diese Gegenstände materieller Natur sind, z. B. Personen, Naturgegenstände, Werkstoffe, u.a., oder etwa auch immaterielle Bewußtseinsinhalte darstellen[9].

Mit Hilfe dieses Merkmals läßt sich nunmehr im didaktischen Sprachgebrauch eine differenziertere Beschreibung z. B. von Lehr- bzw. Lerngegenständen – in ihrer jeweiligen Bezugnahme auf die entsprechenden Lehr- bzw. Lerntätigkeiten – einführen[10]: Danach lassen sich – für jedes beteiligte Handlungssubjekt – unterscheiden,

- zum einen innere Vorstellungsinhalte (im Sinne von internen Repräsentationen externer Sachverhalte, d.h. über den Lehrgegenstand bzw. den Lerngegenstand) und
- zum anderen äußere, wahrnehmbare Gegenstände (als Bezugsobjekte für die oben angesprochene innere Gestalt).

Aus Abbildung 26 ist ersichtlich, daß es bei beiden Handlungssubjekten je einen internen und einen externen Handlungsgegenstand (hier: Lehrgegenstand und Lerngegenstand) gibt; die situativpersonale Verklammerung geschieht zunächst über die externen, objektiv-sinnlich wahrnehmbaren Gegenstände (präsentiertes und erfaßtes Thema), die aber untrennbar verbunden sind mit den durch sie „angeregten" Denk- und Erinnerungsstrukturen aus früheren Erfahrungssituationen. Ferner lassen sich die Handlungsstrategien der Handlungssubjekte in Stabilisierungsstrategien und in Präsentations- bzw. Erfassungsstrategien einteilen.

---

9 vgl. STRATENWERTH 1986, S. 5; SCHURER 1984, S. 192 ff..

10 vgl. dazu ausführlich: BACHMANN 1989, S. 368 ff., insbesondere die Seiten 372 – 376; vgl. auch SCHURER 1984; vgl. die späteren Ausführungen zur Beziehungsstruktur von Prozeß und Inhalt.

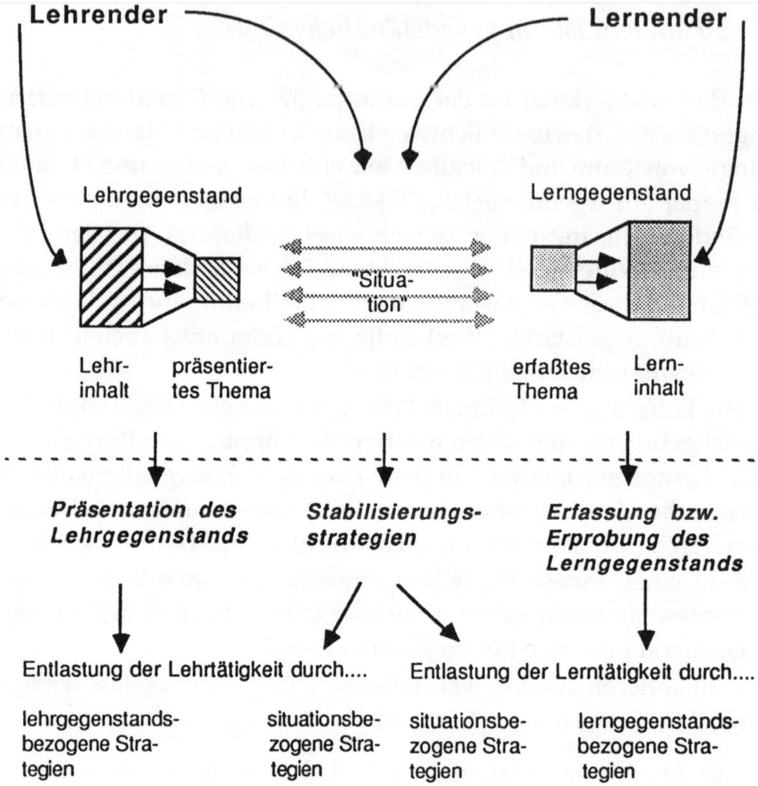

Abbildung 26: Die innere Beziehungsstruktur der Lehr- und Lerngegenstände aus der Sicht der Handlungssubjekte.

In NLP-Anwendungssituationen werden ebenfalls innere und äußere, erfahrungsbedingte Repräsentationen im situativen Kontext der jeweiligen Person unterschieden; eine Akzentverschiebung geschieht jedoch durch die stärkere Betonung des inneren, unbewußten Geschehens und des Beziehungsgeflechts „Erfahrung/Erinnerung – Sprache – Verstehen"[11]. Die gemeinsame Herkunft des neuro*linguistischen* Programmierens und des ebenfalls sprachanalytisch herleitbaren Begriffs der Handlungs*kompetenz* spricht für eine wechselseitige Bereicherung der Ansätze. Im übrigen lassen sich die in Abbildung 26 aufgeschlüsselten Strategien ebenfalls in NLP-Ka-

11 vgl. BANDLER/GRINDER 1981, S. 31 ff..

tegorien wiederfinden: So könnte man die Stabilisierungsstrategien der Handlungssubjekte als prozeßbezogene Instruktionen und die Präsentations- bzw. Erfassungsstrategien als inhaltsorientierte Instruktionen interpretieren.

In traditionellen schulischen Lehr-Lernsituationen wird dem Verständnis der externen Gegenstände in der Regel eine wesentlich größere Aufmerksamkeit gewidmet. Die Ausbildung und Entwicklung der internen sinnlichen Vorstellungsinhalte wird oft dem einzelnen überlassen, der damit schlichtweg überfordert ist. Das NLP bietet ein konstruktives „Vorstellungstraining" durch imaginative und autogene Trainingsinhalte an, die als eine elementare Bereicherung und kompetenztheoretische Ergänzung im Rahmen eines „gegenständlichen Tuns" anzusehen sind.

9.2.3 Handeln ist ein subjekthaftes Tun

Hiermit werden drei wichtige Aspekte angesprochen, die vor allem eine Abgrenzung gegenüber behavioristischen Ansichten anstreben:

- Erstens wird die untrennbare Einheit der Handlungstätigkeit an ein bestimmtes Handlungssubjekt betont (anthropozentrisch-konzeptioneller Aspekt),
- zweitens das Handeln als individueller Akt hervorgehoben, indem die spezifische Ausstattung einer Person die konkrete, situativ-aktuelle Handlungsausführung diktiert (persönlichkeitsbezogener Aspekt)[12] und
- drittens wird mit dem Terminus „subjekthaft" auch die Erwartung geäußert, daß sich das Handlungssubjekt möglichst als „Verursacher" („Täter") im Handlungsgeschehen versteht und nicht etwa als durch äußere Umstände gezwungenes „Opfer"[13].

12 vgl. auch **Autopoiese** (griech.: autos = selbst; poien = machen) – WIPPICH 1986, S. 56: „... lebende Systeme (sind) autonom. Sie entscheiden sich, auf welche Art sie sich an die jeweilige Umgebung anpassen. Wenn Sie ‚blau' denken, ist es Ihr persönliches ‚blau': hellblau, dunkelblau, der Zustand ‚blau' usw..."

13 vgl. STRATENWERTH 1986, S. 6; vgl. auch die Beschreibung des „flow", des inneren Verschmelzens von Handlung, Bewußtsein und Welt bei interessanten Tätigkeiten – CSIKSZENTMIHALYI 1985, S. 47.

Im didaktischen Kontext unterstreicht dieses Merkmal die Notwendigkeit, einerseits die inneren Lernbedingungen einer Person zu aktivieren und andererseits möglichst offene, mit einem gewissen Gestaltungsspielraum ausgestattete Lernsituationen zu schaffen, da diese tendentiell eher einen positiven, motivierenden Lerneffekt hervorrufen als fest vorgegebene, geschlossene Situationen.

Die im NLP geläufigen Techniken des „Inner Trainings" (auch als „Geheim-Therapie" bezeichnet) kommen diesem Qualitätsmerkmal entgegen, indem hier u.a. die persönliche Integrität der beteiligten Personen weitgehend dadurch geschützt wird, daß inhaltliche (persönliche, enthüllende) Informationen im Kommunikationsprozeß nicht benötigt werden:

„Immer, wenn wir jemanden bitten vorzukommen, um zu Demonstrationszwecken durch einen Veränderungsprozeß zu gehen, bestehen wir darauf, daß er den Inhalt für sich behält. Gewöhnlich sagen wir: ‚Ich möchte, daß du dir irgendein Kodewort, eine Farbe, eine Nummer oder einen Buchstaben für das aussuchst, was du ändern möchtest.' ... Das hat eine Reihe von Vorteilen. Wenn es darum geht, Leute zu lehren, das zu tun, was wir tun, dann verlangen wir, daß es inhaltsfreie, reine Prozeßtherapie sein soll. Dann gibt es für eure Wahrnehmung nur die Elemente des Prozesses. Wenn ihr ‚Nummer drei' hört, könnt ihr nicht halluzinieren – jedenfalls nicht so ausgiebig, als wenn ihr ‚Selbstbehauptung', ‚Liebe' oder ‚Vertrauen' oder eine der zahllosen anderen Nominalisierungen hört"[14].

„Die eigene Realität ist stets ein Modell der Welt, vergleichbar mit einer Landkarte: Sie repräsentiert mehr oder weniger detailliert eine bestimmte Landschaft. Aber die Landkarte ist nicht die Landschaft. Jeder hat seine individuelle Landkarte, um sich in der Welt zurechtzufinden. Um mit anderen Menschen über innere Realität kommunizieren zu können, benutzt man die Sprache. Sprache ordnet Gegenstände, Erfahrungen und Gefühle bestimmte Wörter zu, mit deren Hilfe man sich verständigen kann"[15].

Die methodischen Anweisungen, die dem Lernenden gegeben werden, bilden einen solch großen Freiraum, daß es niemandem

14 BANDLER/GRINDER 1981, S. 104; vgl. auch S. 164.
15 SCHWERTFEGER 1988, S. 12.

schwerfallen dürfte, seine eigene Person in den Lernprozeß mit einzubringen. Die Subjekthaftigkeit wird sicherlich auch durch das produktive und systematische Arbeiten an der eigenen inneren Einstellung – einem wichtigen Ziel des NLP – zu sich selbst und zu anderen gefördert.

9.2.4 Handeln ist ein bewußtes Tun

Dies wird in erster Linie in der Fähigkeit des Menschen sichtbar, seine Handlungen „antizipativ" regulieren zu können, d.h. im gedanklichen Durchspielen möglicher zukünftiger Aktionen. In diesem komplexen Wechselspiel von Ziel- und Motivbildung, im Entwerfen ganzer Aktionsprogramme entwickelt ein Handelnder ein strategisches inneres Abbild der Realität (Situationswahrnehmung, -analyse und prospektive Planung) und seiner selbst im Handlungsgeschehen[16].

In den näheren Umschreibungen des Lehr-Lernprozesses als organisiertes, intentionales, absichtsvolles und zielgerichtetes Geschehen rückt das Merkmal der Bewußtheit stark in den Vordergrund. Dabei sei jedoch nicht verschwiegen, daß hiermit vorrangig Lehr-Lernprozesse angesprochen sind, die sich auf die Informationsverarbeitung in der linken Hirnhemisphäre konzentrieren. In diesem Zusammenhang vermag die Berücksichtigung wichtiger Erkenntnisse und Techniken des NLP eine sehr bedeutsame „Korrektur" fehlgeleiteter Entwicklungen im Bildungssystem einzuleiten.

In NLP-Anwendungssituationen wird ebenfalls der situativ-erfahrungsbedingte Kontext beachtet; diesem stehen jedoch eine Fülle internaler Erfahrungen aus früheren Situationen gegenüber, die u.U. das sichtbare Geschehen wesentlich stärker und tiefer prägen und beeinflussen:

„Der Kontext, auf den Menschen reagieren, ist in der Regel aus ungefähr neun Teilen internaler Erfahrungen und ungefähr einem Teil externaler zusammengesetzt. Wenn also eine Verhaltensweise

---

16 vgl. STRATENWERTH 1986, S. 3.

bizarr oder unangemessen für euch aussieht oder sich anhört, so habt ihr einen deutlichen Hinweis darauf, daß ein Großteil des Kontextes, auf den die Person reagiert, etwas ist, was eurer unmittelbaren sinnlichen Erfahrung nicht zugänglich ist"[17].

Zusammenfassend läßt sich festhalten, daß alle vier handlungsrelevanten Qualitätsmerkmale durch Techniken des NLP inhaltlich modifiziert und ausgebaut werden können. Umgekehrt sind aber auch schon Bezugspunkte erkennbar, die die Handlungstheorie als geeignete Rahmentheorie für das NLP erscheinen lassen. Nicht zuletzt zeigt sich hier eine strukturell-konzeptionelle Ähnlichkeit beider Ansätze, indem die Betonung des Prozeßaspekts im NLP ebenfalls zu einem „Handlungsrahmen" führt, so daß auch aus dieser Perspektive eine weitgehende Kompatibilität beider Ansätze erwartet werden kann.

9.3 Interpretation des „Strukturmodells der Handlungssituation" aus NLP-Sicht

Im folgenden soll am Beispiel eines konkreten handlungsorientierten Konzepts untersucht werden, ob und inwieweit eine fundierte Einordnung des NLP möglich ist. Der Analyse wird dabei STRATENWERTHs „Strukturmodell der Handlungssituation" zugrunde gelegt, weil sich dieses Modell aufgrund seiner allgemeingültigen und weiten Fassung für jede hier in Betracht kommende Handlungssituation eignet.

Eine ausführliche, handlungstheoretisch fundierte Einordnung und Interpretation dieses Modells im Vergleich mit anderen handlungsorientierten Didaktikansätzen und mit sogenannten „neuen" handlungsorientierten Methoden und Konzepten in der beruflichen Bildung ist vom Verfasser schon an anderer Stelle vorgenommen worden[18].

Die Betrachtung des Strukturmodells aus NLP-Sicht soll hier in ähnlich pragmatischer Weise geschehen wie dies für das NLP im

17 BANDLER/GRINDER 1981, S. 167.
18 vgl. BACHMANN 1988, S. 134 – 177.

allgemeinen typisch ist. Im handlungsorientierten Kontext wie auch aus Sicht des NLP besteht eine wichtige konzeptionelle Funktion der Modellbildung darin, zu „nützlichen" Beschreibungen zu gelangen. Dies begründen BANDLER und GRINDER mit folgenden Worten:

„Als Modellbauer sind wir nicht daran interessiert, ob das, was wir euch anbieten, wahr ist oder nicht, ob es genau richtig ist, beziehungsweise neurologisch als richtig nachgewiesen werden kann, oder ob es eine angemessene Repräsentation der Welt ist. Wir sind nur an dem interessiert, was funktioniert"[19].

„Wenn ich Leuten beibringe, wie etwas Bestimmtes gemacht wird, und dann demonstriere, daß es funktioniert, fragen sie mich gewöhnlich, wo es nicht funktioniert oder wie man mit etwas ganz anderem umgehen könnte. ... Nun, das Interessante an diesen Verhaltensmustern ist: Wenn das, was wir demonstriert haben, etwas ist, was ihr auch gerne können wollt, dann könnt ihr genau so gut eure Zeit darauf verwenden, es zu lernen. Es gibt viele, viele Dinge, die wir nicht können. Wenn ihr euch darauf einrichtet, nach etwas zu suchen, was nützlich für euch sein wird, und das lernt, anstatt euch zu bemühen herauszufinden, an welchen Stellen das, was wir euch darstellen, unhaltbar ist – ihr werdet sie finden, dafür lege ich meine Hand ins Feuer"[20].

Die Handlungsanweisungen für Teilnehmer an NLP-Seminaren bestehen demnach im wesentlichen immer aus zwei ganz praktischen Ratschlägen: „Ändert eure Wahrnehmungsprogramme, um herauszufinden,

1. ob die Muster, über die wir sprechen, tatsächlich existieren, und
2. ob sie (für eure persönliche Entwicklung, für euer Arbeits-, euer Lernverhalten, etc.) nützlich sein können"[21].

In analoger Weise sei hier auch die wechselseitige Verknüpfung von Strukturmodell (Handlungstheorie) und NLP vorgenommen.

---

19 BANDLER/GRINDER 1981, S. 35.
20 BANDLER/GRINDER 1981, S. 117.
21 BANDLER/GRINDER 1981, S. 40; Anordnung des Zitats, d.V.

9.3.1 *Darstellung des „Strukturmodells der Handlungssituation" in seinen Grundzügen*

Im Mittelpunkt des Ansatzes steht die jeweils vom Handlungssubjekt zu vollziehende Handlungstätigkeit, die – wie schon in Kapitel 9.2 diskutiert – als zielgerichtetes, bewußtes, gegenständliches und subjekthaftes Tun gekennzeichnet werden kann[22]. Die Handlungstätigkeit als zentrale didaktische Kategorie dieses Modells wird in einer mehrschichtigen Modellkonstruktion näher erläutert.

Im Rahmen einer Elementenbetrachtung sind zunächst um dieses zentrale Feld herum noch sechs weitere Felder gruppiert, welche als wichtige didaktische Kategorien die Beschreibung und Beurteilung der Handlungstätigkeit unterstützen sollen. Im einzelnen sind dies die Felder

- die inneren Handlungsbedingungen,
- der Handlungsgegenstand,
- die personalen Handlungshilfen,
- die materiellen Handlungshilfen,
- die personale und
- die materielle Handlungsumgebung[23].

Besonderes Gewicht mißt STRATENWERTH dabei der horizontalen Achse „Innere Handlungsbedingungen – Handlungstätigkeit – Handlungsgegenstand" bei, weil auf dieser Ebene die zentralen, den internen und externen Gegenstand betreffenden Operationen angesiedelt sind; den beiden Feldern „personale und materielle Handlungshilfen" kommt in Lehr-Lernsituationen jeder Art eine große Bedeutung zu, da hiermit wichtige, die eigentliche Handlungstätigkeit stabilisierende Operationen angesprochen werden; die letzten Felder „personale und materielle Handlungsumgebung" erfassen quasi als Restgrößen die situativ sonst noch wirksamen Rahmenbedingungen einer Handlungssituation.

Dieses Modell läßt sich, ohne seine typische Grundstruktur aufgeben zu müssen, jeweils auf die in Frage kommende konkrete Handlungsform übertragen. Für didaktische Fragestellungen sind

---

22 vgl. STRATENWERTH 1986, S. 19.

23 zur näheren Erläuterung der einzelnen Felder – vgl. STRATENWERTH 1986, S. 19 f.; 1987.

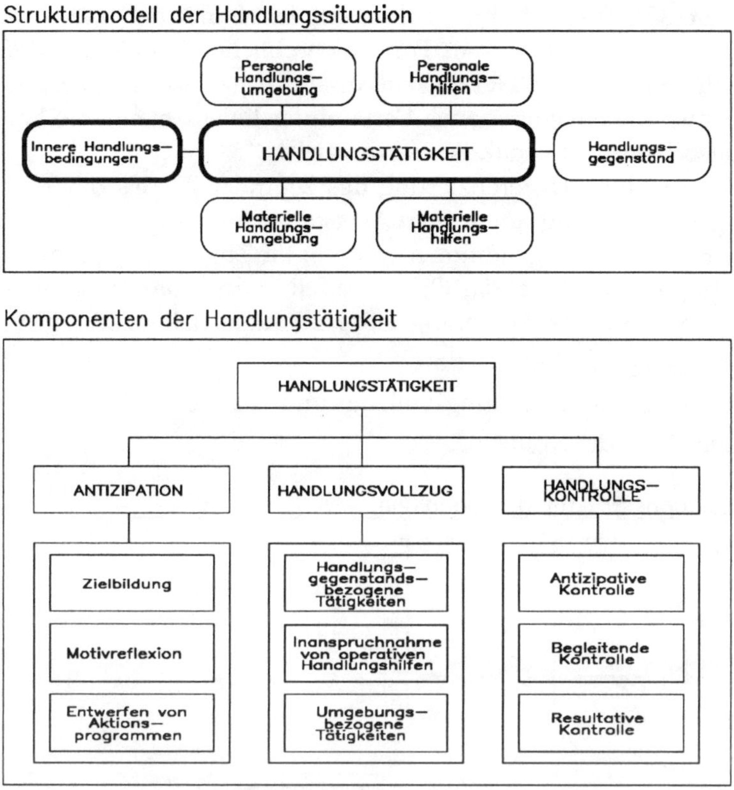

Abbildung 27: Das Strukturmodell der Handlungssituation und die Komponenten der Handlungstätigkeit.

die Strukturmodelle der Lern-, Lehr- und Arbeitssituation von Bedeutung; diese sollen und können unmittelbar aus dem Grundmodell abgeleitet werden[24].

In dieser Übertragung ist als zentrale Prämisse enthalten, daß Lernhandeln und Arbeitshandeln als spezifische Form menschlichen Handelns verstanden werden können; die formal-strukturelle Übereinstimmung aller Handlungsformen wird dabei als grundsätzlich gegeben angenommen und ist inzwischen auch schon durch verschiedene wissenschaftliche Untersuchungen untermauert worden. In erster Linie beziehen sich SCHURER mit seiner

24 vgl. STRATENWERTH 1987, S. 2.

Arbeit „Gegenstand und Struktur der Lernhandlung" (1984) und DULISCH mit „Lernen als Form menschlichen Handelns" (1986) auf den STRATENWERTHschen Ansatz. – Im weiteren Sinne lassen sich aber ohne weiteres auch Verbindungslinien zu anderen handlungsorientierten Didaktikansätzen ziehen[25].

Eine weitere Differenzierung des zentralen Feldes der Handlungstätigkeit kann unter dem Aspekt der Regulationsstruktur einer Handlung vorgenommen werden; im Zuge einer Verlaufsbetrachtung wird dabei das Grundmodell in drei Handlungsphasen (Komponenten der Handlungstätigkeit) aufgespalten, d.h. in

- die Phase der Antizipation,
- die Phase des Handlungsvollzugs und
- die Phase der Kontrolle.

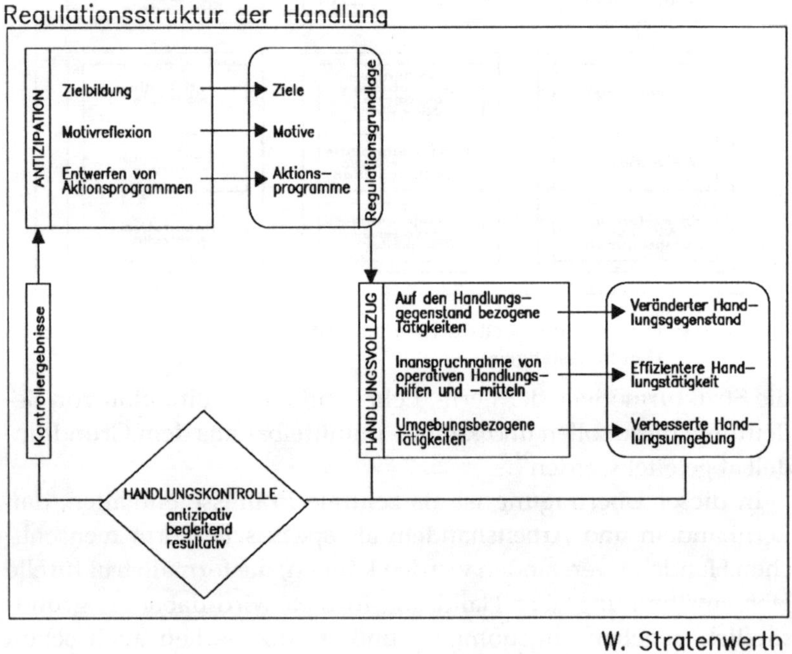

Abbildung 28: Regulationsstruktur der Handlung[26].

25 vgl. BACHMANN 1988, S. 138 ff..
26 STRATENWERTH 1987, S. 6.

STRATENWERTH weist besonders darauf hin, daß die zeitliche Beziehung der Phasen in keinem Fall als linear, d.h. als zeitlich aufeinanderfolgend, interpretiert werden darf, sondern sich die einzelnen Handlungsphasen wechselseitig bedingen und durchdringen.

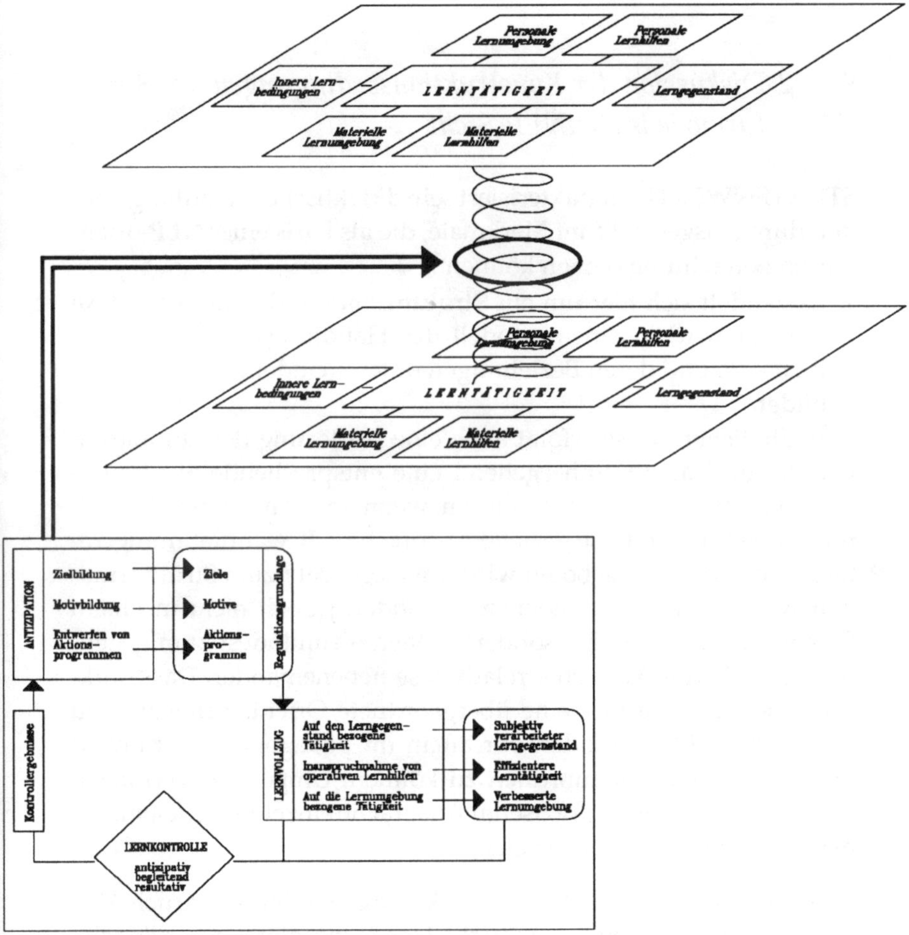

Abbildung 29: Das Zusammenwirken von Elementen(-struktur-)modell und Regulations(-struktur-)modell im Strukturmodell der Handlungssituation.

Die Verbindung der beiden unterschiedlichen Betrachtungsperspektiven, einerseits der Elementenbetrachtung und andererseits der regulativen Verlaufsbetrachtung einer Handlung, ist in Abbildung 29 kurz skizziert: Die ganzheitliche Ausrichtung des Grundansatzes wird dadurch unterstrichen, daß eine gegebene Handlungssituation möglichst im analysierenden Zusammenwirken beider Perspektiven betrachtet werden sollte.

9. 3. 2 Diskussion der Konstruktionsbedingungen des Strukturmodells aus NLP-Sicht

STRATENWERTH charakterisiert sein didaktisches Handlungsmodell durch insgesamt fünf Merkmale, die als Basis einer NLP-orientierten Betrachtung dienen können[27]:

1. Es handelt sich hier um ein **Strukturmodell**, d.h. die komplexe Realität wird in einem Modell der Handlungssituation durch Elemente und deren Beziehungen untereinander geordnet abgebildet.

In ähnlicher Weise erfolgt auch eine Auflösung der komplexen Realität und damit einhergehend eine entsprechende Strukturierung innerhalb von NLP-Verfahren, wenn dem Anwender ein Ordnungsgewinn durch die gezielte Ansprache z. B. wahrnehmungsrelevanter Aspekte angeboten wird. Im Gegensatz zum Strukturmodell werden die verschiedenen Methoden jedoch nicht in einem Gesamtmodell vereinigt, sondern stehen – zumindest zum gegenwärtigen Zeitpunkt noch – relativ lose nebeneinander. Das Strukturmodell vermag hier eine übergeordnete Orientierungshilfe zu geben, die NLP-Methoden vor allem im pädagogischen Kontext wichtigen Bereichen zuordnen zu können. Umgekehrt vermögen NLP-Ansätze zu einer präziseren Ansprache einzelner Teilelemente des Gesamtmodells beizutragen.

2. Als **Totalmodell** erhebt das Strukturmodell den Anspruch, daß es – bezogen auf eine spezifische Handlungssituation – alle relevanten Komponenten enthält.

---

27 vgl. STRATENWERTH 1986, S. 21 f..

„Wenn Sie zum Beispiel den Auftrag hätten, die Interaktion zwischen einer Katze und einem Hund zu beschreiben, könnten Sie es so anfangen: Die Katze faucht, ... der Hund fletscht die Zähne, ... die Katze macht einen Buckel, ... der Hund bellt, ... die Katze, ... – Jede spezifische Verhaltensweise der Katze wird, bis zu einem gewissen Grad nur im Kontext des Verhaltens des Hundes verständlich. Wenn ihre Beobachtungen aus irgendeinem Grunde nur auf die Katze beschränkt blieben, würden Sie vor der Aufgabe stehen, zu rekonstruieren, womit die Katze interagierte. Isoliert betrachtet ist das Verhalten der Katze sehr viel schwerer richtig zu verstehen und einzuschätzen"[28].

Gregory BATESON betont in seinen Aufsätzen immer wieder, wie wichtig und wie schwierig es auch ist, die richtige Schnittmenge für eine Modellbeschreibung zu finden. Das Konstruktionsmerkmal „Totalmodell" deutet auf den Modellanspruch hin, alle für die jeweilige Situation relevanten Elemente berücksichtigt zu haben[29].

Der ganzheitlich-situative Charakter des NLP drückt sich in vielen verschiedenen Elementen aus; so steht bei jeder Anwendung die Integration von Denken und Handeln im Mittelpunkt, die durch *alle Sinne,* d.h. sowohl durch die inneren als auch durch die äußeren sinnlichen Repräsentationen sowie durch die angestrebte Balance von links- und rechtshemisphärischen Prozessen – wie auch immer – gewährleistet werden soll: „Wir behaupten, daß ihr zu jedem Zeitpunkt alle (Wahrnehmungssysteme, d.V.) benutzt. In einem

---

28 BANDLER/GRINDER 1981, S. 18.

29 Als Beispiel sei eine aktuelle Fragestellung behandelt, nämlich ob Computer denken können. Auch hier ist die richtige Schnittmenge entscheidend für die Antwort auf die Frage. BATESON äußert sich dazu mit folgenden Worten: „Ich würde sagen, daß er das nicht tut. Was ‚denkt' und sich auf ‚Versuch und Irrtum' einläßt, ist der Mensch plus Computer plus Umgebung. Und die Grenzen zwischen Mensch, Computer und Umgebung sind rein künstliche, rein fiktive Linien. Sie sind Linien durch die Wege, auf denen Informationen oder Unterschiede übertragen werden. Sie sind keine Grenzen des Denksystems. Was denkt, ist das Gesamtsystem, das sich auf Versuch und Irrtum einläßt, nämlich der Mensch plus die Umgebung. Wenn Sie Selbstregulation als das Kriterium des Denkens oder des geistigen Prozesses anerkennen, dann geht das ‚Denken' offensichtlich innerhalb des Menschen auf der autonomen Ebene vor sich, verschiedene innere Variablen beizubehalten. Und entsprechend laufen in dem Computer einige einfache Denkprozesse ab, wenn er seine innere Temperatur kontrolliert" – BATESON 1988, S. 620.

bestimmten Kontext werdet ihr euch eines Systems (lediglich etwas) bewußter als der anderen"[30].

3. Der **Situations(-modell-)begriff** impliziert, daß die Handlungstätigkeit nicht als isolierte Aktivität verstanden werden soll, sondern ausdrücklich ihr Eingebundensein in eine komplexe Gesamtsituation betont wird.

„Kommunikation ist immer gerichtete. Sie findet in einer ganz spezifischen, unwiederholbaren Situation, in einem unwiederbringlichen Moment statt, zwischen zwei (und mehr, d.V.) Menschen, die sich in ganz besonderer Weise ansprechen und meinen. Die Dimensionen von situativem Kontext, Zeitkontinuum, Personalität und Intersubjektivität können in den herausgearbeiteten Mustern nie voll erfaßt werden. Im Akt des Sprechens – und Sprechen ist Handlung – wird immer mehr ausgesagt, als das, was auf den ersten Blick erfaßbar scheint"[31].

Wie aus obigem Zitat ersichtlich, kommt dem Situationsbegriff im NLP eine zentrale Bedeutung zu. Aus der Sicht einer handelnden Person werden z. B. in einem spezifischen situativen Kontext immer bestimmte Fähigkeiten eingesetzt. Diese können unter Umständen jedoch nicht zur Bewältigung der betreffenden Situation ausreichen. In diesem Falle würde die Person ihr angestrebtes Ziel nicht erreichen können.

Mit Hilfe von bestimmten NLP-Methoden (z. B. Ankern und Reframing) gewinnt die betreffende Person zusätzlichen Zugang zu Fähigkeiten, die ihr aus einem anderen Kontext vertraut sind, die jedoch in ihrer spezifischen Situation sehr hilfreich sein können. Das NLP bewirkt demnach auf der einen Seite eine umfassende, ganzheitliche Wahrnehmung der eigenen kontextualen Möglichkeiten in einer spezifischen Situation und auf der anderen Seite gewinnt das Handlungssubjekt einen Zuwachs an Flexibilität, indem es auf ein breiteres Spektrum an situativ verfügbaren Fähigkeiten zurückgreifen kann. Ziel des NLP ist es, jederzeit über die Fähigkeiten zu verfügen, die in einem ganz bestimmten situativen Kontext benötigt werden.

---

30 BANDLER/GRINDER 1981, S. 54; vgl. auch S. 52.
31 BANDLER/GRINDER 1981, S. 8.

Dabei verhilft die nachfolgende Grundeinstellung zu einer positiven Situationserfassung: „Es gibt nur Fähigkeiten. Probleme ergeben sich daraus, daß sie manchmal schlecht kontextualisiert sind und lieber in anderen Kontexten eingesetzt werden sollten"[32].

4. Als **Hier-und-Jetzt-Modell** wird einerseits der Aktualitätsbezug des Handlungsmodells, andererseits die im Ansatz implizit enthaltene mikrostrukturelle Ausschnittbildung in das Blickfeld des Betrachters gehoben.

   Das Hier-und-Jetzt-Verständnis im Strukturmodell kann in der Weise aus NLP-Sicht interpretiert werden, daß mit Hilfe vieler NLP-Methoden ein Hereinholen von Vergangenem und Zukünftigem in das gegenwärtige Geschehen elegant bewerkstelligt werden kann: Zum einen erfolgt ein Aktualisieren von in vergangenen Situationen erworbenen Fähigkeiten, zum anderen ein auf die Gegenwart bezogenes Antizipieren von zukünftigen Ereignissen und Fähigkeiten. Das kreative Durchdenken und Durchleben bisher vermeintlich voneinander getrennt gehaltener Situationen (z. B. in Time-Line-Übungen, „das eine war damals und ist abgeschlossen" – „das andere wird einmal sein, hat aber noch nicht begonnen"), vermag das aktuelle Denken und Handeln aus seiner reinen Gegenwartsbezogenheit zu lösen.

5. Mit dem Merkmal **Subjektmodell** wird hervorgehoben, daß die Handlungssituation jeweils aus der Perspektive des Handelnden definiert werden soll.

   Die in STRATENWERTHs Modell angelegte besondere Betrachtungsperspektive, das Hineinversetzen in die Lage des anderen, wird in zweierlei Hinsicht durch das NLP weiterentwickelt:

- Zum einen wird die persönliche Integrität des Einzelnen als Basis jeglicher Kommunikation geachtet und gewürdigt, so daß die Verhaltensweise eines Wesens nur aus dessen situativer und personaler Kontexterfassung heraus erklärbar ist.
- Zum anderen erfolgt eine spezifizierte Rücknahme auf das, was wirklich geschieht (beobachtet werden kann), d.h. hier der Rekurs auf Prozeßmerkmale, und der Versuch des weitestgehenden

32 STAHL 1989, S. 63.

Ausschließens interpretativer Aspekte, womit Zuschreibungen und Inhaltsmerkmale gemeint sind.

Die beiden hier angesprochenen Bezüge werden auch aus nachfolgendem Zitat deutlich: „Die Menschen haben schon lange versucht, die Körpersprache in inhaltliche Vokabeln zu übersetzen, als wenn ‚den Kopf zurücknehmen' heißt, daß man reserviert ist, und ‚die Beine übereinandergeschlagen' heißt, daß man verschlossen ist. Aber die Körpersprache funktioniert nicht so wie Worte, sie funktioniert anders. ... Nach unserer Meinung ist der Prozeß die eigentliche Domäne von professionalen Kommunikatoren. Wenn ihr euch mit dem Inhalt beschäftigt, ist es unvermeidbar, daß ihr den Leuten, mit denen ihr kommuniziert, Teile eures Glaubens- und Wertsystems aufdrängt"[33].

An dieser Stelle sei jedoch ein Mißverständnis ausgeräumt, welches durch die immer wieder auftauchende Gegenüberstellung von **Prozeß** und **Inhalt** hervorgerufen werden könnte: Es könnte der Eindruck entstehen, als ob im Rahmen des NLP die Inhalte generell unbedeutend und demzufolge vernachlässigbar sind. Dies ist auf keinen Fall im Sinne des NLP.

Die Inhalte sind sehr wohl wichtig, jedoch in erster Linie für eine bestimmte Person selbst; diese muß sich schon darüber im Klaren sein, was für sie im einzelnen in einer Situation Bedeutung besitzt und die bedeutungsvollen Inhalte auch entsprechend präzisieren, z. B. in Form von Zielaussagen.

Geschieht dieser Akt des subjektbezogenen, inneren Präzisierens der Inhalte nicht, so wird dadurch gewöhnlich der gesamte Prozeßerfolg stark belastet wenn nicht gar zum Scheitern gebracht. Zur Erläuterung dieser Zusammenhänge sei auf ein konkretes Beispiel hingewiesen:

Im Rahmen einer **Interview-Modell-Übung** werden dem Übungspartner folgende einleitende Anweisungen gegeben:

Stell Dir eine eigene ungünstige Eigenschaft oder ein störendes Verhalten vor. Diese Eigenschaft oder dieses Verhalten konnten bislang nicht beseitigt oder verändert werden.

33 BANDLER/GRINDER 1981, S. 66.

Diese formale Prozeßanweisung genügt in der Regel nicht, um zu einem befriedigenden Ergebnis zu gelangen, denn es würden dann oft Vorstellungen entwickelt wie z. B.

„Ich möchte souveräner auftreten!"

„Ich möchte nicht mehr so oft ...!"

Eine der Übung vorgelagerte inhaltliche Präzisierung dessen, was sich der Übungspartner „vorstellen" soll/kann/darf, muß deshalb u.a. folgende Einschränkungen enthalten:

– *Bitte verwende in der folgenden Übung keine Negationen und keine Vergleiche.*

Als sehr hilfreich hat sich zudem der Gedanke erwiesen,

– *sich konkrete Situationen und reale Personen vorzustellen,*

in bzw. gegenüber denen man z. B. „anders" oder „überzeugend" auftreten möchte.

Zusammengefaßt zeigt dieses Beispiel deutlich, daß für die übende Person auf nähere inhaltliche Präzisierungen nicht verzichtet werden kann. In dieser Hinsicht sind im Vorfeld der eigentlichen NLP-Anwendungssituationen schon klärende Gespräche notwendig, um das rechte Verstehen des Prozeßgeschehens zu fördern.

Aus dem eigentlichen kommunikativen Geschehen werden die Inhalte hingegen aus folgendem Grund ausgeschlossen: Im Rahmen des Innertrainings sollen in erster Linie die Beziehungen bzw. Wahrnehmungskanäle zwischen den lehrenden (beobachtenden) und den lernenden (trainierenden, beobachteten) Personen weitgehend von störenden und ablenkenden Einflüssen freigehalten werden. Dazu zählen vorrangig jene interpretativen Verfremdungen, die sich unvermeidbar einschleichen, wenn jemand nicht das benennt, was getan wird, sondern das, was er meint, was getan wird bzw. seiner Ansicht nach getan werden sollte. Die Grenzen von sprachlichen Übereinkünften sollen gewahrt bleiben, das Beobachten sich auf die Beschreibung des Prozesses (nicht auf die vermeintlich gutgemeinte Interpretation) verbaler und nonverbaler Signale beschränken.

Ein handlungsbezogenes Subjektmodell kann in dieser Hinsicht ebenfalls zu einer präziseren Ansprache der jeweils relevanten Informationen beitragen. In einer Zusammenschau der einzelnen Charakterisierungen des Strukturmodells von STRATENWERTH und der NLP-Interpretationen zeigen sich vielfältige Entsprechungen, die zu einem weiteren Ausbau und einer weitergehenden Konkretisierung der relevanten Elemente auffordern.

9.4 Möglichkeiten der Überwindung handlungstheoretischer Modellgrenzen mit Hilfe des NLP-Konzepts

Die konzeptionelle Entwicklung der Handlungstheorie und der sich darauf gründenden Ansätze verlief – wie könnte es auch anders sein – keineswegs gleichförmig und ausgewogen. Vielmehr wurden im Laufe der Entwicklung einige ihrer Elemente einer intensiven Betrachtung für würdig erachtet, während andere Elemente wenig oder kaum Beachtung fanden.

So stach – um im Vorfeld nur ein Beispiel zu nennen – im oft thematisierten Spannungsfeld von Kognition und Aktion[34] der kognitive Ast eindeutig seinen Kontrapunkt Aktion aus; so wurden und werden mithin weitgehend kognitiv ausgerichtete Handlungsmodelle vorgestellt, in denen die Antizipations- und Kontrollphasen sehr ausgiebig diskutiert werden, wohingegen die Vollzugsphase in den einschlägigen Betrachtungen oft nur schlicht als das „Abspulen des Vorgedachten" interpretiert wird[35].

Eine kritische Betrachtung handlungsorientierter Ansätze und Konzepte soll jedoch deren gegenwärtige Möglichkeiten aufzeigen und im damit auch verbundenen Ausloten die derzeitigen Grenzen ausweisen[36]; eine konzeptionelle Weiterentwicklung handlungsorientierten Denkens durch das NLP-Konzept kann dabei in fünf Bereichen erfolgen:

1. Die Innensteuerung, der **kognitive Ast**, wird – wie schon eingangs angesprochen – in vielen Modellen stark überbewertet. Das Neurolinguistische Denken und Handeln schafft insofern einen angemessenen Ausgleich, indem hier u.a. die im Erleben eines Menschen gegenwärtige Ganzheitlichkeit und damit auch das

34 vgl. dazu MILLER u.a. 1973.

35 zu den Hintergründen dieser einseitigen Entwicklung - vgl. BACHMANN 1988, S. 5 ff; vgl. hier auch die Ausführungen zur Realisationsphase - S. 105 ff..

36 vgl. die kritischen Anmerkungen zu handlungstheoretischen Konzeptionen in DULISCH 1986, S. 133 ff.; BACHMANN 1988, S. 178 ff..

eigentliche „Erleben" im und des Handlungsvollzugs betont werden; dies äußert sich schon im komplexen Wahrnehmungsgeschehen, welches alle inneren und äußeren Repräsentationen des jeweiligen Ereignisses umfaßt, ferner werden als wichtige handlungsleitende Elemente die affektiven und psychomotorischen Momente besonders gewürdigt und nicht zuletzt die unbewußten Regulationsvorgänge als Gegengewicht zu den bewußt-kognitiven herausgestellt.

2. Die vorrangige Beschäftigung mit **eindeutig definierten Arbeitsaufgaben** in der frühen Entwicklungsphase handlungsorientierter Ansätze führte zu einer Implementierung des **zweckrationalen Handlungsmusters** als grundlegendes Lösungsschema. Dieses Schema gerät jedoch zunehmend in das Fahrwasser der Kritik, weil es sich angesichts komplexer Aufgaben- und Problemstellungen als wenig hilfreich erweist. Die Kritik bezieht sich dabei vor allem auf das einspurige Ursache-Wirkungs-Denkschema.

Mit Hilfe des NLP „wird es möglich, den systemischen Gedanken des ‚sowohl ... als auch ...' umzusetzen und nicht nur dem linearen Ansatz des ‚entweder ... oder' zu folgen. Denn mit NLP wird nicht nach dem Kausalitätsprinzip nur an der Ursache von Symptomen gearbeitet. Es findet ... viel auf der unbewußten Ebene statt, die eher systemisch organisiert und nicht wie das bewußte Denken vorwiegend der linearen Betrachtungsweise verhaftet ist. Aus diesem Grund zielt eine solche Vorgehensweise eher auf den systemischen Zusammenhang"[37].

Die Entwicklung alternativer Handlungsmuster, wie z. B. des künstlerisch-gestalterischen oder auch des kreativ-ganzheitlichen Musters, kann als eine zentrale Voraussetzung für eine weitere Adaptation handlungsorientierter Ansätze angesehen werden. Das Neurolinguistische Denken und Handeln orientiert sich besonders an diesen alternativen Handlungsmustern, indem das einspurige Denkschema durch das Aufzeigen neuer Perspektiven des Denkens, Fühlens und Handelns aufgebrochen wird und auf diese Weise eine neue Erlebens- und Erfahrensqualität entwickelt und gefördert werden kann. Dies geschieht z. B. durch Phantasiereisen

37 KIRCHNER/WEISS in: STAHL 1989, S. 12.

(Reisen in die innere Vorstellungswelt) oder Mind-Mapping als „gehirngerechte" Aufzeichnungsstrategie.

3. Im engen Zusammenhang damit steht das – auch durch die Rationalitätsprämisse implizit unterdrückte – Einbeziehen **affektiver Komponenten** als grundlegende handlungsleitende Kategorien. Die ohne Ausnahme jeder einzelnen sensorischen Wahrnehmung unterlegte emotionale Färbung kann und darf nicht in zeitgemäßen handlungsorientierten Modellen ausgeblendet werden.

   Die mit den NLP-Verfahren zu entwickelnde emotionale Sensibilität erstreckt sich dabei nicht nur auf die Fähigkeit, in sich selbst hineinzuhorchen und neue Saiten der eigenen Persönlichkeit zu entdecken, sondern bezieht auch den/die Kommunikationspartner mit ein, indem das sensitive Sich-Einfühlen in deren situative Befindlichkeiten entwickelt und ausgebaut wird.

   Auch die **ökologische Komponente**, ein neues Bewußtsein und Bewußtwerden für die Gesamtheit aller Lebenszusammenhänge, in die jeder Mensch eingebunden ist, wird im Rahmen von NLP-Anwendungssituationen mitberücksichtigt: „Ökologisch ist die Veränderung dann, wenn (der betreffende Mensch) in allen Bereichen seines Funktionierens unversehrt bleibt. ... (Der Mensch) soll sich bewußt sein, welche Auswirkungen die angestrebte Veränderung in seinem Leben haben wird. Dann kann er entscheiden, ob er sie gleich will und die Konsequenzen in Kauf nimmt, oder ob er zunächst Dinge umorganisieren und neu lernen will, bevor er die angestrebte Veränderung Wirklichkeit werden läßt"[38].

4. Vielen handlungstheoretischen Modellen wird der Vorwurf gemacht, sich **weitgehend auf einzelne Individuen zu konzentrieren** und sozial-kommunikative Elemente in ihren Konzeptionen zu vernachlässigen.

   Das NLP vermag diesen Vorwurf weitgehend zu entkräften, da es sich hierbei – wie einleitend schon herausgestellt – um ein sehr effektives Kommunikations- und Verhaltensmodell handelt. Eine verbesserte kommunikative Kompetenz dürfte sich z. B. schon aufgrund der durch die Übungen gesteigerten Wahrnehmungssensibilität oder auch durch ein differenzierteres sprachliches Vermögen einstellen.

38 STAHL 1989, S. 36.

5. Zum Abschluß sei auf die in vielen handlungstheoretischen Ansätzen noch ungelöste Frage eingegangen, was diese Ansätze im einzelnen abbilden wollen: Wollen sie psychische Prozesse so abbilden, wie sie sich wirklich zeigen oder wie sie sein sollten? Im hier angesprochenen Spannungsfeld zwischen **normativer und realistischer Handlungstheorie** bezieht das NLP-Konzept eindeutig Stellung. Das NLP favorisiert die realistische Position, weil im Zuge der Anwendung der einzelnen Übungen ein besonderes Augenmerk darauf gelegt wird, durch Wortwahl und Sprachbildung etc. induziert, keine Interpretationen sondern weitgehend Sachverhaltsbeschreibungen zuzulassen. Die Entwicklung einer realistischen, pragmatisch orientierten Handlungstheorie kann sich daher auf das NLP-Konzept als kompatibles Element stützen.

Eine zusammenfassende Bewertung der derzeitigen Grenzen handlungstheoretischer Konzepte zeigt deutlich, daß das NLP infolge seiner neuartigen Perspektivierung bei vielen wichtigen Komponenten zu einer Bereicherung und Weiterentwicklung handlungstheoretischen Gedankenguts beitragen kann. Auch aus diesem Betrachtungswinkel kann eine wechselseitige Integration für beide Seiten als vorteilhaft herausgestellt und daher empfohlen werden.

9.5 Zusammenfassung

Die pädagogisch-didaktische Verknüpfung von Handlungstheorie und Neurolinguistischem Denken und Handeln wurde unter zwei Fragestellungen behandelt:

- Erstens folgt die Untersuchung der Frage, inwieweit **Entsprechungen zwischen den beiden Konstrukten** gefunden werden; in dieser Hinsicht steht der Aspekt der wechselseitigen Kompatibilität im Mittelpunkt der Erörterung.
- Zweitens wurde aber auch der Gesichtspunkt im Auge behalten, ob und wodurch eine **konzeptionelle Ergänzung durch das jeweils andere Konstrukt** hergestellt werden kann; hier zielt die Problemstellung auf eine mögliche theoretische wie praktische

Entwicklung und Bereicherung durch das jeweils andere Gedankengut.

Diese beiden Fragenstellungen sind keineswegs isoliert voneinander zu betrachten und von daher auch in den Ausführungen bewußt in ihrem engen, inneren Wechselbezug belassen und nur an gesonderten Stellen auf weiterführende implizierte Möglichkeiten hingewiesen worden.

Zunächst erfolgte eine Beschreibung der Qualitätsmerkmale, die aus pädagogischer Sicht im Handlungsbegriff enthalten sein müssen. Die Interpretation des Handelns als zielgerichtetes, gegenständliches, subjekthaftes und bewußtes Tun macht schon deutlich, daß es keiner besonderen Anstrengung bedarf, im NLP-Konzept Entsprechungen zu finden.

Im Anschluß daran folgte der Versuch, einen spezifischen handlungsorientierten Ansatz mit dem NLP-Konzept zu verbinden. Die Allgemeingültigkeit der Aussagen wird dadurch jedoch nicht gefährdet, weil zum einen das ausgewählte „Strukturmodell der Handlungssituation" erwiesenermaßen als ein sehr umfassender handlungstheoretischer Ansatz gilt und zum anderen die Interpretation sich weniger auf die Einzelelemente des speziellen Modells als vielmehr auf dessen allgemeine Konstruktionsbedingungen konzentriert hat. Deshalb können auch die aus NLP-Sicht interpretierten Konstruktionsbedingungen des Handlungsmodells (Struktur-, Total-, Situations-, Hier-und-Jetzt- und Subjektmodell) als sehr umfassend und charakteristisch für die Theoriebildung bei Handlungskonzepten angesehen werden.

Im Blick auf eine konzeptionelle Integration wurde die Grenzauslotung handlungsorientierter Konzepte betrieben. Vor allem in diesem Abschnitt zeigt sich das immense Potential, welches eine Ergänzung und einen Ausbau der pädagogisch-didaktischen Handlungstheorie durch das NLP-Konzept nicht nur empfiehlt sondern geradezu fordert.

Möglicherweise sind gerade diese alternativen Komponenten beider Konzepte mitverantwortlich dafür, daß eine Verknüpfung bisher nicht vorgenommen worden ist. Das künstlerisch-kreative Potential des NLP, dessen ausdrückliche Berücksichtigung ganzheitlicher Prozesse und dessen sozial-kommunikative Akzentuierung stellen jedoch eine gute Ergänzung zum bisher in der Handlungstheorie vorrangig diskutierten zweckrationalen Handlungsmuster dar.

Zusammengefaßt lassen sich zwei Schlußfolgerungen aus Kapitel 9 ziehen:

- Erstens ist die Handlungstheorie als Rahmentheorie für das NLP aufgrund der hohen wechselseitigen Kompatibilität geeignet; insofern profitiert das NLP, indem hiermit eine anerkannte pädagogische Basis gelegt wird.
- Zweitens profitiert die Handlungstheorie selbst nicht minder von der angestrebten Verknüpfung, weil das NLP eine innovative Weiterentwicklung handlungstheoretischen Gedankenguts bewirkt.

10 Ansatzpunkte für einen Einsatz im berufsbildenden Bereich: Was kann das NLP im pädagogisch-didaktischen Kontext bewirken?

Die Frage nach den Einflußmöglichkeiten eines neuen Konzepts im Kanon der arrivierten und etablierten Konzeptionen ist von äußerst komplexer Natur. Sie wäre mit Sicherheit zu knapp beantwortet, wollte man lediglich auf die mit dem neuen Konzept verbundenen Möglichkeiten hinweisen. Denn es gab und gibt zu allen Zeiten neue Konzepte, die eine Verbesserung des bestehenden Zustands, eine Lösung anstehender Probleme bewirkt hätten, die jedoch in ihrer Zeit gar nicht zum Zuge gekommen sind.

Demnach – und dieser Gedanke sei hier als These herausgestellt – bedarf es mehr als nur einer neuen Idee. Ebenso wichtig für den „Erfolg" einer Konzeption ist die Frage, ob die Zeit „reif" sei, d. h. ob die derzeitig zu beobachtenden gesellschaftspolitischen, technischen, beruflichen, pädagogischen etc. Konstellationen „günstig" für eine Aufnahme des neuen Konzepts, einer neuen Idee scheinen.

Der Verfasser hat diese Beobachtung gerade auch im pädagogischen und didaktischen Bereich oft bestätigt gefunden; manche Konzepte und Ansätze führten lange Jahre ein unbeachtetes Schattendasein, bis sich die allgemeine Aufmerksamkeit – mitunter explosionsartig – diesen neuen Ideen zuwandte und ihnen schließlich mit zeitlicher Verspätung zu Erfolg und Verbreitung verhalfen.

Eine knappe – und in manchen Teilen sicher auch grobe und unvollständige – Beschreibung der pädagogischen und didaktischen Entwicklung in der Bundesrepublik Deutschland soll das hier relevante Umfeld abstecken und auf diese Weise Hintergrundinformationen zu der Frage liefern, ob – und wenn ja, warum – das Konzept des Neurolinguistischen Denkens und Handelns (NLP) gerade auf eine günstige Konstellation für eine Aufnahme und Verbreitung in der pädagogisch-didaktischen Landschaft hoffen darf[1].

1 vgl. Kapitel 10.1 und 10.2

Im Anschluß daran werden einige Möglichkeiten zur Implementierung des NLP-Konzepts in der beruflichen Bildung aufgezeigt. Um dabei aber nicht wieder in die fachspezifischen Anwendungsfelder, z. B. Psychotherapie, Pädagogik, Ökonomie, Medizin etc., zurückzufallen und damit indirekt disziplinärem Denken Vorschub zu leisten, sei für die nachfolgenden Ausführungen der Dimensionsbegriff verwendet. Im einzelnen werden dabei methodische, inhaltliche, lernpädagogische und kommunikative Fragestellungen behandelt[2].

10.1 Beschreibung des pädagogisch-didaktischen Umfelds als Rahmenbedingung für die Aufnahme und Verbreitung des NLP-Konzepts

Eine globale Beschreibung der pädagogischen und didaktischen Entwicklungstendenzen in der Bundesrepublik Deutschland könnte bei der Diskussion des US-amerikanischen Einflusses auf die pädagogische Bewegung hierzulande ansetzen. In dieser Hinsicht erfolgte in der Zeit nach dem Zweiten Weltkrieg eine starke Verlagerung der pädagogischen Gewichte, indem die amerikanischen Konzepte mit einem gewissen „time-lag“ die bundesdeutsche pädagogische Szene immer wieder stark beeinflußten und dominierten. Eine derart starke konzeptionelle Bezugnahme und Ausrichtung war in den Zeiten vor dem Zweiten Weltkrieg nicht zu verzeichnen gewesen. In den frühen Jahrzehnten dieses Jahrhunderts war sich die deutsche Pädagogik ihrer eigenständigen und langen Tradition wohl bewußt. In der Pädagogik herrschte damals als dominierender pädagogisch-didaktischer Ansatz die geisteswissenschaftliche Richtung vor; im psychologischen Bereich bestimmten Richtungen wie Gestalttheorie, Gestaltpsychologie oder Ganzheitspsychologie die Szene, die sich allesamt auf eine „ganzheitliche Betrachtungsweise des jeweiligen Gegenstandes (konzentrierten) und somit die Abkehr von den atomistischen und assoziationistischen Ansätzen (betonten)“[3].

2 vgl. Kapitel 10.3 bis 10.6.
3 SCHURER 1984, S. 381.

Mit dem Aufkommen des Dritten Reiches und durch die damit einhergehende ideologische Gleichschaltung aller Ideen und Gedanken erfuhren beide Richtungen einen tiefen Einschnitt und einen inhaltlich-konzeptionellen Stillstand. Dennoch wurden im Zuge des Wiederaufbaus in den fünfziger Jahren zunächst diese traditionellen Ansätze aufgegriffen und im Rahmen der bildungstheoretischen Didaktik weiterentwickelt.

Die Flut der Erkenntnisse, die in den Nachkriegsjahren das vorhandene Wissen explosionsartig anwachsen ließen, stellte die bildungstheoretische Didaktik vor eine schwere Bewährungsprobe. Diese eher ganzheitlich ausgerichtete Richtung vermochte jedoch – so schien es zumindest – keine zufriedenstellenden Antworten auf die drängenden Fragen ihrer Zeit zu geben.

Die „Ganzheit" konnte angesichts des sich stetig wandelnden und anwachsenden Wissenspotentials nicht bewahrt werden, es wurde immer schwieriger, z. B. als Lehrender einen Überblick über die Inhalte seines eigenen Fachgebiets zu behalten, die von der bildungstheoretischen Didaktik angebotenen komplexen Kriterien des exemplarischen Lehrens von Martin WAGENSCHEIN, des Fundamentalen, Elementaren und Exemplarischen im Rahmen der Kategorialen Bildungstheorie Wolfgang KLAFKIs und viele andere, ähnlich gelagerte Konzepte schienen keine zeitgemäßen und zufriedenstellenden Lösungen anzubieten im Wettlauf mit den stetig neu hinzukommenden naturwissenschaftlichen Erkenntnissen und gesellschaftlichen Bedingungen[4].

Obwohl die Diskussion vor allem im allgemeinbildend-schulischen Bereich stattgefunden hatte, betrafen die hier erhobenen Befunde in gleicher Weise auch den berufsbildenden Bereich, wobei hier aber eine gewisse zeitliche Verzögerung mit eingerechnet werden muß.

Es darf nicht verwundern, daß man auf der Suche nach einem Ausweg auf die pragmatischen Konzepte US-amerikanischer Herkunft stieß. Da die Vereinigten Staaten in den Nachkriegsjahren ihre Position als führende Nation der westlichen Welt in hohem Maße ihrem gewaltigen naturwissenschaftlich-technischen und wirtschaftlichen Potential verdankten, schien es nur konsequent, auch

4 vgl. BACHMANN 1989, S. 86; S. 130 ff..

auf deren Ideen und Ansätze aus dem geisteswissenschaftlichen Bereich zurückzugreifen.

In den Vereinigten Staaten hatte sich in den fünfziger Jahren auf der Grundlage verhaltenstheoretisch (behavioristisch) orientierter lernpsychologischer Erkenntnisse eine pädagogische Richtung etabliert, die das sog. Konzept des lernzielorientierten Unterrichts proklamierte. In diesem Konzept trafen vor allem drei pädagogisch-wissenschaftliche Strömungen zusammen:

1. Die Unterrichtsforschung, die eine objektive Leistungsmessung im pädagogischen Bereich anstrebte,
2. die Unterrichtstechnologie (Programmierter Unterricht) und
3. die amerikanische Curriculum-Bewegung Anfang der fünfziger Jahre[5].

In der Bundesrepublik Deutschland erfolgte die Übernahme dieser Ansätze in den sechziger Jahren. Als Wegbereiter dieser Entwicklung können dabei vor allem drei Autoren genannt werden:

- Paul HEIMANN, „der mit seiner lerntheoretischen Didaktik als erster den Versuch unternahm, die Didaktik aus ihrer inhaltlichen Orientierung zu lösen und das Interesse auf sämtliche Dimensionen des Unterrichts, die Ziele, Inhalte, Methoden, Medien, Interaktionen und Organisation sowie deren wechselseitige Abhängigkeit lenkte"[6],
- Robert F. MAGER, welcher die Diskussion des Lernzielbegriffs mit seiner Schrift „Lernziele und Unterricht" (im deutschen Sprachraum erstmals 1965 erschienen) stark belebte und bestimmte[7], sowie
- Saul B. ROBINSOHN, dessen 1967 erschienenes Werk „Bildungsreform als Revision des Curriculum" in der Bundesrepublik als

5 vgl. dazu LEMKE 1981, S. 23 ff..
6 DIENER 1978, S. 100.
7 vgl. LEMKE 1981, Vorwort; bemerkenswerterweise bezog sich die Schrift von MAGER ausschließlich auf den Programmierten Unterricht; durch die im Titel weggelassene Einschränkung „Programmierte" ergab sich eigentlich eine viel zu große Geltungsweite für MAGERs Überlegungen. Doch die Zeit schien reif für solche Gedanken, so daß diese Einschränkung erst in einer späteren (besinnlichen)Phase auffiel. In der ersten (euphorischen) Zeit der Lernzielentwicklung hätten derlei Argumente gar keinen Nährboden gehabt ... .

Startschuß der eigentlichen Curriculum-Diskussion angesehen werden kann[8].

Erfolgreicher, moderner lernzielorientierter Unterricht zeichnete sich durch ganz bestimmte Kriterien aus. Der Unterricht
- erfolgt mit Blick auf den/die Schüler,
- wird zielgerichtet geplant und durchgeführt und
- anschließend systematisch kontrolliert und korrigiert, wobei sowohl der Unterricht als auch die Arbeit des Lehrers oder auch die bestehenden Lehrpläne selbst Gegenstand der Analyse sein können[9].

Im Rahmen des lernzielorientierten Unterrichts tauchen insgesamt vier Problemfelder auf, deren Ähnlichkeiten mit einem konsequenten wissenschaftsorientierten Vorgehen sicher nicht zufällig sind, sondern vielmehr daraus resultieren, daß sich hinter dieser Unterrichtskonzeption das Prinzip der Wissenschaftsorientierung als grundsätzliche Leitmaxime verborgen hält. Als Problemfelder des lernzielorientierten Unterrichts werden genannt:
1. Inventarisierungsprobleme (= Probleme beim Sammeln von Zielsetzungen),
2. Formulierungsprobleme (= eindeutige Umschreibungen von Zielsetzungen entwickeln),
3. Klassifikationsprobleme (= Probleme bei der Entwicklung eines stimmigen Klassifikationsschemas zur Einordnung der Ziele) und
4. Wertungsprobleme (= die Frage nach der Gültigkeit der Lernziele)[10].

Tendentiell verfolgt die wissenschaftsorientierte Pädagogik und Didaktik eine Zergliederung und Elementarisierung der komplexen Lehr- und Lernrealität, um auf diesem Wege einen Überblick zu gewinnen, eine schlüssige innere Ordnung herzustellen und auf der Basis der gewonnenen Erkenntnisse Handlungsanweisungen für pädagogisch und didaktisch Verantwortliche abzuleiten.

Die traditionellen, ganzheitlich ausgerichteten Strömungen (Ganzheits- und Gestaltpsychologie) wurden in der Folgezeit aus

8 vgl. MANSTETTEN 1983, S. 223 f..
9 vgl. PETERSSEN 1974, S. 38 ff..
10 vgl. CORTE 1971, S. 75; vgl. auch FLECHSIG o.J., S. 6 ff..

der aktuellen didaktischen Diskussion schrittweise ausgeblendet. Die Entwicklungsgeschichte der didaktischen Reduktion mag in dieser Hinsicht als Beispiel dafür dienen, wie konsequent die Abkehr von der eigenen (reichen) didaktischen Tradition vollzogen wurde und wie stringent ein neues didaktisches Konzept aus wenigen Wurzeln hergeleitet wurde[11].

Während in der bundesdeutschen pädagogischen Landschaft die Übernahme der wissenschaftsorientierten Konzepte vollzogen wurde, machten sich in den Vereinigten Staaten bezeichnenderweise schon die ersten Anzeichen einer gegenläufigen Bewegung bemerkbar, d. h. ganzheitliche Paradigmata gewannen seit Anfang der sechziger Jahre wieder langsam an Boden. So wurde das grundlegende handlungsorientierte Werk von MILLER, GALANTER und PRIBRAM, „Strategien des Handelns", in den USA schon im Jahre 1960 veröffentlicht, während es in deutscher Übersetzung erst im Jahre 1973 vorlag.

Im Zuge des Re-Imports handlungsorientierten Gedankenguts besann man sich ab Mitte der siebziger Jahre auch wieder der eigenen gestaltpsychologischen Traditionen. Auf der Suche nach damit verwandten Konzeptionen stieß man auch auf ähnlich gelagerte Strömungen in verschiedenen osteuropäischen Ländern. So wurden u. a. sowjetische (RUBINSTEIN, LEONTJEW, GALPERIN), polnische (z. B. TOMASZEWSKI) und Psychologen und Pädagogen aus der damaligen DDR (z. B. HACKER) als handlungsorientierte Vertreter entdeckt und im Zuge des starken Aufschwungs handlungsorientierter Ansätze in den achtziger Jahren konstruktiv in die eigenen Konzeptionen integriert. Die gegenwärtig in Osteuropa zu beobachtenden bzw. bereits erfolgten Veränderungen der politischen Landschaft dürften zu einem offenen, konstruktiven Austausch über die Unterschiede und Gemeinsamkeiten im handlungsorientierten Verständnis beitragen.

Die derzeitig vorhandene starke Position handlungsorientierter Konzepte scheint auch deshalb so gefestigt zu sein, weil ein selten zu beobachtender Gleichklang von Theorie und beruflicher Praxis zu verzeichnen ist. So wurden z. B. im Rahmen der betrieblichen Ausbildung die qualifizierungsmethodischen Erfordernisse des

11 vgl. BACHMANN 1989.

technologischen Wandels (Stichwort: Neue Technologien) schon frühzeitig erkannt und in entsprechenden Konzeptionen umgesetzt. Diese Konzepte besannen sich dabei intuitiv einer ganzheitlichen Betrachtungsweise, ohne jedoch diese als handlungsorientiertes Grundverständnis zu erkennen und demzufolge explizite theoretische Grundlagenforschung zu betreiben. Ein ganzheitliches, handlungsorientiertes Verständnis kann z. B.

- der **Projektausbildung** unterstellt werden, die im industriellen Bereich, vornehmlich im Berufsfeld Metall, stark an Boden gewonnen hat;
- auch die ursprünglich eng mit der Projektmethode verknüpfte **Leittextmethode** hat sich mittlerweile über den gewerblich-technischen Bereich hinaus in anderen Anwendungsfeldern als lernaktivierende Methode etabliert;
- im kaufmännischen Bereich bietet die Anwendungspalette des **Lernbüros** im weiten Sinne (Lernbüro i.e.S., Übungsfirma, Juniorenfirma) ebenfalls eine lernhandlungsorientierte Grundform an;
- zunächst im Fremdsprachenunterricht eingesetzt, haben mittlerweile Gedanken der **Suggestopädie** bzw. des **Superlearnings** auch Anwendung in anderen Feldern, z. B. in der betrieblichen Aus- und Weiterbildung im Kfz-Gewerbe gefunden[12];
- nicht zuletzt können auch die im industriellen Bereich ursprünglich nur unter lernkompensatorischen Gesichtspunkten herangezogenen **künstlerisch-gestalterischen Übungen** als handlungsorientierte Konzeptionen betrachtet werden[13];
- auch im Handwerk sind von vielen Kammern Anstrengungen unternommen worden, **gestalterische Handlungselemente** in der Berufsausbildung wieder stärker zu beleben, um auf diese Weise individuumbezogene (Persönlichkeitsentwicklung) und berufsbezogene (Erwerb zusätzlicher fachübergreifender Kompetenzen und damit eine Verbreiterung der Basis für die Berufsausübung) Akzente zu setzen[14].

---

12 vgl. PHILIPOV 1989, S. 26 ff..
13 vgl. BRATER u. a.1987a; 1987b.
14 speziell im Handwerk: vgl. BÖCKELMANN u. a. 1986; SCHURER/STRATENWERTH 1990; ZDH 1989.

Zusammengefaßt kann also zur Zeit von einer sehr dynamischen Entwicklung im berufspädagogischen Bereich gesprochen werden; es herrscht eine Umbruchstimmung vor, die – bezogen auf die eingangs gestellte Frage – als günstig für die Aufnahme und Akzeptanz des NLP-Konzepts im berufsbildenden Raum bezeichnet werden kann.

Diese positive Einschätzung gründet sich dabei einerseits auf die hohe Wertschätzung, die handlungsorientierten Ansätzen im allgemeinen beigemessen wird und andererseits auf die Möglichkeiten des Neurolinguistischen Denkens und Handelns, innerhalb handlungsorientierter Konzeptionen zu einer konstruktiven Weiterentwicklung derselben beizutragen.

10.2 Eine kurze Skizze des berufsbildenden Handlungsraums

Die Frage nach den pädagogisch-didaktischen Einsatzmöglichkeiten des NLP kann für den berufsbildenden Bereich aufgrund seiner heterogenen Struktur nicht geschlossen und einheitlich beantwortet werden. So bedingen – um nur ein Kriterium zu nennen – z. B. schon die vom Gesetzgeber vorgenommenen höchst unterschiedlichen Reglementierungen der zwei großen Blöcke der beruflichen Bildung, der beruflichen Aus- und der beruflichen Weiter- bzw. Erwachsenenbildung, einen unterschiedlichen Freiheitsgrad und Gestaltungsspielraum bei der Einführung neuer Konzepte und Maßnahmen.

Die **berufliche Ausbildung** in der Bundesrepublik Deutschland ist in weiten Teilen von der Grundstruktur des Dualen Systems geprägt, in welcher die für den Ausbildungsberuf relevanten Inhalte von den beiden Lernorten Berufsschule und Betrieb in wechselseitiger Kooperation und Abstimmung vermittelt werden sollen.

Ferner ist auch der Personenkreis der zur Vermittlung Berechtigten klar gesetzlich geregelt worden, indem auf der einen Seite die Lehrer an den berufsbildenden Schulen ihre Lehrqualifikation durch Staatsexamina nachweisen müssen und auf der anderen Seite die verantwortlichen Ausbilder ihre Ausbilderqualifikation sich im Teil IV (Berufs-Arbeitspädagogik) ihrer Meisterprüfung erarbeiten.

In der Vergangenheit hat sich immer wieder herausgestellt, daß die staatlichen Regelungen zwar einen Mindestanspruch an persönlicher Lehr- bzw. Ausbilderqualität sicherstellen konnten, die Umsetzung neuer pädagogisch-didaktischer Erkenntnisse jedoch oft nur mit zeitlicher Verzögerung in die Ausbildung der Lehrer bzw. Ausbilder integriert wurden. Die Sicherheit des traditionellen Lehr- (Ausbilder-) und ein damit einhergehendes Lernverständnis wirken hier – je nach Perspektive – als systemstabilisierender bzw. als entwicklungshemmender Faktor.

Demgegenüber zeichnet sich die **berufliche Erwachsenenbildung** (und hier vor allem die freiberufliche Weiterbildung) aufgrund fehlender gesetzlicher Reglementierungen durch einen wesentlich größeren Freiheits-, Gestaltungs- und Entscheidungsspielraum aus. Dieser Bereich wurde nicht zuletzt deshalb in der Vergangenheit oft und gerne als Experimentierfeld für neuartige Ansätze und Konzepte genutzt; daher ist es nicht verwunderlich, daß sich auch hier die Anfänge vieler lernbiologisch-ganzheitlicher Konzepte wiederfinden lassen.

Für die in diesem Feld tätigen Erwachsenenbildner bzw. Trainer sind zur Zeit noch keine verbindlichen Rechtsnormen entwickelt worden, die auch nur annähernd als eine einheitliche Mindestqualifikation angesehen werden können. In diesem Bereich darf sich nahezu jeder betätigen, der eine irgendwie qualifikatorisch relevante Idee anbieten möchte. Ob sich eine Idee, ein Konzept letztlich dann durchsetzt, bestimmt daher oftmals der Markt selbst; und die Gefahr ist nicht von der Hand zu weisen, daß unter Umständen die Überzeugungskraft eines Trainers bzw. dessen finanzieller Verkaufserfolg den Blick auf die geringe pädagogisch-didaktische Qualität des Ansatzes versperren können.

Die im Weiterbildungsbereich vorhandenen Freiheitsgrade führen auf der einen Seite also zu einer begrüßenswerten, weitaus schnelleren Übernahme neuerer Entwicklungen und Innovationen, auf der anderen Seite wächst infolge der Freiräume jedoch auch das Risiko, daß eine qualitative Mindestnorm punktuell unterschritten wird.

Im folgenden seien Perspektiven für die hier angesprochenen Betätigungsfelder aus der Sicht des Neurolinguistischen Denkens und Handelns (NLP) eröffnet. Dabei sei zunächst die Entwicklung traditioneller methodischer und inhaltlicher Problemstellungen erörtert.

10.3 Die methodische Dimension: Kritik an den traditionellen Lehr-Lernverfahren durch ganzheitlich orientierte Ansätze

Die ganzheitlichen Ansätze wie auch das NLP verstehen sich als engagierte Gegenpositionen zu den in vielen traditionellen Bildungseinrichtungen noch gängigen wissenschaftsorientierten Lehr-Lernverfahren. Die Kritik entzündet sich dabei vor allem an den in Lehr- und Lernprozessen geläufigen einseitigen Betonungen kognitiver (sog. „linkshirniger") Aktivitäten. Dieses Ungleichgewicht hat sich als Folge starker kultureller Kräfte in unserer Gesellschaft durchgesetzt und prägt seit frühester Kindheit und auch im später einsetzenden schulischen Bildungswesen in unterschwelliger, aber ungeheuer eindrücklicher Weise die sinnlichen Erlebens- und Erfahrungsmöglichkeiten[15].

Vor diesem Hintergrund erhält das Wort von Aldous HUXLEY besonderes Gewicht, wenn er in seinem Buch „Die Pforten der Wahrnehmung" von den Menschen einerseits als **Erben des Wissens ihrer Vorgänger** spricht, andererseits sie aber auch als **Opfer des Wissens ihrer Vorgänger** bezeichnet:

„Wenn wir eine Sprache lernen, sind wir die Erben des Wissens der Menschen, die vor uns da waren. In diesem Sinne sind wir genauso die Opfer: aus der unbegrenzten Menge möglicher Erfahrungen haben nur ganz bestimmte einen Namen bekommen, sind mit Worten gekennzeichnet und binden, auf diese Weise hervorgehoben, unsere Aufmerksamkeit. Gleichermaßen valide, möglicherweise sogar spannendere und nützlichere Erfahrungen auf der sensorischen Ebene, die unbenannt blieben, dringen typischerweise nicht in unser Bewußtsein"[16].

---

15 vgl. BEYER/MARWITZ 1989, S. 9.
16 HUXLEY zitiert in BANDLER/GRINDER 1981, S. 33.

Als Beweis für die Richtigkeit ihrer Aussagen und Ansätze rufen die Vertreter neuartiger Lehr- und Lernverfahren gerne das „menschliche Gehirn" selbst in den Zeugenstand, indem sie aus seinem physiologischen Aufbau und seiner Funktionsweise den Nachweis zu erbringen versuchen, daß die traditionellen Lehr- und Lernverfahren oft nicht den gehirneigenen internalen Organisations- und Verarbeitungsprozessen entsprechen: Das Gehirn organisiere sich seine Inhalte eher in einer assoziativ-kumulativen Weise und weniger in einer stringenten linearen oder listenmäßigen Abfolge; dieser Erkenntnis sei daher auch im methodischen, die Lehr-Lernverfahren betreffenden Bereich die ihr gebührende Beachtung zu schenken[17].

Die oft proklamierte „allgemeine Schulmüdigkeit" vieler Jugendlicher, d. h. im einzelnen deren geringes Interesse an schulischen Inhalten, deren häufige Demotivierung und Frustrierung durch erfahrungsferne, „theoretische" Inhalte, deren Sich-zum-Lernen-Zwingen-Müssen und die daraus resultierenden „negativen Gefühle beim Lernen" und vieles mehr, werden unter anderem auch auf eine „strategische Überlastung bzw. methodische Fehlausnutzung" des Gehirns zurückgeführt.

Die **Methodendiskussion** ist in den letzten Jahren in allen Bereichen des allgemeinen und beruflichen Bildungswesens, d. h. sowohl im schulischen als auch im betrieblichen Bereich, stark in den Vordergrund gerückt. Einer großen prognostischen Unsicherheit hinsichtlich der möglichen gesellschaftlichen Entwicklung, die durch technologische, wirtschaftliche und in jüngster Zeit vor allem durch politische Innovationen hervorgerufen wird, soll mit methodischen, den einzelnen Menschen qualifizierenden Maßnahmen begegnet werden.

Als auslösender Faktor für das einsetzende lebhafte, oftmals auch kontroverse Aufgreifen und Diskutieren methodischer Problemstellungen wird dabei in der Regel auf die Neuen Technologien verwiesen. Die möglichen Auswirkungen eines Einsatzes Neuer Technologien werden sich dabei auf alle gesellschaftlichen Bereiche erstrecken, d. h. sowohl in der beruflichen als auch in der privaten Sphäre, im sozialen und auch im kulturellen Umfeld werden mikro-

17 vgl. BUZAN 1988, S. 98 ff.; BIRKENBIHL 1988, S. 11 ff..

prozessorgesteuerte Informations-, Konstruktions- und Produktionsverfahren zu neuen Anforderungen an das Lern-, Arbeits- und Sozialverhalten von Menschen führen.

Weil eine Analyse der gegenwärtigen Situation und eine Prognose zukünftiger Veränderungen aufgrund der hohen Entwicklungsdynamik mit großen Unsicherheiten behaftet sind, werden im berufsbildenden Bereich die speziellen fachlichen Inhalte relativ schnell veralten. Das damit einhergehende Problem einer permanenten Aktualisierung der für einen Beruf notwendigen Inhalte (Fertigkeiten und Kenntnisse) erhofft man durch eine stärkere Betonung des methodischen Vermittlungsaspekts zu überwinden:

- Erstens sollen im Rahmen zeitgemäßer Berufsbildungskonzeptionen in Aus- und Weiterbildung vorrangig methodische Handlungskompetenzen vermittelt werden, d. h. der konzeptionelle Schwerpunkt verlagert sich von der eher *eindimensionalen fachlichen* Kompetenzvermittlung im Sinne einer engen Spezialausbildung zu einer Vermittlung *übergreifender* Methoden-, Lern- und Sozialkompetenzen.
- Zweitens wird die sog. Methoden- bzw. Lernkompetenz als Schlüsselgröße zur Verwirklichung des Prinzips des „lebenslangen Lernens" betrachtet, indem ein Mensch mit einem breiten Kompetenzspektrum nach Abschluß seiner Ausbildung eher für spätere Weiterbildungsaktivitäten offen und bereit ist;
- drittens wird mit einer breiten beruflichen Grundausstattung auch dem Individuum die verantwortliche Gestaltung seines beruflichen Entwicklungsganges ermöglicht, indem er in seinem Berufsfeld auftretende Veränderungen eher zu erkennen vermag und entsprechende Maßnahmen, seien es Anpassungs- oder Aufstiegsweiterbildungs- oder falls nötig auch Umschulungsmaßnahmen rechtzeitig in die Wege leiten kann; mit einem entsprechenden Kompetenzprofil sind auch andere bildungspolitische Leitziele, wie z. B. das der beruflichen Flexibilität oder der individuellen Selbstverwirklichung im und durch den Beruf, eher vereinbar.

Die berufliche Praxis hat auf die oben genannten Tendenzen schon frühzeitig reagiert und hält mittlerweile eine breite Palette von Möglichkeiten und Maßnahmen zur Organisations- und Personalentwicklung bereit.

Es ist unmittelbar einsichtig, daß gesellschaftliche Veränderungen gerade in den Großunternehmen, die ja schon aufgrund ihrer Größe als eigenständige gesellschaftliche Subsysteme bezeichnet werden können, ihre Wirkung zeigen und Spuren hinterlassen. Fragen der Organisationsentwicklung (aktuelle Stichworte dazu sind „Unternehmenskultur", „Corporate identity") wollen diesen Veränderungen Rechnung tragen.

Die primären Stoßrichtungen dieser Maßnahmen zielen auf eine Harmonisierung der Unternehmenspolitik nach außen und nach innen. Nach außen stehen dabei vor allem die Einbettung des Unternehmens in die wirtschaftliche und gesellschaftliche Gesamtstruktur, Fragen der Ökonomie und Ökologie im Spannungsfeld, des Unternehmensbildes in der Bevölkerung etc. im Blickpunkt; nach innen werden Fragen der Humanisierung der Arbeitsbedingungen, des Arbeitsplatzes, der Sozial- und Organisationsstrukturen, der Identifikation der Mitarbeiter mit dem Unternehmen und viele andere unter dem Stichwort „Personalentwicklung" diskutiert.

Insbesondere das sogenannte „human capital" der Unternehmen wird in Zukunft noch weitaus stärker als bisher in den Vordergrund treten. Im Zuge von Maßnahmen zur Personalentwicklung sollen vor allem Flexibilität, Kreativität und Mobilität der Mitarbeiter mit Blick auf zukünftige Anforderungsstrukturen gefördert werden.

Es darf in diesem Zusammenhang nicht verwundern, daß die vom Weiterbildungsmarkt in großer Zahl angebotenen Trainingsmaßnahmen begrifflich einen engen Bezug zu aktuellen kompetenztheoretischen Schlüsselqualifikationen herzustellen versuchen, indem Ziel (z. B. Kommunikationsfähigkeit) und Titel/Gegenstand des Trainingsangebots (Kommunikationstraining) eng miteinander korrellieren. Leider finden sich aber kaum Ansätze, die eine Vernetzung der einzelnen Angebote im Rahmen von Personalentwicklungskonzepten herstellen. Die Abbildung 30 ist in dieser Hinsicht als Einstieg in eine diesbezügliche Diskussion zu betrachten.

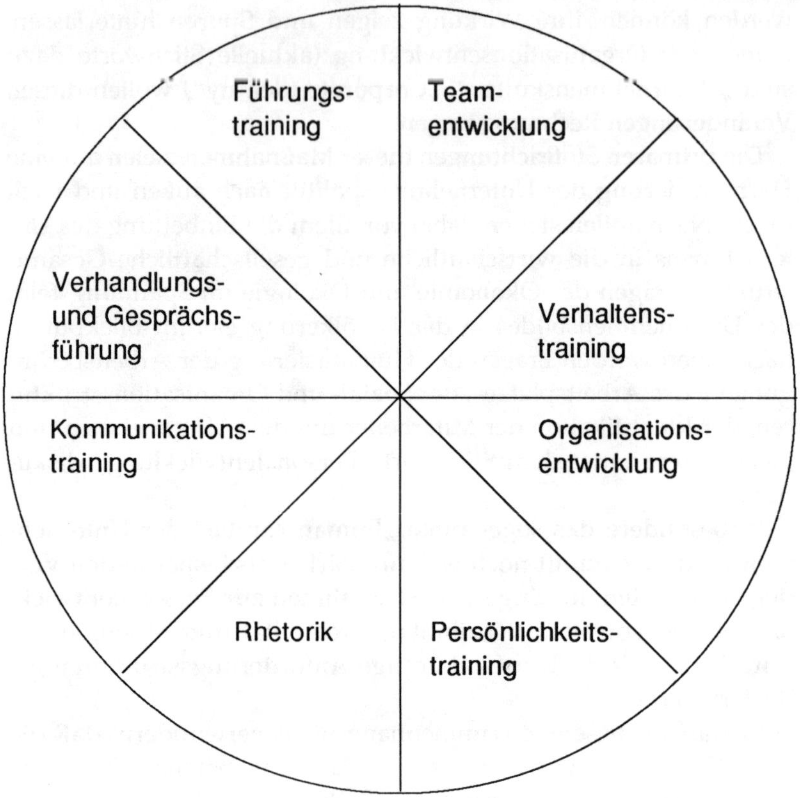

Abbildung 30: Wichtige Trainingsbereiche im Rahmen der unternehmensspezifischen und allgemeinen Personalentwicklung.

10.4 Die inhaltliche Dimension: Ergänzung des Konzepts der „didaktischen Reduktion"

Im gleichen Atemzug ist auch die Art und Aufbereitung der Lehr-Lerninhalte in die Schußlinie der Kritik geraten, indem die Wissenschaftsorientierung als dominierendes inhaltsorientierendes bildungspolitisches Leitprinzip zunehmend in Frage gestellt wird. Ungeachtet der unbestritten großen Bedeutung, die den Wissenschaften in unserer Gesellschaft beigemessen wird, sollten über der Methode der wissenschaftlichen Erkenntnisgewinnung nicht andere Zugangsweisen zur Realität vernachlässigt werden. Denn durch eine einseitige Bevorzugung wissenschaftlicher Verfahren ist eine zweifache Verkürzung der Realität zu befürchten, die vor allem im Bildungsbereich zu nachhaltigen und negativen Auswirkungen geführt hat:

- Erstens ist die Realität viel komplexer und komplizierter als mit wissenschaftlichen Verfahren überhaupt erfaßt werden kann, d. h., daß schon die Auswahl eines bestimmten Forschungsgebiets (Realitäts*ausschnitts*) und die Auswahl der geeigneten wissenschaftlichen Verfahren den ersten Schritt einer verkürzten Realitätsabbildung bedeuten;
- zweitens stellt die sprachliche Formulierung einer wissenschaftlichen Aussage eine weitere Problemreduktion dar, indem in einer Aussage nicht alle, im betreffenden Realitätsausschnitt vorhandenen Phänomene enthalten sind und zudem jede sprachliche Aussage wiederum subjektiv anders verstanden werden kann.

In den einschlägigen Gesellschafts- und Sozialwissenschaften werden diese Realitätsverkürzungen umgangen, indem man mit Hilfe axiomatischer Aussagen die hier diskutierte Problematik „ins zweite Glied" zurückdrängt. Im Laufe der Zeit – vor allem in der zweiten und dritten Forschergeneration innerhalb eines Bereichs – hat man sich dann aber schon an das mittlerweile errichtete theoretische Gebäude „angepaßt" und neigt kaum noch dazu, sich anstelle der abgeleiteten Aussagen mit den Grundaussagen selbst zu beschäftigen.

Als Paradebeispiel für eine derartige, durch eine starke Betonung der Wissenschaftsorientierung verursachte sukzessive Entfremdung und Entfernung von der Realität kann die Entwicklungsgeschichte der **didaktischen Reduktion**, einer der wichtigsten didaktisch-methodischen Komponenten, angeführt werden.

Mit Hilfe der didaktischen Reduktion soll eine begründete Auswahl und Aufbereitung von Lehr- und Lerninhalten erfolgen. Jeder Inhalt befindet sich dabei im Spannungsfeld, einerseits für den konkreten Lernenden *faßlich und anschaulich* genug zu sein, andererseits aber *nicht* durch die Vereinfachung dann in seinen Grundaussagen *verfälscht* zu werden. Hinter diesem Konzept verbirgt sich auch der Gedanke, im Laufe seines Schullebens bestimmten Inhalten immer wieder begegnen zu können und diese altersspezifisch so präsentiert zu bekommen, daß niemals ein Umlernen notwendig wird, sondern immer wieder am schon Bekannten angesetzt werden kann und dieses nur erweitert und vertieft wird.

Der Begriff „didaktische Reduktion" wurde dabei durch **lehrlerntheoretische Reduktionskonzepte** seit Anfang der sechziger Jahre in die Bildungsdiskussion hineingetragen; der Anspruch dieser Richtung, im Laufe der Zeit sowohl faßliche als auch wissenschaftlich korrekte Lehr-Lerninhalte für alle Schulstufen und Schultypen zu entwickeln, konnte von deren Vertretern nicht eingelöst werden. Denn im Zuge der Konzeptentwicklung hat eindeutig die wissenschaftsorientierte Seite die Oberhand gewonnen. Die normenlogisch fundierten Ableitungen wissenschaftlicher Aussagen hatten nicht unbedingt zwingend zu einer größeren Klarheit beim Lernenden geführt. Vielmehr führte in der Konstruktion der Ansätze die objektiv zugängliche, zweckmäßige Sachaussage oft weit von der Realität weg und gab damit etappenweise das auf, was eigentlich angestrebt werden sollte, nämlich die Anschaulichkeit von Objekten oder Phänomenen und damit eng verbunden die subjektive Faßlichkeit durch Lernende.

Zusätzlich verhalf das Konstruktionskriterium der Wissenschaftsorientierung bei der Entwicklung didaktischer Reduktionskonzepte nicht zu einer gleichmäßigen und umfassenden Realitätserfassung und -durchdringung, sondern blendete bestimmte Bereiche aus dem Problemhorizont aus: So gibt es z. B. von dieser Richtung keine Reduktionskonzepte, die den betrieblichen und handwerklichen Bereich betreffen – demgegenüber wurden der schulische und kaufmännische Bereich ausführlich und ausgiebig in vielen Ansätzen betrachtet. Als Hauptursache für diese uneinheitliche Entwicklung und Gewichtung ist schlicht das Vorhandensein einer dem jeweiligen Bereich klar zurechenbaren Bezugswissenschaft verantwortlich[18].

In dieser Hinsicht bedeutete die begriffliche und konzeptionelle Abkoppelung der lehr-lerntheoretischen Reduktionsansätze von ihren unmittelbaren Vorgängern, den **bildungstheoretischen Reduktionsansätzen**, ohne Frage einen Rückschritt – man denke z. B. nur an die exzellenten Überlegungen eines Wolfgang KLAFKI zum Problem der kategorialen Bildung oder zur Didaktischen Analyse und an viele andere Beiträge und Vertreter[19]. Insgesamt gesehen wirken die bildungstheoretischen Reduktionsansätze inhaltlich zwar nicht so ausgefeilt und in sich geschlossen wie die Konzeptionen der lehr-lerntheoretischen Vertreter, sie können aber aufgrund ihrer Offenheit eher eine tiefgreifende Sensibilisierung für das jeweils zugrundeliegende Problem auslösen, ohne dafür aber dessen Komplexität und Ganzheit aufgeben zu müssen.

Auf der Suche nach **lernbiologischen Reduktionsansätzen**, die etwa mit dem NLP-Konzept verwandt sein könnten, muß man in der Historie noch viel weiter zurückgehen und schließlich z. B. COMENIUS oder auch DIESTERWEG als typische Vertreter dieser Richtung entdecken. COMENIUS hat mit seinen „Grundsätzen zum sicheren, leichten und dauerhaften Lehren und Lernen" eine umfassende **Theorie der Anschauung** geschaffen, von der ausgehend direkte Linien zu einem modernen lernbiologischen Lernverständnis gezogen werden könnten. So entspricht u. a. der bei COMENIUS vorhandene Lehr- und Lernoptimismus, mit Hilfe der Didactica Magna „allen alles lehren zu können", in gewisser Weise dem gerade in den letzten Jahren an Boden gewinnenden Selbstvertrauen in die ungeheuren Fähigkeiten und Potenzen unseres Gehirns[20]; ferner können für die bei COMENIUS betonte Besinnung auf die „Lehrmeisterin Natur" mit dem Konzept der Autopoiese auch moderne lernbiologische Analogien gefunden werden. In Abbil-

---

18 vgl. BACHMANN 1989, S. 266 ff..
19 vgl. dazu BACHMANN 1989, S. 130 ff..
20 vgl. z. B. BIRKENBIHL 1988; BUZAN 1988, S. 26.

dung 32 ist das sich in Regeln präsentierende Gesamtkonzept vorgestellt worden. Die Bezüge zu weiteren „modernen" Ansichten liegen so offensichtlich auf der Hand, daß an dieser Stelle auf eine weiterführende Interpretation des Konzepts sowie auch einzelner Aussagen verzichtet werden kann[21].

Der Versuch einer handlungsorientierten Einordnung und systematischen Integration der hier im Überblick angesprochenen Reduktionskonzepte in ein übergeordnetes heuristisches Schema sei hier als ein Ansatzpunkt zur Überwindung dieses theoretischen Defizits, betreffend die Auswahl und Aufbereitung der Lehr-Lerninhalte, genannt[22].

Die Vertreter des NLP haben sich intensiv mit dem inneren Zusammenhang von **sinnlicher Realitätserfahrung, Sprache und subjektivem Verständnis** von Begriffen beschäftigt, d. h. mit der den didaktischen Reduktionskonzepten unmittelbar vorgelagerten Problematik einer pädagogisch-didaktischen Inhaltsauswahl und -aufbereitung. Die aus Sicht des NLP und der Handlungstheorie zu formulierende Kritik an der noch im Bildungssystem dominierenden Inhaltserfassung und -bearbeitung kann mit einem Bild verdeutlicht werden: Wenn Theorien als die Netze bezeichnet werden können, mit denen die Realität aufgefangen werden soll, so vergessen viele Wissenschaftler, Bildungspolitiker und Schulpraktiker über der „Mühsal des Netzeknüpfens" den eigentlichen „Akt des Fangens", d. h. die Beschäftigung und Auseinandersetzung mit der sie umgebenden unmittelbaren Realität.

21 vgl. BACHMANN 1989, S. 92 ff..
22 vgl. dazu ausführlich: BACHMANN 1989.

Grundsätze zu sicherem Lehren und Lernen
1. Die Natur unternimmt alles zu ihrer Zeit 2. Die Natur bereitet den Stoff zu, bevor sie ihm Form gibt. 3. Die Natur wählt für ihre Bearbeitung einen tauglichen Stoff. 4. Die Natur bringt ihre Tätigkeiten nicht durcheinander. 5. Die Natur beginnt mit all ihrer Tätigkeit von innen her. 6. Die Natur beginnt bei allem, was sie bildet, mit dem Allgemeinsten und hört mit dem Besondersten auf. 7. Die Natur macht keinen Sprung, sie geht schrittweise vor. 8. Wenn die Natur etwas beginnt, hört sie nicht wieder auf, bevor sie es vollendet hat. 9. Die Natur meidet sorgfältig, was ihr entgegenwirkt oder schadet.
Grundsätze zu leichtem Lehren und Lernen
1. Die Natur baut immer auf freigelegtem Grunde auf. 2. Die Natur bereitet den Stoff so zu, daß er nach der Form verlangt. 3. Die Natur entwickelt alles aus Anfängen, die klein an Maß, aber groß an inneren Kräften sind. 4. Die Natur schreitet vom Leichteren zum Schwereren vor. 5. Die Natur überlädt sich nicht, sondern ist mit wenigem zufrieden. 6. Die Natur übereilt sich nicht, sondern geht langsam vor. 7. Die Natur fördert nur zutage, was innerlich gereift ist und hervorbrechen will. 8. Die Natur hilft sich mit allen erreichbaren Mitteln. 9. Die Natur erzeugt nichts, dessen Nutzen nicht bald offenbar wird. 10. In der Natur vollzieht sich alles in sich gleichbleibender Weise.
Grundsätze zum dauerhaften Lehren und Lernen
1. Die Natur unternimmt nichts Unnützes. 2. Die Natur übergeht bei der Bildung eines Körpers nichts, das sie als nützlich erkennt. 3. Die Natur führt nichts ohne Grundlage oder Wurzel auf. 4. Die Natur senkt die Wurzeln tief hinab. 5. Die Natur treibt alles lediglich aus der Wurzel hervor. 6. Die Natur gliedert umso genauer, je zahlreicher die Verwendungen sind, für die sie etwas bereitet. 7. Die Natur schreitet stetig voran und steht nicht still. 8. Die Natur verknüpft alles durch beständige Bande. 9. Die Natur wahrt im Hinblick auf Menge und Größe das rechte Verhältnis zwischen Wurzeln und Zweigen. 10. Die Natur erhält und stärkt sich selbst durch häufige Bewegungen.

Abbildung 31: Übersicht über die didaktischen Grundsätze zum erfolgreichen Lehren und Lernen nach COMENIUS.

Im gleichen Maße ist auch die Tendenz zu beobachten, daß die Formulierung und Anwendung bestehender nominaldefinitorischer Aussagen – und damit die Scheinsicherheit einer zu entwikkelnden oder auch schon bestehenden Theorie – oftmals dem „Stehenbleiben und Sich-Beeindrucken-Lassen" von der sich in ihrer Widersprüchlichkeit, Komplexität und Kompliziertheit präsentierenden Realitätserfahrung vorgezogen wird[23]: Eine „Schulung der logischen Ableitung" schon in Aussageform vorliegender Definitionen wird einer „Schulung der Sinne", der sinnlichen Repräsentation der Wirklichkeiten in uns und um uns herum vorgezogen ...

Zusammenfassend könnte man den Beitrag des NLP-Konzepts zum Komplex der Lehr-Lerninhalte so formulieren: Erstens lenkt das NLP die Aufmerksamkeit auf die unabdingbare Voraussetzung jeglicher Auseinandersetzung mit Lehr-Lerninhalten, nämlich auf die Notwendigkeit einer sinnesgemäßen Erfassung und Erfahrung derselben – und dies sowohl als Aufgabe und Verpflichtung für den Lehrenden also auch als Aufgabe für den Lernenden. Das NLP-Konzept als Modell für effizientes Kommunizieren und Verhalten vermag so zu einer individuumbezogenen Sensibilisierung im Lehr-Lernprozeß beizutragen, von der sicherlich auch die Auswahl, Aufarbeitung und Vermittlung von Lehr-Lerninhalten profitieren dürften[24].

10.5 Die lernpädagogische Dimension: Ansatzpunkte für eine Verbesserung des Lehrens und Lernens

Wurde das Neurolinguistische Denken und Handeln in früheren Jahren vorrangig als psychotherapeutischer Ansatz bezeichnet, so steht heutzutage seine Anwendung als allgemeines Kommunikationsmodell im Vordergrund. Die Bedeutung des NLP für das Lehren und Lernen hat Richard BANDLER schon sehr frühzeitig erkannt; er schreibt, daß ein wesentliches Charakteristikum des NLP

23 Hier könnte ein Paradoxon zum weiteren Nachdenken verhelfen: Wir leben zwar in der Realität, aber wir erfahren sie nicht mehr ...

24 vgl. die Strategien des ganzheitlichen Lehrens und Lernens – BEYER/MARWITZ 1989; 1990.

darin bestünde, das menschliche Lernen (und Lehren) auf eine bestimmte Art und Weise zu betrachten[25].

Die **Lehr-Lernsituation** ist in unserer Gesellschaft unbestritten jene kommunikative Grundsituation, welche am intensivsten und eingehendsten untersucht und erforscht worden ist. Angesichts der Fülle von wissenschaftlichen und praktischen Erkenntnissen und Erfahrungen, die das Lehren und Lernen konstruktiv zu durchdringen versuchten, stellt sich allerdings die Frage, worin der besondere, für das NLP charakteristische Beitrag besteht, welcher dieses Konzept aus der Vielzahl von anderen Beiträgen herausheben dürfte?

Die intensive Erforschung des Lehrens und Lernens ist nicht verwunderlich, weil die Lehr-Lernsituation zugleich auch eine zentrale kommunikative Grundkonstellation darstellt. Kommunikation „lebt" von informativen Ungleichgewichten zwischen den Beteiligten, von einem bestehenden Informationsgefälle, welches im Zuge des kommunikativen Prozesses schrittweise ausgeglichen werden soll: Die eine Person A weiß etwas Bestimmtes und möchte diese Information an Person B weitergeben. Voraussetzung für eine gut funktionierende Kommunikation ist jedoch eine einigermaßen gleichgewichtige Stellung aller am Kommunikationsgeschehen Beteiligten.

Das Informationsgefälle ist geradezu das Lebenselixier für Lehr-Lernsituationen, indem hier einige Personen („Lehrende") sogar dafür bezahlt werden, bestimmte kulturell und gesellschaftlich „wertvolle" Informationen und Sachverhalte an andere Personen („Lernende") weiterzugeben. Fraglich ist jedoch, ob generell trotz des Wissensvorsprungs einiger weniger eine ausgewogene kommunikative Beziehung zwischen den Beteiligten gegeben ist. Dies darf angesichts der starren und zum Teil lernhinderlichen Konstellationen (z. B. 45-Minuten-Takt, Zersplitterung und Elementarisierung vieler Lehr-Lerninhalte, Abhängigkeit durch Notengebung, etc.) zur Diskussion gestellt werden.

Die zementierten Machtverhältnisse zwischen Lehrenden und Lernenden zeigen sich weiterhin darin, daß wesentlich häufiger den Lernenden (Schülern, Auszubildenden, ...) die Verantwortung für

25 vgl. BANDLER 1987, S. 19.

ein Versagen zugeschoben wird als den Lehrenden. So sind die Ausdrücke „Lernbehinderung" oder „Lernschwäche" allgemein geläufig und schnell als Entschuldigung zur Hand, wenn Gründe und Ursachen für unbefriedigende Ergebnisse im Lehr-Lernprozeß gesucht werden; demgegenüber sind „Lehrbehinderung" bzw. „Lehrschwäche" als Erklärungen für unbefriedigende Ergebnisse nahezu unbekannt. Wieso eigentlich?

Die hier vermuteten Ungleichgewichte zwischen den Kommunikationspartnern werden in der Regel durch die heute noch weitverbreitete Ansicht verstärkt, es gehe in Lehr-Lernsituationen primär um das Problem der Vermittlung von Inhalten; als Folge dieser Fehldeutung kommunikativer Phänomene werden wichtige Elemente gar nicht im jeweiligen situativen Kontext berücksichtigt[26].

In vielen Situationen, vor allem in traditionell geprägten Lehr-Lernsituationen, wird gar nicht bedacht, daß jegliche Form der Kommunikation nicht nur über eine Inhaltsebene verfügt, sondern gleichermaßen – ob man dies zur Kenntnis nimmt oder nicht, ob es einem bewußt ist oder sich auf parabewußter Ebene abspielt – auch eine personale Beziehung zwischen den Beteiligten aufgebaut wird, die in ganz entscheidendem Maße die Akzeptanz eines Inhalts erhöhen oder aber völlig blockieren kann.

Denn Menschen reagieren eher auf die „Umrahmung" (den Kontext, die Beziehung) als auf den „Inhalt": „Die meisten Menschen ... hören letztlich nicht die Sequenz der Worte und die Intonationsmuster dessen, was sie selbst oder andere sagen. Bewußt sind sie sich nur der Bilder oder Gefühle und des internalen Dialogs, also ihrer Reaktionen auf das, was sie hören. Nur wenige Menschen sind in der Lage, in der gleichen Intonation zu wiederholen, was man ihnen vorher gesagt hat"[27].

Die NLP-Autoren haben an genau diesem Punkt angesetzt, als sie anfingen, die Worte von Menschen als wortwörtliche Erlebnisbeschreibungen zu nehmen und nicht einfach nur als Metaphern: „Wir fingen an, uns in der Kommunikation in der Weise auf sie zu

---

26 Man betrachte einmal unter diesem Aspekt einschlägige Didaktikansätze, inwieweit in diesen neben dem inhaltlich-thematischen Aspekt auch die Beziehungsstruktur als relevante Komponente berücksichtigt wird.

27 BANDLER/GRINDER 1981, S. 153.

beziehen, als wären sie buchstäblich so, wie sie sich beschrieben hatten, und wir fanden heraus, daß das auch der Fall war". – „Wir hören die Menschen wörtlich. Wir fügen nichts hinzu und nehmen nichts von dem weg, was sie sagen"[28].

Dieser Ansatz läßt sich mit dem Bild eines Eisbergs veranschaulichen, der sich erfahrungsgemäß nur zu 1/7 sichtbar oderhalb der Wasseroberfläche befindet und zu 6/7 unterhalb derselben:

- Bei einer funktionierenden Kommunikation würde der „Inhalt" den wahrnehmbaren Teil dominieren, die „Beziehung" sich vor allem unterhalb der Wahrnehmungsschwelle befinden, hingegen bei Störungen in der Kommunikation der Beziehungs- den Inhaltsaspekt fast völlig aus dem wahrnehmbaren Teil verdrängen.
- Dieses Bild ließe sich auch in der Weise interpretieren, daß dem bewußten Anteil in Lehr-Lernsituationen ein weitaus größerer parabewußter Anteil gegenüberstünde, welcher die betreffende Situation letztlich mindestens ebenso stark und nachhaltig beeinflußt[29].

Das Konzept des Neurolinguistischen Denkens und Handelns setzt genau an der Nahtstelle des Bildes an, d. h. an der „Oberfläche", und versucht Verbindungen, Bindeglieder, Kreisläufe herzustellen zwischen den einzelnen Ebenen, d. h. zwischen der Inhalts- und der Beziehungsebene und zwischen den bewußten und parabewußten Anteilen.

Dies erfolgt – grob skizziert – durch den Versuch des Hinabtauchens in „tiefere Schichten" menschlicher Verhaltensmuster, z. B. durch das Bewußtmachen alltäglicher Verhaltensweisen, durch das Hinterfragen von Strategien, um dadurch eine größere Kompetenz und Performanz im Handeln zu erlangen. Dieses komplexe Vorgehen kann nur dann von Erfolg gekrönt werden, wenn Menschen als Ganzheit, als Einheit betrachtet werden, so daß jegliches Geschehen sowohl Veränderungsprozesse auf bewußten und parabewußten Ebenen initiiert.

„Ich will nur wissen: Worin unterscheiden sich diese beiden Erfahrungen? Die Antworten liegen in sehr spezifischen Unterschieden der visuellen, auditiven und kinästhetischen Erfahrung

---

28 BANDLER/GRINDER 1981, S. 153.
29 vgl. BANDLER/GRINDER 1981, S. 167.

der betreffenden Person. Meine Fragen zielen oft auf das, was die Person nicht bemerkt, und sie zielen darauf, der Person zu helfen, Unterscheidungen zu treffen, die sie vorher nicht gemacht hatte"[30].

An dieser Stelle sei jedoch ein verhängnisvolles Mißverständnis auszuräumen, welches regelmäßig bei der Gegenüberstellung bewußter und parabewußter Anteile auftritt. Es herrscht die landläufige Meinung vor, generell sei es irgendwie besser und sinnvoller, wenn das, was unbewußt ist, immer bewußt gemacht werden sollte. Diese Interpretation widerspricht jedoch eindeutig Wesen und Funktion des „Bewußtseins": „Bewußtsein muß aus offensichtlichen mechanischen Gründen immer auf einen ziemlich kleinen Ausschnitt des geistigen Prozesses begrenzt sein. Soll es überhaupt nützlich sein, dann muß sparsam damit umgegangen werden. Das mit der Gewohnheit verbundene Unbewußte ist eine Ökonomie sowohl des Denkens als auch des Bewußtseins; und dasselbe gilt für die Unzugänglichkeit der Wahrnehmungsprozesse. Der bewußte Organismus muß (zu pragmatischen Zwecken) nicht wissen, wie er wahrnimmt – nur, was er wahrnimmt"[31].

Es geht demnach darum, sich der Kreislaufstruktur jeglicher Verhaltensweisen zu erinnern, bei denen bewußte und parabewußte Anteile miteinander verwoben sind[32]. Das primäre Ziel des NLP besteht darin, jeder Person einen stabilen Zugang zu ihren eigenen Ressourcen zu verschaffen. Dies kann u. a. durch folgende Ansatzpunkte geschehen:

- Sinnesspezifisches Wahrnehmen lernen,
- flexibles Denken und Handeln fördern,
- eine „sinn-volle" Sprache sprechen,
- sich Ziele setzen können und das Erreichen derselben sicherstellen.

---

30 BANDLER 1988, S. 101.
31 BATESON 1988, S. 192 f..
32 Dazu noch einmal BATESON: „In Wahrheit ist unser Leben so beschaffen, daß seine unbewußten Komponenten ständig in all ihren vielfältigen Formen gegenwärtig sind. Daraus folgt, daß wir in unseren Beziehungen kontinuierlich Botschaften über diese unbewußten Materialien austauschen, und es wird auch wichtig, Metamitteilungen auszutauschen, durch welche wir einander sagen, welche Ordnung und Gattung des Unbewußten (oder des Bewußtseins) unseren Botschaften zukommt" – 1988, S. 193.

10.5.1 Sinnesspezifisches Wahrnehmen lernen

Menschen nehmen sich und ihre Umwelt immer ganzheitlich-ganzsinnig wahr, d. h. mit allen inneren und äußeren Wahrnehmungsorganen gleichzeitig; dieses komplexe Geschehen ist ihnen jedoch in der Regel nicht bewußt; zudem hat die abendländische Erziehung dazu geführt, daß der visuelle Sinn einen dominierenden Rang im Konzert der anderen Sinne eingenommen hat; diese „einsinnige", „sinnlich verarmte" Konstellation gilt es im Wege einer Wieder-Entdeckung der anderen Sinne zu korrigieren, indem die in vielen Menschen vorhandenen inneren Bremsen und Sperren im ganzheitlichen Wahrnehmen einer Handlungssituation abgebaut werden.

Es geht darum, „die Zustände möglichst detailliert und genau wahrzunehmen und diese Wahrnehmung innerlich so zu speichern, um die gleichen Zustände wiederzuerkennen, wenn sie später erneut auftreten"[33].

Diese im NLP als „Kalibrieren" bezeichnete Wahrnehmungsfähigkeit[34] ist deshalb so elementar wichtig, weil man in der Kommunikation immer auf Überraschungen gefaßt sein sollte: „'Die Bedeutung deiner Kommunikation ist die Reaktion, die du bekommst, nicht die Absicht, die du im Sinn hast!' Dieser NLP-Leitsatz ... macht es natürlich erforderlich hinzugucken – und zwar in jedem Moment, da jedes meiner Worte ein Auslöser für etwas sein kann, was ich im Traum nicht erwarten würde"[35].

Diese Auflage gilt besonders für Lehr-Lernkonstellationen, weil hier aus einer relativ offenen und unbestimmten Ausgangsbasis der weitere Lernprozeß beeinflußt wird. Mit Hilfe des NLP-Konzepts mag es gelingen, die wahrgenommenen Eindrücke differenzierter in den einzelnen Repräsentationssystemen zu verarbeiten und inhalts-, situations- und personbezogen zu nutzen.

---

33 STAHL 1989, S. 17.

34 Das kalibrierende Wahrnehmen sei hier vom interpretierenden Wahrnehmen unterschieden: „Damit Sie bei Ihrem Klienten nicht Gedankenlesen betreiben, ist es wichtig, diese ‚Ausdrücke' nicht zu interpretieren, sondern sie als sinnliche Erfahrung zu beschreiben. ... Obwohl diese Unterscheidung ermüdend erscheinen mag, ist sie doch dafür entscheidend, daß man imstande ist, Feinheiten im Verhalten aufzudecken, die uns nicht zugänglich sind, wenn wir einfach den Kategorien des Verhaltens Etiketten beigeben" – CAMERON-BANDLER 1983, S. 83.

35 STAHL 1989, S. 95.

Eine „Theorie der Sinne" ist zum gegenwärtigen Zeitpunkt zwar noch nicht vorhanden; das NLP gibt jedoch einige Hinweise, die für eine derartige Theorie bedeutend sein könnten. So können in einem „Sinne-Modell" die bekannten fünf sinnlichen Wahrnehmungsarten

- sehen (visuell),
- hören (auditiv),
- fühlen (kinästhetisch als
  - Gefühl = komplexe Wahrnehmung des ganzen Zentralnervensystems oder als
  - Gespür = spezifischer Druck, Temperaturempfinden),
- riechen (olfaktorisch) und
- schmecken (gustatorisch)

sowohl durch weitere externe Sinne ergänzt werden, für die es heute noch kein direkt zugängliches Wahrnehmungsorgan gibt (sechster, siebter, achter Sinn, z. B. Intuition oder Zeitsinn), als auch in ihren person-internalen Repräsentationsformen (inneres Sehen, Hören, Fühlen, ...) berücksichtigt werden[36].

Darüber hinaus werden im NLP-Konzept auch wahrnehmungsspezifische Differenzierungen nach dem sog. „Lieblingssystem" (= bevorzugtes Repräsentationssystem, Leitsystem) einer Person vorgenommen; nicht zuletzt sollten auch geschlechtsspezifische Wahrnehmungsunterschiede in einem zukünftigen Konzept eine Rolle spielen, wobei hier aber nicht so sehr in einer Retrospektive über deren mögliche biologisch-genetische bzw. entwicklungsbedingte Ursprünge nachgedacht werden sollte als vielmehr deren Ausbau im Mittelpunkt stehen:

„Anstatt euch für visuell orientiert, kinästhetisch orientiert oder auditiv orientiert zu halten, macht daraus lieber eine Aussage darüber, welches System ihr schon gut entwickelt und verfeinert habt. Macht euch bewußt, daß ihr mit etwas Zeit und Energie die Entwicklung der anderen Systeme soweit fördern könnt, bis ihr sie genauso verfeinert, flüssig und kreativ benutzen könnt wie euer bestentwickeltes System"[37].

---

36 vgl. als praxisnahe Beschreibung und Erläuterung das sog. 10-Sinne-Modell von BEYER/MARWITZ 1989, S. 9 ff..

37 BANDLER/GRINDER 1981, S. 52; vgl. auch S. 46.

10.5.2 Flexibles Denken und Handeln fördern

„Unglücklicherweise haben die meisten Menschen eine etwas perverse Neigung zur Wiederholung. Wenn sie etwas tun und es funktioniert nicht, machen sie es meistens lauter, stärker, länger und öfter. ...

Ich dachte immer, wenn etwas nicht funktioniert, könnte das ein Hinweis darauf sein, daß es angebracht wäre, etwas anderes zu tun! Wenn Sie wissen, daß etwas Bestimmtes nicht funktioniert, dann bietet doch alles andere mehr Aussicht auf Erfolg, als noch mehr von dem, was ohnehin nicht klappt"[38].

Flexibilität im Denken und Handeln zu erzeugen ist gewissermaßen zur „zweiten Natur" des NLP geworden, das Suchen nach alternativen Wegen und Mut und Bereitschaft, diese auch einzuschlagen, ist eine Fähigkeit, die in der heutigen Zeit dringendst benötigt wird. Flexibilität steht dabei dem von WATZLAWICK so treffend als „Mehr-desselben-Konzept" bezeichneten Ansatz kontradiktorisch gegenüber[39].

Die dringend notwendige Umorientierung in Richtung eines ganzheitlich-vernetzten Denkens und Handelns ist jedoch nicht mit einem Schritt vollziehbar, sondern bedarf eines individuellen Entwicklungsprozesses. Frederic VESTER, einer der Vorreiter ganzheitlichen Denkens, hat die Brennpunkte dieses Erkenntnisprozesses konkret beschrieben: „Einer Änderung unseres Denkens und Handelns ... steht weniger der Mangel an geistigen und technischen Möglichkeiten entgegen als vielmehr ein ungeheurer Ballast an Traditionen, Tabus, an Lehrmeinungen und Dogmen. ... Eine der wichtigsten Aufgaben in Richtung eines neuen Denkens wird es

38 BANDLER/GRINDER 1981, S. 30.

39 vgl. 1988, S. 126. WATZLAWICK schreibt: „Für das früher oder später (meist später) eintretende Scheitern des ‚Mehr-desselben'-Rezepts gibt es zwei Ursachen. Die erste ist offensichtlich und liegt im dauernden Wandel der Umweltbedingungen. Keine Anpassung ist ein für allemal geleistet; .... Der zweite Grund ist systemimmanent und daher bedeutend weniger offensichtlich als der erste. In der traditionellen Denkweise besteht kein ersichtlicher Grund, weshalb einmal ausgearbeitete und zufriedenstellend funktionierende Strukturen nicht beliebig vermehrt oder vergrößert werden können". – Er führt aus, daß die Ursache des Scheiterns eines Systems letztlich darin liegt, daß ein System sich zwar quantitativen Veränderungen zu stellen vermag, jedoch qualitativen Diskontinuitäten hilflos ausgesetzt ist.

daher sein, die eigentliche Natur jener Normen zu analysieren. Es gilt, die Scheinkonstanten unter ihnen zu erkennen, die – abgesehen von der Tatsache, daß sie unsere festgefahrene Situation zum Teil mitverschuldet haben – mit unserer heutigen Realität nicht mehr das geringste zu tun haben"[40].

Als einer der wichtigsten Ansatzpunkte zur Entwicklung von mehr Flexibilität und Kreativität wird von Wissenschaftlern die Erforschung der Arbeitsweise des menschlichen Gehirns vorangetrieben. Von NLP-Autoren wird darüber hinaus betont, daß „Gehirnforschung" jedoch nicht nur eine wissenschaftliche Domäne sei, sondern jedermann aufgerufen ist, sich gleichfalls mit seinem eigenen Gehirn auseinanderzusetzen. Dazu kritisch Richard BANDLER: „Die Menschen wenden viel mehr Zeit darauf auf, zu lernen, wie man eine Küchenmaschine bedient, als sich beizubringen, wie sie ihr Gehirn benutzen können. Es wird generell nicht viel Wert darauf gelegt, den eigenen Geist in einer anderen als der gewohnten Weise zu verwenden. ... (Aber Sie können lernen), Ihr Gehirn bedarfsgerechter zu nutzen. Das ist das Wesen des NLP"[41].

Im hier beschriebenen denkökonomischen Spannungsfeld von Lernen als Flexibilitätserlangung und Gewohnheitsbildung geht es darum, „Zufälligkeiten" im Denkprozeß weitgehend abzubauen und zugleich systematische Methoden zum besseren Verständnis eigener Denkvorgänge zu erlangen, ferner Denkblockaden zu überwinden, welche eine optimistische Lerneinstellung verhindern und den Zugang zu den eigenen Fähigkeiten verbauen; dabei sind auch Glaubenssätze erneut zu hinterfragen, wie z. B. der oft gehörte Satz, „Ich kann nicht":

„Im Englischen sagt man: ‚I can't do something', ... ohne zu bemerken, was diese Worte bedeuten. ‚Can't' im Englischen ist ein zusammengezogenes ‚can not'. Wenn jemand sagt: ‚I can't do it', sagt er damit, ‚er kann' – ist in der Lage – ‚es nicht zu tun', was immer stimmt. Wenn Sie innehalten und aufmerksam sind und genau auf die Worte achten, beginnen Sie Dinge zu hören, die Ihnen einen Hinweis darauf geben, wie Sie vorgehen können"[42].

---

40 VESTER 1980, S. 456.
41 BANDLER 1988, S. 21.
42 BANDLER 1988, S. 66.

10.5.3 *Eine „sinn-volle" Sprache sprechen*

Mit welchen Worten Menschen über ihre Situation und ihren Zustand berichten, hat im therapeutischen Kontext eine überragende Bedeutung: Worte sind danach genauso wie Erinnerungen mit Erlebnissen verknüpft, wenn Menschen sich erinnern, gehen sie auch wieder in das Erlebnis hinein[43].

Daher ist es nicht verwunderlich, daß zunächst mit dem „Meta-Modell der Sprache" ein Instrument entwickelt wurde, um sprachliches Verhalten und Verständnis zu verbessern. Ganz allgemein zielt das Meta-Modell[44] darauf ab, die durch die Prozesse der Generalisierung, Tilgung und Verzerrung hervorgerufenen fehlenden Elemente in der Oberflächenstruktur von sprachlichen Aussagen zu identifizieren und durch gezieltes Nachfragen dem Sprechenden wieder den Zugang zur in der Tiefenstruktur repräsentierten sprachlichen Aussage zu eröffnen.

Im NLP-Kommunikationsmodell sind viele Anhaltspunkte für den Einsatz des Meta-Modells möglich:

- So kann z. B. eine modalitätsspezifische Zuordnung der sprachlichen Aussagen (visuelle, auditive, etc. Worte) erfolgen, um auf diese Weise „sinn-volle" (d. h. leicht vorstellbare, bildhafte, blumige) und „sinn-lose" Sprache bzw. Texte (schwer verständliche, z. B. Bürokratendeutsch) zu identifizieren;
- desweiteren wird durch die Verwandlung von produkt- in prozeßbezogene Worte wieder „Leben" (Bewegung) in einem Sachverhalt erweckt und Menschen damit wieder vormals verdeckte Handlungsmöglichkeiten eröffnet[45];
- da effiziente Kommunikation immer auch den Gesprächspartner miteinbezieht, kann nicht nur das eigene sprachliche Ausdrucksvermögen anschaulicher, bildhafter und damit „sinn-voller"

---

43 vgl. CAMERON-BANDLER 1983, S. 84.

44 vgl. zum Meta-Modell der Sprache ausführlich Kapitel 6.3; vgl. ferner BANDLER/GRINDER 1984 oder auch die Zusammenfassung des Meta-Modells in CAMERON-BANDLER 1983, S. 153 ff..

45 Der Unterschied zwischen der Substantivierung „Beziehung" und dem Verb „sich beziehen auf" besteht darin, daß die Substantivierung eher einen abgeschlossenen Sachverhalt, wohingegen das Verb noch eher einen lebendigen, gestaltbaren Prozeß beschreibt – vgl. CAMERON-BANDLER 1983, S. 33.

werden, sondern es kann auch ganz präzise in modalitätsspezifischer Wortwahl auf den Gesprächspartner eingegangen werden, indem der eigene Sprachstil dem des Gegenübers angeglichen wird.

10.5.4 *Sich Ziele setzen können und das Erreichen derselben sicherstellen*

Das NLP versteht sich als sehr zielorientiert, der Blick ist nach vorne orientiert. Dies bedeutet eine eindeutige Abkehr von problemanalytischen Ansätzen in der Psychotherapie. Die ausgeprägte Zielorientierung zeigt sich darin, in welch „penetranter Weise"[46] Menschen hinsichtlich ihrer Zielvorstellungen befragt werden müssen, bis sich bei ihnen ein sinnlich-konkretisiertes und sprachlogisch einwandfreies Ziel herauskristallisiert hat. Eine wohlgeformte Zieldefinition verfügt dabei über vier Kriterien (ihre Formulierung hat positiv, konkret, sinn-voll und realistisch zu sein[47]), die erst in ihrer Gesamtheit die Kraft und Energie entwickeln, um auch die Erreichung eines anvisierten Ziels zu gewährleisten[48].

Die antizipative Reflektion eines Ziels soll vor allem davor bewahren, vorschnell und unüberlegt das Naheliegende (oftmals auch im Bewußtsein repräsentierte) anzupeilen, um dann im Prozeß zu erleben, daß offenbar auch noch andere (unbewußte, parabewußte) Anteile „mit am Spiel" beteiligt sind. Die oft gezogene Konsequenz, diese nicht bewußten Mitspieler als Gegner zu betrachten und zu bekämpfen, führt dann im weiteren Verlauf zu erheblichen Energieeinbußen, die für den Kampf mit sich selbst statt für die Lösung des Problems aufgebracht werden.

---

46 vgl. das PENE-TRANCE-Modell von Thies STAHL – 1989, S. 126; vgl. auch Kapitel 7.2.1.

47 vgl. dazu Kapitel 7.2.4.

48 Das sog. „Future Pacing" (Brückenschlagen in die Zukunft) ist der letzte Schritt bei jeder wirksamen NLP-Arbeit, es ist der „Prozeß, der sicherstellen soll, daß die während der (Arbeit) errungenen Veränderungen sich generalisieren und in den passenden Außenwelt-Kontexten verfügbar werden" – CAMERON-BANDLER 1983, S. 145.

Im Zuge des Zielklärungsprozesses wird auch ein weiterer Wesenszug des NLP-Konzepts erkennbar: Es geht nicht nur um die Qualitäten des Ziels allein, sondern auch um den Weg dorthin. Dieser kann und darf nicht ausgeblendet werden, denn die meiste Zeit unseres Lebens sind wir „unterwegs" nach Zielen, wohingegen die endgültige Zielerreichung oft nur Augenblicke umfaßt. Mit dieser Einstellung ist daher mit der Frage nach dem Weg auch die Frage nach der Qualität des Prozesses und damit nach der Qualität des Lebens verbunden.

Für viele Prozesse mag dabei das Vorgehen eines erfahrenen Bergsteigers beispielhaft sein: Dieser bahnt sich vom Ziel (vom Gipfel) her seinen Weg bis in die Gegenwart (zum Ausgangspunkt), indem er seinen Weg in einzelne überschaubare Etappen durch folgende, laufend modifizierte Leitfragen einteilt: „Wie gelange ich von einem Punkt knapp unterhalb des Gipfels (t_1) zum Gipfel (t_0)? Wie gelange ich von einem Punkt noch etwas weiter unterhalb (t_2) zum Punkt t_1? usw.".

10.6 Die kommunikative Dimension: Das zwischenmenschliche Beziehungsgefüge neu überdenken

Mit Hilfe des NLP-Konzepts kann eine Neubewertung kommunikativer Prozesse erfolgen. Eine „gute Beziehung" zeichnet sich im NLP-Verständnis „jenseits des Inhaltlichen" durch Harmonie, durch irgendwie gleichgerichtete, relativ aufeinander bezogene körpersprachliche Ausdrucksformen aus; durch diese Perspektivierung werden neue Möglichkeiten und Ansatzpunkte zur Beschreibung und Erklärung kommunikativer Phänomene eröffnet.

Wie stark nonverbale Signale die Kommunikation beeinflussen, zeigt sich am Beispiel einer selbst aufgeregten Mutter, die im Flugzeug kurz vor Start ihren schreienden Säugling zu beruhigen versucht. Das Kind dürfte in diesem Falle kaum auf die beruhigenden Wortinhalte reagieren als vielmehr auf die dazu gegensätzlichen angespannten Körpersignale der Mutter und daher kaum zu beruhigen sein.

Ähnliche unterschwellige Einflüsse dürften in jeder kommunikativen Situation Menschen zu Reaktionen veranlassen[49].

Im NLP wird im Zuge einer Kongruenz-Inkongruenz-Analyse ein besonderes Augenmerk auf die situationsspezifische Wahrnehmung und Berücksichtigung des körperlichen Gesamteindrucks und -ausdrucks gelegt. Als Ansatzpunkte im verbalen Bereich sind neben den direkten „Wort-Botschaften" u. a. noch folgende Aspekte bemerkenswert:

- Der jeweilige „Wahrnehmungstyp" (visuell, auditiv, kinästhetisch),
- der „Code" des Gesprächspartners bzw. der betreffenden Gesprächssituation (Lieblingsworte, Sprachstil, Fachausdrücke),
- eng damit verbunden Dialekt und Fremdsprache,
- ferner noch Lautstärke, Sprechgeschwindigkeit, Sprechpausen und -rhythmus, Tonhöhe usw..

Auf der nonverbalen Ebene können weitere Elemente als Mosaiksteine für eine gute Verständigung sorgen:

- Körperhaltung,
- Mimik und Gestik,
- der relative Abstand zueinander,
- Atmung und Blickkontakt, usw..

Kongruentes Verhalten, d. h. die innere Stimmigkeit von nonverbalen und verbalen Äußerungen, hinterläßt in der Regel einen überaus positiven und überzeugenden Eindruck bei anderen Menschen. Das Bewußtwerden und -machen von Dissonanzen im eigenen Verhalten und im Verhalten anderer sowie Methoden zur zielgerichteten Überwindung derselben stellen einen Eckpfeiler im NLP-Konzept dar. Der „Rapport", der „gute Kontakt" zum Gesprächspartner sowohl auf intellektueller als auch auf emotionaler Ebene, wird vor allem durch die Kombination von Kalibrieren und Pacing hergestellt:

„... ich überprüfe, ob unser Tanz der Physiologien, unsere Bewegungen einigermaßen synchron sind. Wenn mein (Gesprächspartner) sich plötzlich umsetzt, habe ich dann dem Impuls zu folgen? Ich muß nicht notwendigerweise die exakt gleiche Art von Bewegung machen wollen; wichtig ist, ob ich den Wunsch habe, darauf

49 vgl. STAHL 1989, S. 178.

zu reagieren, so wie ich es vielleicht hätte, wenn wir gerade ein Menuett tanzen würden"[50].

Es ist sehr wichtig, daß dieser Rapport nicht „technischer Natur" ist, sondern sich – ähnlich wie im Zitat von STAHL beschrieben – im lebendigen Kommunizieren miteinander eher als persönliches Bedürfnis herauskristallisiert. Die NLP-Methoden ähneln neuen „spielerischen" Formen des Verhaltens, Kommunikation ist nicht etwas immer wiederkehrendes Verfestigtes, sondern ein sich stetig wandelndes Ereignis; im „Spiel" lassen sich neue Formen entdecken und dadurch Neugierde und Freude in die Begegnung mit anderen Menschen hineintragen. Der Titel dieses Buches, „DAS NEUE LERNEN", möchte diesem Gedanken in pädagogischen Situationen zu neuem Leben verhelfen.

Die hier oft vorfindlichen Konstellationen, in die Menschen als vermeintlich festgefügte Rahmen eingebunden sind, behindern das Kommunizieren. Wenn jeder Beteiligte „seine" Aufgabe kennt, d. h. Lehrer lehren und Lerner lernen, dann ist dadurch von vornherein eine Grundkonstellation geschaffen, in der unter Umständen aber nur wenig Raum für „Zufälle" vorhanden ist. Je eindeutiger die „Rollen" verteilt sind, umso weniger Freiraum besteht für den einzelnen, sich zuweilen auch in andere Rollen hineinzubegeben und so – vielleicht – sich als Lehrender zuweilen auch als Lernender zu erkennen und umgekehrt als Lernender sich in der Lehrerrolle wiederzufinden.

Die durch viele Elemente bewirkte „Ordnung im Klassenzimmer" (z. B. Schulordnung, Lehrpläne, didaktisch und methodisch „richtiges" Vorgehen im Lehrhandeln, Lernen in der typischen Sitzposition[51]) ist sicherlich eine wichtige organisatorische Hilfe, um einen geregelten Lehr-Lernprozeß zu garantieren; es könnte aber auch sein, daß dadurch manche kreativen Ideen und inspirierenden, spontanen Prozesse gar nicht erst starten geschweige denn ablaufen können.

---

50 STAHL 1989, S. 77.

51 Wie stark das Lernen mit dem Sitzen verbunden ist, merkt man z. B. an dem geflügelten Ausdruck für intensives Lernen: „Man setzt sich auf den Hosenboden". Es ist kein Wunder, daß Lernen dadurch eher mit Streß, Krampf und Anstrengung assoziiert wird als mit Spiel und Freude ...

Vielleicht kann die sich in den Wissenschaften etablierende „Chaos-Forschung" hier neue Impulse liefern. Das Akzeptieren von „Chaos im Klassenzimmer" als neuer didaktischer Wert kann sich einen Freiraum schaffen, indem neue Möglichkeiten des Lernens erprobt werden können. Lernen ist eigentlich immer mit Überraschungen verbunden, im Lernprozeß treten immer unplanbare Ereignisse auf, Flexibilität als Ziel eines Lernaktes deutet diese Spannweite an. In diesem Sinne müßte die Art und Weise des Lehrens auch ein „Vorbild" für die Art und Weise des Lernens geben, frei nach dem Motto: „Zeig mir, wie Du lehrst, und ich sage Dir, wie Deine Schüler lernen ...".

Das Interesse an den Lehr- und Lernstrategien anderer Menschen, die Frage, „wie macht dieser Mensch das?", die Konzentration auf besonders gelungene Fertigkeitsprofile, um diese für sich zu erlernen und auch anderen verfügbar zu machen, ist ein wichtiges Forschungsmotiv im NLP-Konzept. Nicht Fehler, sondern Fähigkeiten und Fertigkeiten stehen im Mittelpunkt des Interesses. Die gespannte Neugierde und Anteilnahme an dem, was andere Menschen können, schafft dabei eine gute kommunikative Basis: Denn Menschen zeigen gerne, wenn sie etwas gut können; umgekehrt ist auch die Bereitschaft gefordert, von anderen lernen zu wollen und sein eigenes Wissen und Können mit in die Kommunikation hineinzutragen.

11 Ausblick auf die weitere konzeptionelle Entwicklung des NLP

Das Anliegen dieser Untersuchung hat darin bestanden, einen breiten Argumentationsstrang zu legen, um die Übertragung des NLP-Konzepts vom therapeutischen auf den pädagogischen Bereich zu ermöglichen unter Beachtung der Rahmenbedingungen im neuen Anwendungsfeld.

Damit ist jedoch die konzeptionelle Entwicklungsarbeit keineswegs abgeschlossen. Im Gegenteil: Denn nach Fertigstellung der Arbeit ergeben sich mehr offene Fragen als zu Beginn derselben – dies zeugt zum einen von der Fruchtbarkeit des NLP-Ansatzes, zum anderen deuten die neu aufgetretenen Fragen auf Vernetzungsmöglichkeiten mit vielen Komponenten im neuen Anwendungsfeld hin. In dieser Hinsicht sind weitere Arbeiten dringend notwendig.

Im folgenden sollen daher noch Hinweise gegeben werden, welche Felder nach Ansicht des Verfassers eine weitere fruchtbare Implementierung des NLP-Konzepts gewährleisten, die jedoch in dieser Untersuchung aus Platzgründen zu kurz geraten ist:

- Unter konzeptinternen Gesichtspunkten werden dabei in Zukunft vor allem die Erforschung der **Submodalitäten** und des Raum-Zeit-Verhältnisses (**Time Line**) im Mittelpunkt stehen.

- Die **Lernbiologie** und **Hirnforschung** ist sicherlich eines der faszinierendsten Bereiche, in denen in unmittelbarer Zukunft großartige Entdeckungen erwartet werden können; in Kapitel 2.3 sind einige Ansätze, die eine innere und äußere Organisation des Denkens und Handelns betreffen, vorgestellt worden. Die überragende Bedeutung hirnbiologischer Entdeckungen für das Lehren und Lernen stehen außer Frage, sind jedoch bisher noch kaum gesichtet und in pädagogisch-didaktische Ansätze integriert worden.

- Die **Handlungspsychologie** bzw. **Systemtheorie** sind als Rahmentheorien des NLP-Konzepts diskutiert worden; die am Beispiel eines didaktischen Handlungskonzepts ermittelte innere Verwandtschaft des NLP und der handlungsorientierten Didaktik sind in Zukunft in konkreten Ansätzen zu erproben und noch weiter auszubauen.

- Die durch das NLP-Konzept eingeläutete Umorientierung in der **pädagogisch-didaktischen Konzeptentwicklung** ist auf sämtliche relevanten Bausteine auszudehnen; exemplarisch wurde in dieser Untersuchung die didaktische Reduktion als inhaltsbezogener Baustein und allgemeine methodische Fragestellungen als vermittlungsbezogene Bausteine untersucht. Insbesondere die im NLP-Konzept angelegte Betonung des Prozeßgeschehens kann zu einer intensiven Untersuchung des didaktisch und kommunikationstheoretisch äußerst wichtigen Beziehungsaspekts „jenseits von Stoff und Thema"[1] anregen.

- Zum Abschluß können auch das lernpsychologisch sehr interessante Spannungsfeld zwischen **„Chaos"** und **„Ordnung"** neu definiert werden. Die zur Zeit zu beobachtende Umorientierung vieler wissenschaftlicher Disziplinen ist bisher in der Pädagogik und Didaktik noch gar nicht beachtet worden. Dabei können jedoch von der auch als interdisziplinäre Strukturwissenschaft bezeichneten Chaos-Forschung unter anderem die Grenzen der Planbarkeit des Lehrhandelns hinterfragt werden und neu bestimmt werden.

Dazu ein Beispiel: Die im Zuge des Zweiten Staatsexamens anzufertigenden Unterrichtsentwürfe (Lehrproben) lassen kaum Freiräume für spontanes, intuitives Handeln zu, da der gesamte Unterricht minutiös geplant und durchgeführt werden sollte. Die Begründung für ein derart rigides Lehrhandeln liefern Unterrichts- und Didaktikkonzeptionen, die ihren Anspruch aus einem wissenschaftlich fehlgeleiteten Eindeutigkeitsstreben ableiten. Wo Menschen aber zusammenkommen und miteinander kommunizieren, sind auf der einen Seite sicherlich für ein effizientes Kommunizieren Pläne und Planung notwendig, auf der anderen Seite stößt die Planbarkeit jedoch beständig an ihre Grenzen, weil immer eine unplanbare „Restgröße" (menschliche Intuition, Spontaneität, Kreativität, aber auch Eigensinn, Eitelkeit, usw.) sich in der Kommunikation zeigt.

---

1 Eine ausführliche Untersuchung zu dieser Thematik befindet sich vom Verfasser in Arbeit.

Die entscheidende Frage stellt sich dann, wie man mit dieser Restgröße konkret umgeht. Soll man sie – wie im Lehr-Lerngeschehen vorkommend – „unterdrücken“ oder ihr von vornherein einen „Freiraum“ zubilligen? Doch wie groß soll dieser Freiraum dann bemessen sein, wann ist es sinnvoll, stärker zur Planung zurückzukehren, und wann ist es geboten, neue Wege zuzulassen?

Die Beantwortung dieser Fragen haben nicht nur für Unterrichtsprozesse elementare Bedeutung, sondern weisen vielmehr in grundsätzlicher Weise auf jegliche Formen und Arten erfolgreichen Kommunizierens hin.

Abbildungsverzeichnis

Stichwortverzeichnis

O

P

R

S

T

U

V

W

Z

Namensverzeichnis

Literaturverzeichnis

AEBLI, H. (1985): Zwölf Grundformen des Lehrens. Eine Allgemeine Didaktik auf psychologischer Grundlage. 2. Auflage. Stuttgart.

ANDREAS, C.; ANDREAS, S. (1988): Gewußt wie. Arbeit mit Submodalitäten und weitere NLP-Interventionen nach Maß. Paderborn.

BACHMANN, W. (1988): Theoretische Grundlagen einer handlungsorientierten Wirtschaftsdidaktik. Bergisch Gladbach.

BACHMANN, W. (1989): Konzepte der didaktischen Reduktion aus handlungsorientierter Sicht. Bergisch Gladbach.

BACHMANN, W. (1989b): Auf dem Weg zu vernetzten Konzepten. Kritisches Protokoll der Trainer-Messe '89 in Essen und einer Auswahl von elf Trainer-Präsentationen. In: WEITERBILDUNG, Heft 4/1989, S. 44 – 49.

BACHMANN, W. (1989c): Pädagogen sollen Neugier wecken, nicht Neugier befriedigen. Bericht über .... In: WEITERBILDUNG, Heft 6/1989, S. 54-57.

BACHMANN, W. (1990a): Trainer und Teilnehmer müssen sich und ihre Beziehungen neu definieren. In: CONGRESS & SEMINAR, Heft 7-8/1990, S. 10 – 11.

BACHMANN, W. (1990b): Das Neurolinguistische Denken und Handeln (NLP) als ein effizientes Kommunikationsmodell im pädagogisch-didaktischen Raum. In: BACHMANN/FLOTHOW: NLP und TZI – zwei Konzepte des Kommunikationstrainings. Bergisch Gladbach, S. 1 – 45.

BACHMANN, W. (1990c): Das Neurolinguistische Denken und Handeln (NLP) im beruflichen Bereich. Vortrag, gehalten auf dem IFB-Kongreß in St. Gallen, Juni 1990 (noch unveröffentlichtes Vortragsmanuskript).

BANDLER, R.; GRINDER, J. (1981): Neue Wege der Kurzzeit-Therapie. Neurolinguistische Programme. 7. Auflage 1988. Paderborn.

BANDLER, R.; GRINDER, J. (1984): Metasprache und Psychotherapie. Die Struktur der Magie I. 5. Auflage 1988. Paderborn.

BANDLER, R.; GRINDER, J. (1985): Reframing. Ein ökologischer Ansatz in der Psychotherapie (NLP). 3. Auflage 1988. Paderborn.

BANDLER, R.; (1987): Veränderung des subjektiven Erlebens. Fortgeschrittene Methoden des NLP. 2. Auflage 1988. Paderborn.

BANDLER, R.; MACDONALD, W. (1990): Der feine Unterschied. NLP-Übungsbuch zu den Submodalitäten. Paderborn.

BATESON, G. (1988): Ökologie des Geistes. Anthropologische, psychologische, biologische und epistemologische Perspektiven. 2. Auflage. Frankfurt/Main.

BEYER, M. (1988): Warnung vor linkshirnigen Kongressen. Fazit des 1. Kongresses für Gehirndominanzen in München. In: WEITERBILDUNG, Heft 4/1988, S. 38 – 42.

BEYER, M.; MARWITZ, K. (1989): Einführung in die Strategien des ganzheitlichen Lehrens und Lernens. Workshop-Bericht März 1989.

BEYER, M.; MARWITZ, K. (1990): Training der Strategien des ganzheitlichen Lehrens und Lernens. Workshop-Bericht Juni 1990.

BIERBAUM, G. (1990): Mehr als Superlearning. Kreatives Lernen. München.

BIRKENBIHL, V.F.; BLICKHAN, C.; ULSAMER, B. (1987): NLP – Einstieg in die Neuro-Linguistische Programmierung. Speyer.

BIRKENBIHL, V.F. (1987): Die Entwicklung von NLP. – NLP: Eine kleine Einführung. In: BIRKENBIHL u. a.: NLP – Einstieg in die Neuro-Linguistische Programmierung. Speyer, S. 6 – 27.

BIRKENBIHL, V.F. (1988): Stroh im Kopf? Oder: Gebrauchsanleitung für's Gehirn. 6. Auflage. Speyer.

BLICKHAN, C. (1987): NLP-Training. In: BIRKENBIHL u. a.: NLP – Einstieg in die Neuro-Linguistische Programmierung. Speyer, S. 42 – 60.

BLIEMEISTER, J. (1987): Empirische Überprüfung von Grundannahmen des Neurolinguistischen Programmierens (NLP). In: INTEGRATIVE THERAPIE, Heft 4/1987, S. 397 – 406.

BLIEMEISTER, J. (1988): Empirische Überprüfung zentraler theoretischer Konstrukte des Neurolinguistischen Programmierens (NLP). In: ZEITSCHRIFT FÜR KLINISCHE PSYCHOLOGIE, Heft 1/1988, S. 21 – 30.

BOCHOW, P.; WAGNER, H. (1986): Suggestopädie (Superlearning). Grundlagen und Anwendungsberichte. Speyer.

BÖCKELMANN, G.; KRAMER, B.; SCHURER, B.; STRATENWERTH, W. (1986): Gestaltung im Handwerk. Köln.

BÖKE, J.; FUHRMANN, H.; LANDRY, C. u. a. (1987): Zur Kritik des Neurolinguistischen Programmierens (NLP) von Richard BANDLER und John GRINDER. In: INTEGRATIVE THERAPIE, Heft 4/1987, S. 366 – 396.

BRATER, M.; KUGLER, W.; PETER, R.; WEBER, S. (1987a): Kunst in der beruflichen Bildung – Theoretische Überlegungen zu den pädagogischen Chancen künstlerischen Übens. München.

BRATER, M.; BÜCHELE, U.; ENGLERT, M. (1987b): Fachausbildung + künstlerische Übungen. Ein Weg zur Förderung beruflicher Handlungsfähigkeit. München.

BULLETIN (1989): Bulletin für gewerblich-industrielle und kaufmännische Berufsschulen in der Schweiz. Hrsg: SIBP, Nr. 5/1989.

BUNK, G.P.; ZEDLER, R. (1986): Neue Methoden und Konzepte beruflicher Bildung. Köln.

BUZAN, T. (1988): Kopftraining. Anleitung zum kreativen Denken. Tests und Übungen. 5. Auflage. München.

CAMERON-BANDLER, L. (1983): Wieder zusammenfinden. NLP – neue Wege der Paartherapie. 3. Auflage 1987. Paderborn.

CORTE, E. de (1971): Analyse der Lernzielproblematik. In: ZEITSCHRIFT FÜR PÄDAGOGIK, 17. Jahrgang, S. 75 – 89.

CSIKSZENTMIHALYI, M. (1985): Das flow-Erlebnis. Jenseits von Angst und Langeweile: im Tun aufgehen. Stuttgart.

DIENER, K. (1978): Lernzielorientierter Unterricht. In: DIENER, K. u. a. (Hrsg): Lernzieldiskussion und Unterrichtspraxis. Stuttgart, S. 99 – 237.

DILTS, R.; BANDLER, R.; GRINDER, J. u. a. (1985): Strukturen subjektiver Erfahrung. Ihre Erforschung und Veränderung durch NLP. 2. Auflage 1987. Paderborn.

DÖRNER, D. (1989): Die Logik des Mißlingens. Strategisches Denken in komplexen Situationen. Reinbek.

DULISCH, F. (1986): Lernen als Form menschlichen Handelns. Bergisch Gladbach.

ECCLES, J.C. (1975): Das Gehirn des Menschen. München.

ECCLES, J.C.; ZEIER, H. (1980): Gehirn und Geist. Biologische Erkenntnisse über Vorgeschichte, Wesen und Zukunft des Menschen. München.

ECCLES, J.C.; ROBINSON, D.N. (1985): Das Wunder des Menschseins – Gehirn und Geist. München Zürich.

EDELMANN, W. (1988): Suggestopädie/Superlearning. Ganzheitliches Lernen – das Lernen der Zukunft? Heidelberg.

FLECHSIG, K.-H. (o.J.): Leitfaden zum Kolleg „Theorie des Unterrichts". Teil 2: Lehrplantheorie. Konstanz.

FLOTHOW, K. (1988): Lernen im Schlaf? – Gedanken über den Einsatz der Suggestopädie im berufsbildenden Unterricht. In: DIE KAUFMÄNNISCHE SCHULE, Heft 12/1988, S. 17 – 21.

FOREYT, J.P.; GOODRICK, G.K. (1987): Kognitive Verhaltenstherapie. In: CORSINI, R. (Hrsg): Handbuch der Psychotherapie, Band I, München, Weinheim, S. 529 – 554.

FRIEDRICH, M. (1990): „Basteln Sie sich eine Leiter! Übersteigen Sie ihre Hirnblockaden ... – mit Mind Mapping ...". In: DER ARBEITSMETHODIKER, Heft 2/90, S. 5 – 11.

GAZZANIGA, M.S. (1989): Das erkennende Gehirn. Entdeckungen in den Netzwerken des Geistes. Paderborn.

GORDON, D. (1986): Therapeutische Metaphern. 2. Auflage 1987. Paderborn.

GOTTSCHALL, D. (1988): Lernziel Kreativität. In: MANAGER MAGAZIN, Heft 1/1988, S. 138 – 147.

GRINDER, J.; BANDLER, R. (1982): Kommunikation und Veränderung. Die Struktur der Magie II. 3. Auflage 1987. Paderborn.

HAAF, G. (1987): ... also bin ich. Das alte Weltbild der Hirnforschung ist erschüttert. Wie wird die Flut neuer Erkenntnisse unser Selbstbewußtsein beeinflussen? In: GEO WISSEN, Heft 1/1987 (Gehirn, Gefühl, Gedanken), S. 30 – 32.

HAAF, G. (1987): Auf den Spuren der Axone. In: GEO WISSEN, Heft 1/1987 (Gehirn, Gefühl, Gedanken), S. 34 – 47.

HUMMERT, R.; ZEISING, M.P. (1989): Das Neuro-Linguistische Programmieren (NLP) im Pharma-Außendienst. In: PHARMA-MARKETING JOURNAL, Heft 1/1989, S. 24 – 26.

JAMES, T.; WOODSMALL, W. (1991): Time Line. NLP-Konzepte zur Grundstruktur der Persönlichkeit. Paderborn.

JOJART, J.; REVENSTORF, D. (1986): Zur theoretischen Grundlage des sprachlichen Metamodells von BANDLER & GRINDER. In: HYPNOSE UND KOGNITION. Heft 2/1986, S. 52 – 54.

JÜRGENS, G.; STAHL, T. (1982): Gespräch mit Virginia SATIR. In: INTEGRATIVE THERAPIE, Heft 3/1982, S. 193 – 215.

KAMINSKI, G. (1983): Probleme einer ökopsychologischen Handlungstheorie. In: MONTADA, L. u. a. (Hrsg): Kognition und Handeln. Stuttgart, S. 35 – 53.

KIRCKHOFF, M. (1988): Mind Mapping. Die Synthese von sprachlichem und bildhaftem Denken. Berlin.

LEMKE, D. (1981): Lernzielorientierter Unterricht – revidiert. Frankfurt/Main.

LEVY, J. (1986): Das Gehirn hat keine bessere Hälfte. In: PSYCHOLOGIE HEUTE, Heft 1/1986, S. 32 – 37.

MANSTETTEN, R. (1983): Lehrplankonstruktion und -analyse. In: TWARDY, M. (Hrsg): Kompendium Fachdidaktik Wirtschaftswissenschaften. Düsseldorf, S. 205 – 254.

MARWITZ, K. (1985): Für Trainer und Trainees, die ihre Sinne beisammen haben. Neuro-Linguistic Programming (NLP) hat seine Bronzezeit im deutschen Lehrbetrieb. In: CONGRESS & SEMINAR, Heft 1/1985, S. 23 – 26.

MATURANA, H.R.; VARELA, F.J. (1987): Der Baum der Erkenntnis. Bern München Wien.

MECHSNER, F. (1987): In den Gespinsten des Geistes. Portrait von Valentin BRAITENBERG. In: GEO WISSEN, Heft 1/1987 (Gehirn, Gefühl, Gedanken), S. 128 – 138.

MEHLHORN, L. (1989): Das Hypno-Synchron-Verfahren. Beiheft zu den Hypno-Synchron-Kassetten. Freiburg/Breisgau.

MILLER, G.A.; GALANTER, E.; PRIBRAM, K.H. (1973): Strategien des Handelns. Pläne und Strukturen des Verhaltens. Stuttgart.

NACHMANOVITCH, S. (1983): Gregory BATESON. Ein Porträt des englischen Anthropologen, Denkers, Sehers. In: LUTZ, R. (Hrsg): Bewußtseins(R)evolution. Weinheim und Basel, S. 57 – 71.

NAGEL, C. van; SIUDZINSKI, R.; REESE, E. u. M. (1989): Megateaching. Neurolinguistisches Programmieren in Unterricht und Erziehung. Freiburg/Breisgau.

NEISSER, U. (1979): Kognition und Wirklichkeit. Stuttgart.

OESER, E.; SEITELBERGER, F. (1988): Gehirn, Bewußtsein und Erkenntnis. Dimensionen der modernen Biologie. Band II. Darmstadt.

ORBIT (1990): Teilnehmerunterlagen zum Seminar „Supertraining – Mit mentalen Techniken zur Spitzenleistung". ORBIT-NLP-Institut, Neunkirchen.

ORNSTEIN, R. (1989): Multimind. Ein neues Modell des menschlichen Geistes. Paderborn.

OSTRANDER, S. u. N. SCHROEDER, L. (1979): Leichter lernen ohne Streß – Superlearning. 1. Auflage. Bern und München.

PETERSSEN, W.H. (1974): Grundlagen und Praxis des lernzielorientierten Unterrichts. Ravensburg.

PHILIPOV, E. (1986): Die Suggestopädie als ein neuer Lernansatz und Modell ganzheitlichen Lernens. In: BOCHOW/WAGNER: Suggestopädie (Superlearning). Speyer, S. 13 – 24.

PHILIPOV, E. (1989): Ganzheitlich lernen heißt: mit Kopf, Herz und Hand. Erste Anwendung des Ganzheitlichen Lernens in der Aus- und Weiterbildung bei AUDI in Neckarsulm. In: WEITERBILDUNG, Heft 1/1989, S. 26 – 32.

PRIGOGINE, I. (1985): Vom Sein zum Werden. Zeit und Komplexität in den Naturwissenschaften. 4. Auflage. München.

RABA, G.P. (1988): NLP – Ein anderer Mensch werden. In: BIO, Heft 1-2/1988, S. 46 – 49.

REVENSTORF, D. (1985): Kritik der „Struktur der Magie". In: PETER, B. (Hrsg): Hypnose und Hypnosetherapie nach Milton ERICKSON: Grundlagen und Anwendungsfelder. München, S. 238 – 270.

REVENSTORF, D. (1985b): Nonverbale und verbale Informationsverarbeitung als Grundlage psychotherapeutischer Intervention. In: HYPNOSE UND KOGNITION, Heft 2/1985, S. 13–35.

RICKEN, P. (1990): Strategien des ganzheitlichen Lehrens und Lernens im Bereich der beruflichen Weiterbildung. – Eine kritische Analyse vor dem Hintergrund der Entwicklung neuer Lehr- und Lernmethoden aus Erkenntnissen der neueren Hirnbiologie. Unveröffentlichte Diplomarbeit. Köln.

RICO, G.L. (1984): Garantiert schreiben lernen. Hamburg.

RIEDEL, H. (1990): Möglichkeiten und Grenzen der Übertragbarkeit des Neurolinguistischen Programmierens (NLP) in den berufsbildenden Bereich. Unveröffentlichte Diplomarbeit. Köln.

ROMBACH, H; SCHALLER, K. (1977): Ganzheit, Ganzheitsprinzip. In: WILLMANN-INSTITUT (Hrsg): Wörterbuch der Pädagogik. Band I. Freiburg Basel Wien, S. 339 – 341.

SAPPER, U. (1989): Vom Wunsch zur Wirklichkeit. In: MANAGER MAGAZIN, Heft 10/1989, Sonderdruck.

SATIR, V. (1973): Familienbehandlung. Kommunikation und Beziehung in Theorie, Erleben und Therapie. Freiburg.

SCHIERMANN, J.U. (1987): Die Repräsentation anschaulicher Information. Eine experimentelle Studie zur kognitiven Psychologie über die Identifizierung modalitätsspezifischer Repräsentationssysteme. Frankfurt/Main Bern NewYork Paris.

SCHURER, B. (1984): Gegenstand und Struktur der Lernhandlung. Bergisch Gladbach.

SCHURER, B.; STRATENWERTH, W. (1990): Gestaltung im Handwerk. Köln.

SCHUSTER, D. H.; GRITTON, C.E. (1986): Suggestopädie in Theorie und Praxis. Handbuch für den Unterricht mit holistischen Lehr-Lern-Systemen. Bremen.

SCHWARTZ, S. (1988): Wie PAWLOW auf den Hund kam ... . Die 15 klassischen Experimente der Psychologie. Weinheim und Basel.

SCHWERTFEGER, B. (1988): Die Blickrichtung weist den Weg zum Gesprächspartner. Lassen sich Führungsaufgaben durch NLP besser bewältigen? In: CONGRESS & SEMINAR, Heft 1/1988, S. 10–13.

SPINOLA, R. (1988): Arbeitsweise des Gehirns berücksichtigen. Der Nutzen des Herrmann Dominanz Instruments (HDI) bei der Einstellung von Weiterbildnern auf individuelle Lernstile. In: WEITERBILDUNG, Heft 4/1988, S. 44–48.

STAHL, T. (1989): Triffst du 'nen Frosch unterwegs .... NLP für die Praxis. Paderborn.

STEMME, F.; REINHARDT, K.-W. (1989): Supertraining. Mit mentalen Techniken zur Spitzenleistung. 2. Auflage. Düsseldorf, Wien, New York.

STICKLING, H.-G. (1990): Neurolinguistisches Programmieren (NLP) im Beratungs- und Verkaufstraining des Kreditwesens. Unveröffentlichte Diplomarbeit. Köln.

STRATENWERTH, W. (1986): Allgemeine Didaktik für berufliche Bildungsgänge: Handlungstheoretische Grundlagen des Lehrens und Lernens – Teil I. Universität zu Köln. (Unveröffentlichte Vorlesungsunterlage).

STRATENWERTH, W. (1987): Handlung und System in Modellen der Wirtschaftspädagogik – dargestellt am Beispiel eines Strukturmodells der Lernsituation. Sonderdruck aus: ACHTENHAGEN, F. u. a.: Handlung und System. Düsseldorf.

TABLER, H. (o.J.): NLP – der „Turbolader" für Ihre persönliche Verkaufstechnik. Pforzheim.

ULRICH, H.; PROBST, G.J.B. (1988): Anleitung zum ganzheitlichen Denken und Handeln. Bern Stuttgart.

ULSAMER, B. (1987): NLP in der Therapie. In: BIRKENBIHL u. a. (1987): NLP – Einstieg in die Neuro-Linguistische Programmierung. Speyer, S. 28 – 41.

VESTER, F. (1980): Neuland des Denkens. Vom technokratischen zum kybernetischen Zeitalter. Stuttgart.

VESTER, F. (1983): Unsere Welt – ein vernetztes System. München.

VESTER, F. (1986): Denken, Lernen, Vergessen. 13. Auflage. München.

VESTER, F. (1988): Leitmotiv vernetztes Denken. Für einen besseren Umgang mit der Welt. München.

VESTER, F. (1990): Vernetztes Denken. In: IBM-Nachrichten 40, Special 1, S. 7 -15.

WATZLAWICK, P. (1976): Wie wirklich ist die Wirklichkeit? Wahn Täuschung Verstehen. München.

WATZLAWICK, P. (1978): Die Möglichkeit des Andersseins: zur Technik der therapeutischen Kommunikation. Bern Stuttgart Wien.

WATZLAWICK, P.; BEAVIN, J.H.; JACKSON, D.D. (1980): Menschliche Kommunikation. Formen, Störungen, Paradoxien. 5. Auflage. Bern Stuttgart Wien

WATZLAWICK, P. (1988): Münchhausens Zopf oder: Psychotherapie und „Wirklichkeit". Bern Stuttgart Toronto.

WIPPICH, J. (1986): Hypnotherapie, Neurolinguistische Selbstorganisation, Provokative klientenzentrierte Therapie, Biologie der Kognition. In: HYPNOSE UND KOGNITION, Heft 2/1986, S. 55 – 61.

WITTENZELLNER, C. (1989): Expedition ins Innere der Systeme. In: MANAGEMENT WISSEN, Heft 6/1989, S. 98 – 111.

ZDH (Zentralverband des Deutschen Handwerks – Hrsg.) (1989): Gestaltung im Handwerk. Leitfaden für eine Bildungsmaßnahme innerhalb der Handwerksorganisation. Bonn.

Information zur Aus- und Fortbildung in NLP in Deutschland